Nas Fronteiras da Teologia
Feminista Católica

SUSAN ABRAHAM
ELENA PROCARIO-FOLEY
(organizadoras)

Nas Fronteiras da Teologia Feminista Católica

DIREÇÃO EDITORIAL:
Pe. Marcelo C. Araújo, C.Ss.R.

EDITOR:
Pe. Márcio Fabri, C.Ss.R.

COORDENAÇÃO EDITORIAL:
Ana Lúcia de Castro Leite

TRADUÇÃO:
Maria Silvia Mourão

COPIDESQUE:
Cristina Nunes

REVISÃO:
Luana Galvão

DIAGRAMAÇÃO:
Simone Godoy

CAPA:
Alfredo Castillo

Título original: *Frontiers In Catholic Feminist Theology – Shoulder To Shoulder*
© 2009 Augsburg Fortress Press

Dados Internacionais de Catalogação na Publicação (CIP)
(Câmara Brasileira do Livro, SP, Brasil)

Nas fronteiras da teologia feminista católica/ Susan Abraham, Elena Procario-Foley (organizadoras); [tradução Maria Silvia Mourão]. – Aparecida, SP: Editora Santuário, 2013.

Título original: Frontiers in Catholic feminist theology: sholder to shoulder.
Vários colaboradores.
Bibliografia
ISBN 978-85-369-0320-0

1. Igreja Católica – Doutrinas 2. Teologia feminista I. Abraham, Susan. II. Procario-Foley, Elena.

13-08105   CDD-230.2082

Índices para catálogo sistemático:

1. Teologia feminista: Igreja Católica:
Doutrinas: Cristianismo 230.2082

Todos os direitos em língua portuguesa
reservados à **EDITORA SANTUÁRIO** — 2013

Composição, impressão e acabamento:
EDITORA SANTUÁRIO - Rua Padre Claro Monteiro, 342
12570-000 — Aparecida-SP — Fone: (12) 3104-2000

Sumário

Colaboradoras 7
Prefácio 11
   Elena Procario-Foley e Susan Abraham

Parte I. Antropologia teológica 17
1. Indo além de "uma única história verdadeira" 19
   Michele Saracino
**2. Este é meu corpo... que dou a vocês: antropologia
   teológica *Latina/Mente*** 39
   Teresa Delgado
3. Modos mulheristas de estar no mundo 67
   LaReine-Marie Mosely
Mesa-redonda sobre antropologia teológica 86
   Susan Abraham, Rosemary P. Carbine e Elizabeth T. Groppe
Questões para discussão e reflexão 93
Leituras recomendadas 94

Parte II. Cristologia 97
**4. Cristologia entre identidade e diferença: em nome de
   um mundo necessitado** 99
   Jeannine Hill Fletcher
5. Liberando Jesus: feminismo cristão e antijudaísmo 121
   Elena Procario-Foley

6. Redimindo Cristo: imitação ou (re)citação? 145
   Laura M. Taylor
Mesa-redonda sobre cristologia 169
   Michele Saracino, LaReine-Marie Mosely, Teresa Delgado
Questões para discussão e reflexão 177
Leituras recomendadas 178

Parte III. Eclesiologia 181
7. Mulheres e a *persona* de Cristo: ordenação
   na Igreja Católica Romana 183
   Elizabeth T. Groppe
8. "Artesãos de uma nova humanidade":
   revendo a Igreja pública pela perspectiva feminista 205
   Rosemary P. Carbine
9. Justiça como marca da eclesiologia feminista católica 231
   Susan Abraham
Mesa-redonda sobre eclesiologia 253
   Jeannine Hill Fletcher, Laura M. Taylor, Elena Procario-Foley
Questões para discussão e reflexão 261
Leituras recomendadas 262
Glossário 265
Índice remissivo 273

Colaboradoras

MICHELE SARACINO é professora associada de Estudos Religiosos no Manhattan College, em Riverdale, Nova Iorque. Sua pesquisa está voltada para as intersecções entre a antropologia teológica, a teoria continental contemporânea e a psicologia do self. Atualmente, trabalha com as implicações teológicas dos limites do self, da religião e do lugar. Michele é autora de diversos ensaios, e seu livro *On Being Human: A Conversation with Lonergan and Levinas* foi publicado pela Marquette University Press, em 2003.

TERESA DELGADO é diretora do Programa de Estudos sobre Paz e Justiça e professora assistente de Estudos Religiosos no Iona College. Seus interesses e conhecimentos especializados envolvem método e âmbito interdisciplinares, utilizando a experiência das mulheres, especialmente as de origem latina, para apresentar uma visão teológica construtiva ao mesmo tempo fundada na cultura latina e na tradição romana católica e crítica em relação a essas bases. Entre suas publicações estão "The Best of Witnesses: Towards a Puerto Rican Theology of Identity, Suffering and Hope", que consta do volume *Creating Ourselves: African Americans and Latino/as Popular Culture, and Religious Expression* (Benjamin Valentín and Anthony Pinn [orgs.], Durham, N.C.: Duke University Press, 2009), e "Prophesy Freedom: Puerto Rican Women's Literature as a Source for Latina Feminist Theology", artigo incluído em *A Reader in Latina Feminist Theology: Religion and Justice* (María Pilar Aquino, Daisy Machado, e Jeanette Rodríguez [orgs;], Austin: University of Texas Press, 2002).

LaReine-Marie Mosely, S.N.D., é professora assistente de Teologia na Universidade Loyola, em Chicago. Entre suas áreas de pesquisa estão a cristologia, a soteriologia, a antropologia teológica, a teologia negra, a teologia católica negra, a teologia mulherista e a teologia de Edward Schillebeeckx. Em seu trabalho no momento atual, Mosely investiga a tradição cristã da soteriologia e as experiências das mulheres afro-americanas visando construir uma teologia cristã da salvação do ponto de vista mulherista.

Susan Abraham é professora assistente de Estudos do Ministério na Universidade Harvard. É autora de *Identity, Ethics, and Nonviolence in Postcolonial Theory: A Rahnerian Theological Assessment* (Nova Iorque: Palgrave Macmillan, 2007). Seus atuais focos de pesquisa são a teoria e a teologia feministas, e o cristianismo global entre o colonialismo e o pós-colonialismo.

Rosemary P. Carbine é professora assistente visitante em Estudos Religiosos no Whittier College. É especialista, pesquisadora e autora nas áreas de teologias feministas, mulheristas e latinas/*mujeristas* comparadas, de antropologia teológica, cristologia, teologia pública/política nos Estados Unidos, e no ensino de estudos religiosos e teologia. O manuscrito no qual está trabalhando atualmente – *Ekklesial Work: Toward a Feminist Public Theology* – oferece uma inovadora abordagem teológica às intersecções de gênero, religião e política na história recente dos Estados Unidos.

Elizabeth T. Groppe é professora associada de Teologia na Universidade Xavier, em Cincinnati, Ohio. Seu trabalho como teóloga sistemática usa a tradição para responder de maneira construtiva aos desafios de nossa era. É autora de *Yves Congar's Theology of the Holy Spirit* (Oxford: Oxford University Press, 2004), e de artigos sobre uma variedade de tópicos, incluindo a teologia trinitária e pneumatologia. Entre seus projetos atuais está o livro *Eating and Drinking* para a série Practice of Everyday Life.

JEANNINE HILL FLETCHER é professora associada de Teologia na Universidade Fordham, no Bronx, Nova Iorque. É autora de *Monopoly on Salvation? A Feminist Response to Religious Pluralism* (Nova York: Continuum, 2005). Entre os ensaios que já publicou estão "As Long as We Wonder: Possibilities in the Impossibility of Interreligious Dialogue", *Theological Studies* 68, n. 3 (setembro de 2007), e "Women's Voices in Dialogue: A Look at the Parliament of the World's Religions", *Studies in Interreligious Dialogue* 16, n. 1 (2006). Jeannine também atua como diretora do corpo docente de Serviço-Aprendizagem, na Universidade Fordham.

ELENA G. PROCARIO-FOLEY é professora (Driscoll) de estudos Judaico-Católicos no Iona College. Leciona e pesquisa a teologia católica sistemática com um interesse especial na cristologia e nas questões soteriológicas que desafiam a cristologia em face do pluralismo religioso. Seu foco de estudos dirige-se para a renovação da teologia católica no processo de modificação de seu relacionamento com o judaísmo. Seu manuscrito, intitulado *Children of the Living God: Explorations in Jewish-Catholic Relations* é uma introdução editada dos principais temas desse diálogo.

LAURA M. TAYLOR é aluna de doutorado em Teologia na Universidade Vanderbilt. Sua pesquisa, assim como seus interesses acadêmicos, abrangem as teologias construtivas, o pensamento feminista e pós-colonial, e as teologias do pluralismo religioso. Em 2006, foi agraciada com o prêmio Catherine Mowry LaCugna para Novos Estudiosos, concedido pela Associação Teológica Católica da América.

Prefácio

Elena Procario-Foley e Susan Abraham

Entendemos que "fronteiras" é um termo que significa horizontes convidativos de ideias que emergem organicamente de ideias anteriores. As teólogas feministas católicas há muito tempo se situam na vanguarda do pensamento criativo e germinativo da teologia católica, corajosamente indicando novos rumos para a compreensão de ser católico e de viver em comunidade com a Igreja e com o mundo. Só podemos ir ao encontro do horizonte quando nos aventuramos. Nossas aventuras foram lideradas por mães e guias aptas, capazes de enxergar longe, que nos trouxeram até aqui. Desse modo, o título deste livro reconhece ao mesmo tempo os esforços atuais das teólogas católicas feministas em seu embate com um cenário em incessantes mudanças no catolicismo do século XXI, e o débito destas autoras para com nossas antecessoras no estudo da teologia. Colocamo-nos lado a lado com as teólogas feministas, mulheristas e *mujeristas* que vieram antes de nós e que estão conosco, desbravando novos caminhos no momento em que vivemos.

Propomos este livro como uma introdução à teologia feminista católica. O feminismo católico mudou profundamente desde o revolucionário trabalho de Mary Daly, *Beyond God the Father*, lançado em 1973. Quando lecionamos para alunos de graduação, percebemos que (tanto homens como mulheres) resistem e rejeitam o termo *feminismo* em si, muitas vezes com um precário entendimento do que esse termo quer dizer. O momento agora é propício para uma nova introdução à teologia feminista católica. No entanto, não temos nenhuma pretensão, fiéis ao princípio geral da teologia feminista, de apresentarmos a primeira ou a última palavra a respeito do estado atual do feminismo católico. Procuramos delinear um horizonte de ideias para uma geração mais jovem, mantendo uma postura audaciosa e ao mesmo tempo fiel a nosso legado católico e feminista.

No início deste trabalho de colaboração, conscientemente buscamos evitar duas armadilhas. Rejeitamos a necessidade percebida de representar todas as vozes. Não só isso teria criado uma representação artificial de nosso grupo, como essa tentativa teria sido incompleta. Inevitavelmente, algumas vozes teriam sido deixadas de lado. Além dessa, evitamos a armadilha de tentar abordar cada uma das áreas da teologia sistemática tradicional e as incontáveis possibilidades da teologia construtiva contemporânea. Ficou claro para nós que uma investigação concentrada de alguns focos teológicos críticos na tradição católica serviriam melhor o leitor que uma sequência de ensaios estanques.

Por consequência, escolhemos explorar a antropologia teológica, a cristologia e a eclesiologia como o coração, a cabeça e os pés da teologia. Se a glória de Deus está nas criaturas humanas vivas (ver Irineu, *Adversus haereses* IV.20.7), então a antropologia teológica está no centro de um empreendimento teológico no novo milênio, caracterizado pela radical diversidade da comunidade global que, para sobreviver, depende de uma cooperação que cruze fronteiras. Refletir profundamente sobre ser humano no relacionamento com os outros e com Deus é uma parte necessária da conversação global interessada em evitar uma catástrofe ecológica, econômica e militar. Amoldando a metáfora de São Paulo do corpo de Cristo, a cristologia está à frente da teologia feminista, por bem ou por mal. As feministas católicas ainda têm de chegar a um acordo com a figura de Cristo e de como Jesus é usado ou abusado pela tradição para sustentar a plena humanidade de todas as pessoas, ou para negar a plena humanidade de alguém. A eclesiologia fornece as bases para o empreendimento teológico. A prática do catolicismo e os esforços de teólogas, feministas ou não, não têm valor se as pessoas não se unirem em uma comunidade como corpo de Cristo e se embrenharem no mundo como presença que cura. Entretanto, as feministas católicas criticam as estruturas da Igreja que não promovem o pleno desabrochar de todos os seres humanos, na mesma medida em que exigem das estruturas sociais e políticas em nossas sociedades que trabalhem para curar os males do mundo.

O leitor merece uma definição de "teologia feminista católica", desde estas primeiras linhas. Definir sumariamente o que é a teologia cristã feminista, porém, é uma tarefa verdadeiramente formidável, repleta de perigos, dados o volume e a diversidade das teólogas cristãs feministas que existem atualmente. E nem, como este volume irá demonstrar, existe um modelo único de teologia feminista católica. A transparência requer que, neste livro, identifiquemos o uso dessa expressão como referência em geral a uma corrente do pensamento feminista que frequentemente é citada como a "segunda onda do feminismo". Dentro dessa onda, situa-se o tipo de teologia feminista chamada "reconstrucionista"[1]. O entendimento das ênfases tradicionais desse tipo de teologia feminista cristã, especialmente como vêm sendo apresentadas pelas teólogas católicas feministas, fornece um pano de fundo inicial para que o leitor possa ler cada capítulo em função desse contexto. As autoras indicam individualmente os aspectos em que divergem dessa abordagem ou acrescentam-lhe suas próprias contribuições.

Ao longo dos últimos quarenta anos, aproximadamente, por meio de uma variedade de vozes, a teologia feminista vem resumindo os temas básicos do feminismo em termos de relações/relacionalidade mútuas, igualdade radical, e comunidade na diversidade.[2] A identidade não emerge no isolamento, mas através de uma rede de relacionamentos. A relacionalidade "é uma maneira de ser no mundo".[3] A igualdade radical afirma a dignidade de cada ser humano independentemente da particularidade do ser em termos

---

[1] Ver Anne M. Clifford, *Introducing Feminist Theology* (Maryknoll, N.Y.: Orbis, 2001), 16-38, onde há um resumo histórico sucinto de formas do pensamento feminista e da teologia feminista.
[2] Ver Elizabeth A. Johnson, *Shw Who Is: The Mystery of God in Feminist Theological Discourse* (New York: Crossroad, 1992), 216-22, onde há uma discussão desses temas feministas no contexto da teologia trinitária.
[3] Johnson, *She Who Is*, 216.

de etnia, raça, sexo ou religião. A igualdade radical não assume uma antropologia essencial e rejeita teorias de complementaridade entre os sexos. A igualdade entre as pessoas assume que cada pessoa entra no relacionamento como um ser humano completo. A comunidade na diversidade é um valor que reconhece e celebra a criatividade que brota quando pessoas em pé de igualdade existem numa relação mútua.

A teologia cristã feminista já reconhece há muito tempo uma metodologia que envolve três passos: crítica, recuperação e reconstrução.[4] A teóloga necessita primeiramente avaliar a situação vigente na qual se encontra. A crítica teológica feminista defende a posição de que as estruturas dentro do cristianismo vêm sendo historicamente patriarcais, hierárquicas e prejudiciais ao pleno desabrochar das mulheres. Para abordar essa situação, as teólogas feministas pesquisam a tradição para ali recuperar elementos que tenham sido suprimidos e são benéficos às mulheres. Com uma visão mais completa da tradição cristã em mãos (para o bem ou para o mal), a teóloga feminista reconstrói a narrativa cristã que demonstra a inclusão da mutualidade, da igualdade e da diversidade.

Já foram escritas milhares de páginas para explorar as ideias contidas nesses dois últimos parágrafos. O leitor está convidado para reconhecer esses temas e esses métodos nas páginas que seguem. Oferecemos aqui mais uma regra interpretativa para o feminismo católico. Elegante em sua simplicidade, em sua sabedoria, em sua concisão, a teóloga feminista católica Rosemary Radford Ruether proporciona-nos um poderoso critério para empreender a análise feminista da teologia: se alguma coisa promove a plena humanidade de uma pessoa, então é de Deus. Por outro lado, se alguma coisa é destrutiva em relação à plena humanidade de alguém, então não é de Deus.[5]

Com esses princípios em mãos, o leitor pode navegar pelas páginas deste livro ao mesmo tempo em que reconhece que a antropologia teológica, a

---

[4] Johnson, She Who Is, 29-30. Ver também Clifford, Introducing Feminist Theology, 35, para um delineamento levemente diferente da metodologia.
[5] Rosemary Radford Ruether. Sexism and God-Talk: Toward a Feminist Theology (Boston: beacon, 1993), 18-19. Observe que essa é a edição comemorativa do décimo aniversário.

cristologia e a eclesiologia não são estudos distintos que funcionam separadamente uns dos outros. Usando uma linguagem mais tradicional, as reflexões sobre a graça, a salvação e a práxis não podem ser analisadas como categorias separadas. Há um excesso de conhecimentos que transborda e se sobrepõe a cada categoria teológica, cada uma delas esclarecendo e enriquecendo as outras. A esse respeito, as feministas católicas continuam firmemente fiéis à continuidade da tradição teológica. As mesas-redondas teológicas ao final de cada seção demonstram o intercâmbio fluente e necessário entre esses três núcleos teológicos. As mesas-redondas foram escritas pelas autoras da seção precedente, exemplificando assim a proveitosa interação envolvendo as categorias teológicas e também a natureza colaborativa da teologia feminista. As perguntas ao final de cada seção e as recomendações para leituras adicionais servem como novos guias para a assimilação do que cada ensaio discutiu.

Este livro deve suas origens ao Grupo de Trabalho de Teologia Construtiva. Agradecemos a todos os seus integrantes pelos conselhos e pelo apoio. Somos especialmente gratas a Serene Jones, hoje presidente do Union Theological Seminary, na cidade de Nova Iorque, por sua antevisão quando olhou para o nosso grupo à mesa de jantar e disse: "Tem um livro em vocês. Descubram qual é!". Nosso obrigada a Michael West, editor-chefe da Fortress Press, por nos encorajar, mantendo-se conosco com perseverança e fornecendo sua orientação especializada. Por sua dedicação, agradecemos duas pioneiras da teologia feminista católica, que tanto nos fazem falta: Catherine Mowry LaCugna, cujo volume *Freeing Theology* inspirou-nos desde o início em nossas carreiras na teologia, e Anne E. Carr, que faleceu quando estávamos na etapa final de planejamento deste livro. O impacto dessas duas pessoas na teologia feminista católica é incalculável, e a morte prematura de ambas deixa-nos mais pobres. Por fim, somos gratas a todos os membros de nossas famílias e a nossos amigos, numerosos demais para serem mencionados agora, e que partilharam conosco as dores de crescimento deste volume. Cada uma de nós passou por mudanças significativas de vida, no âmbito de nossas famílias, enquanto escrevíamos este livro – nascimentos, mortes, doenças graves, mudanças de emprego – e o tempo todo ficamos firmes, ombro a ombro.

Parte I

Antropologia
Teológica

1
Indo além de "uma única história verdadeira"

Michele Saracino

De Santo Agostinho a Rahner, de Santo Tomás de Aquino a Lonergan, os pensadores católicos romanos vêm há um longo tempo debatendo questões fundamentais sobre a existência humana, entre elas a bondade da criação, a necessidade de praticar responsavelmente a liberdade num mundo infestado por sofrimentos e fraturas, e a importância de engendrar corretos relacionamentos com Deus e com os outros. Tradicionalmente, esses axiomas básicos têm sido formulados em termos de *natureza* e *graça*.

Entretanto, não é exagero propormos que essas categorias adiantam noções truncadas da pessoa humana, uma vez que cultivam posições binárias, segundo as quais alguns indivíduos e grupos são percebidos como mais próximos da natureza e, portanto, como menos capazes de participar da oferta da graça divina, enquanto outros indivíduos são classificados em tipologias, conforme sua natureza, como mais capazes de levar uma vida cheia de graça.

Na segunda metade do século XX, teólogas negras, feministas, mulheristas, latinas, liberacionistas e homossexuais demonstraram que as mulheres e os outros "outros" são muitas vezes aqueles que se vêm relegados ao status de seres com menos graça, o que legitima sua opressão e exploração por grupos mais privilegiados, em contextos tanto eclesiásticos como seculares. Sem dúvida, o pensamento binário não pode e não deve subsistir. Categorias menos reducionistas e totalizadoras são necessárias para compreendermos o que está em jogo em ser humano diante dos outros, no século XXI, categorias que levem em conta a diversidade das experiências e a complexidade de nossa identidade em relação a Deus e aos outros, e que evitem os pecados sociais da opressão e da exploração.

Uma dessas categorias é a noção de "história". As histórias moldam profundamente quem somos, o que queremos da vida, como nos ligamos aos outros. Michel de Certeau expressa-se com ainda mais eloquência: ele diz que as histórias organizam nossa noção de realidade na medida em que "atravessam os lugares e os organizam; selecionam-nos e interligam-nos; criam sentenças e itinerários a partir deles. São trajetórias espaciais".[1] Falar de antropologia teológica por meio do discurso da história também revela como, no mundo contemporâneo globalizado, as identidades de um indivíduo e do grupo não podem ser abrangidas pela lógica binária porque, na maioria das vezes, elas são plurais. Percebemo-nos desempenhando uma variedade de papéis e recitando uma diversidade de roteiros, todos ao mesmo tempo, numa pluralidade que complica as mais básicas suposições teológicas sobre os seres humanos. Alguns de nós são estudantes, filhos, afro-americanos. Outras são pessoas, são professoras, mães e cristãs. Embora não sejamos definidos exclusivamente por nenhuma categoria ou narrativa, somos todos, de um jeito ou de outro, híbridos, coleções de várias histórias relacionadas com nossas experiências de vida, com as origens de nossa família, nosso gênero, a classe a que pertencemos, a religião que professamos e assim por diante.[2] Sempre foi assim. Entretanto,

---

[1] Michel de Certeau. *The Practice of Everyday Life*, trad. Steven F. Rendall (Berkeley: University of California Press, 1984), 115.
[2] Para uma análise absorvente de como "todos somos híbridos", em especial com relação às religiões mundiais, ver Jeannine Hill Fletcher, *Monopoly on Salvation? A Feminist Approach to Religious Pluralism* (New York: Continuum, 2005), 82-101.

a crescente tecnologia da comunicação e a indústria multinacional cada vez mais difundida têm lançado novas luzes sobre nossa realidade híbrida, esclarecendo como nós convivemos com essas múltiplas histórias, como transitamos de uma para outra, quando nos identificamos mais com algumas delas e atritamos com outras. Para que relacionamentos germinativos com as outras pessoas possam durar, a humanidade vê-se obrigada a ir além das categorias potencialmente totalizadoras – natureza e graça –, envolvendo-se com as qualidades plurais e emaranhadas da existência humana: em outras palavras, assumindo sua hibridade.

Definição de hibridade

"Hibridade" não é um neologismo. A pesquisa fundadora de Gregor Mendel sobre cruzamentos genéticos na vida vegetal forneceu uma das primeiras definições de hibridade.[3] Mais recentemente, nas ciências humanas, as teorias pós-coloniais têm mencionado a noção de hibridade para significar identidades que não podem ser reduzidas a nenhum conceito ou a nenhuma história estática e homogênea.[4] Até mesmo líderes políticos esforçam-se para levar em consideração uma noção híbrida de humanidade. Quando o ex-senador de Illinois, e hoje o 44º presidente dos Estados Unidos da América, Barack Obama, estava sob fogo por ser membro da igreja do reverendo Jeremiah Wright, um pastor associado ao que alguns consideravam um discurso de ódio contra os americanos brancos, Obama, filho de um "homem negro" com uma "mulher branca", reagiu contando sua própria história híbrida:

---

[3] Gregor Mendel, *Experiments in Plant-Hybridisation* (1866; repr., Cambridge: Harvard University Press, 1938).
[4] Ver Homi Bhabha, *The Location of Culture* (Londres: Routledge, 1994); Robert J. C. Young, *Colonial Desire: Hybridity in Theory, Culture and Race* ((Londres: Routledge, 1995); e Samira Kawash, *Dislocating the Color Line: Identity, Hybridity, and Singularity in African-American Narrative* (Stanford: Stanford University Press, 1997).

Não posso renegá-lo [o reverendo Wright] assim como não posso renegar a comunidade negra. Não posso renegá-lo assim como não posso renegar minha própria avó branca, uma mulher que ajudou a me criar, uma mulher que se sacrificou por mim inúmeras vezes, uma mulher que me ama tanto quanto ama tudo o mais neste mundo, mas uma mulher que certa vez confessou seu medo dos homens negros que passavam por ela na rua e que, em mais de uma ocasião, explodiram em acusações raciais ou étnicas que me faziam encolher. Essas pessoas são parte de mim. E elas são parte da América, este país que eu amo.[5]

Juntamente com essas trajetórias científicas, filosóficas e políticas, o cristianismo tem muito com que contribuir para o diálogo sobre a identidade humana ser composta de muitas histórias, em particular as relacionadas com as doutrinas da criação e com a cristologia.

Hibridade

Hibridade é a mistura que gera novas formas a partir de categorias previamente identificadas. Esse termo tem raízes no uso moderno de taxonomias para organizar informações sobre o mundo material e é usado, de maneira característica, nas ciências naturais (na botânica, por exemplo). O termo "hibridade" foi retomado pelo pensamento pós-colonial e feminista para se referir a identidades que não podem ser capturadas por categorias estáticas. Ele descreve a experiência de não ter uma identidade fixa ou pura e, ao contrário disso, ocupa vários locais sociais ou várias histórias, simultaneamente.

---

[5] "Sen. Barack Obama Addresses Race at the Constitution Center in Philadelphia", http://www.washingtonpost.com/wp-dyn/content/article/2008/03/18/AR2008031801081.html (acesso em: 21 de março de 2008).

Criação como plural

Não podemos mencionar a noção de hibridade sem voltarmos às Escrituras e interrogarmos as duas histórias paradigmáticas, canônicas, da criação, encontradas em Gênesis 1 e 2. Essas duas narrativas se enriquecem e desafiam mutuamente e, por isso, contrapõem-se a toda noção de senso comum de que existe "uma só história verdadeira" a respeito do que significa ser humano. Retomando primeiramente o relato em Gênesis 1, é descrito que homens e mulheres são criados igualmente à semelhança de Deus – "à imagem de Deus ele os criou, homem e mulher ele os criou"[6]. Para as feministas, esse trecho é normalmente considerado como o grande texto de equalização, em que Deus aparece criando ambos os gêneros como bons e sagrados. No entanto, aqui, quero ir além das questões exclusivamente pertinentes ao gênero e afirmar que ser criado à imagem e à semelhança de Deus fundamenta a noção teológica de que os seres humanos contêm em si a história do divino. Portanto, os seres humanos são híbridos em sua própria natureza e, além disso, sua identidade híbrida é considerada boa em si e por si. Sendo assim, toda resistência à bondade de nosso eu multifacetado torna-se o local de uma possível fratura, tornando o pecado uma categoria importante do pensamento por meio da antropologia teológica.

Em Gênesis 2, os cristãos deparam com outro relato paradigmático da criação humana, em que a mulher é criada a partir do homem:

> "Então, Deus fez cair um torpor sobre o homem, e ele dormiu. Tomou uma de suas costelas e fez crescer carne em seu lugar. Depois, da costela que tirara do homem, Deus modelou uma mulher e a trouxe ao homem".[7]

Mesmo quando interpretada metaforicamente, essa história pode ser lida como problemática porque tem sido usada para classificar as mulheres como derivações dos homens, concretizando um dualismo de gênero, do

---

[6] Gn. 1,27.
[7] Gn 2,21-22.

qual já está impregnado o catolicismo romano, tanto quanto a cultura secular de consumo. E se, no entanto, brincarmos com a ideia de que, ao formar a mulher a partir do corpo do homem, as mulheres carregam em seu íntimo a história de uma alma solitária, do sofrimento de outrem? Ao criar um ser humano a partir de outro, anterior, Deus cria um ser híbrido que reconhece que a história do outro está ligada a sua e, por conta disso, é capaz de sentir compaixão por ele. Pode-se inclusive acrescentar isso no sentido de que a criatura feminina melhor simboliza nossa existência plural porque, além de ser hibridizada pela imagem de Deus, ela é cruzada e complicada pela história de mais outra entidade, a saber, seu parceiro.

Há outros pontos que mencionam a hibridade no âmbito da doutrina da criação. Deus sacraliza a diferença ao criar uma diversidade de criaturas, todas elas rotuladas como boas. Conectada a essa pluralidade de criaturas diversas existe a sacralização da interdependência entre elas, uma vez que todas as criaturas dependem de seu criador para cada momento de sua existência, o que institui como norma ser dependente e sentir-se vulnerável. A interdependência é transportada para as relações entre as criaturas. Os seres humanos são dependentes de todas as plantas e de todos os animais da criação. Ser dependente e vulnerável é um aspecto essencial de se afirmar a hibridade, no sentido que, ao contar nossa história, temos de admitir nossas conexões com os outros e nossas diferenças em relação a eles. Por fim, a noção teológica da própria "sacramentalidade", especificamente, a presença de Deus no mundo criado e finito, ilumina a existência humana como fenômeno híbrido, já que existe um intercâmbio constante entre o sagrado e o cotidiano.

Jesus como híbrido

Os ensinamentos sobre a pessoa e a obra de Jesus Cristo fornecem mais pontos para comentários a favor da hibridade como uma dimensão normativa da existência humana. Os cristãos são constantemente pressionados a ignorar as muitas histórias sobre o Jesus histórico: ele era judeu, homem, amigo, filho, encarnando uma hibridade que o levou a viver situações conflituosas em múltiplas ocasiões e, em outros momentos, tornou-se motivo de celebração. Na maioria dos casos, entretanto, os efeitos da hibridade de Jesus permanecem, na melhor das hipóteses, ambíguos. Poucos conseguem esquecer-se da descrição das bodas em Canaã, quando Maria exige que o filho resolva a questão da falta de vinho:

> "Ora, não havia mais vinho, pois o vinho do casamento tinha-se acabado. Então a mãe de Jesus lhe disse: 'Eles não têm mais vinho'. Respondeu-lhe Jesus: 'Que queres de mim, mulher? Minha hora ainda não chegou'".[8]

Embora esse texto possa ser interpretado de diversas maneiras, até mesmo como refutação das suposições da mãe de Jesus, é um trecho de muito interesse para nossa discussão se o virmos pelo prisma de Maria chamando Jesus para agir em mais uma oportunidade dentre muitas histórias.

Ainda que, em última instância, não caiba a ela decidir quando e onde ele necessita intervir, o que ela pede é um reconhecimento explícito de que ele não é meramente um convidado da festa, nesse contexto, mas que em muitos sentidos ele desempenha o papel de anfitrião – aquele que pode salvar a situação da ruína.[9] Podemos argumentar aqui que Maria sinaliza a identidade híbrida de Jesus. Embora a maioria de nós não tenha o poder de transmutar água em vinho ou de salvar o mundo, desempenhamos analogamente diferentes papéis em nossa vida, cada um deles com suas peculiares responsabilidades e seus desafios próprios, quando tentamos criar e manter corretos relacionamentos com os outros.

---

[8] Jo 2,3-4.
[9] A noção de Jesus como "anfitrião" é transportada para a tradição litúrgica na qual ele se torna o anfitrião no ritual e na memória por meio do sacramento da eucaristia. É razoável afirmarmos que por meio da comunhão "o reconhecemos nos que estão em torno da mesa, arrependemo-nos de nossa colusão e de nossa cumplicidade com o sofrimento e a opressão de que padecem, pedimos o perdão dele e dos convivas, compartilhamos o corpo do Senhor, *tornamo-nos* o corpo do Senhor". M. Shawn Copeland propõe a eucaristia como um evento que ilustra o que chamo de "assumir a hibridade", processo por meio do qual a solidariedade tem a possibilidade de emergir por meio da presença de Deus na sobreposição e no entrelaçamento das histórias dos outros. Ver M. Shawn Copeland, "Body, Race, and Being", em *Constructive Theology: A Contemporary Approach to Classical Themes*, ed. Serene Jones e Paul Lakeland (Minneapolis: Fortress Press, 2005), 115-16.

Além de ser essa criatura histórica envolvida em incontáveis histórias, Jesus estava ativamente envolvido com outras pessoas e as histórias delas. Em cada um dos evangelhos, Jesus é ilustrado como uma pessoa *orientada para o outro*, como alguém consistentemente engajado e transformado pelas histórias dos outros. Ele não se oculta por trás de uma identidade fixa. Na realidade, ele constantemente desafia o privilégio de "uma só história verdadeira". Um exemplo do estilo de vida de Jesus orientada para o outro pode ser encontrado no evangelho de Lucas quando Jesus pede que seu anfitrião – e realmente que todos nós – convide outras pessoas para a mesa, não somente aqueles que sempre falam as mesmas velhas coisas de sempre:

> "[...] Ao dares um almoço ou jantar, não convides teus amigos, nem teus irmãos, nem teus parentes, nem os vizinhos ricos; para que não te convidem por sua vez e te retribuam do mesmo modo. Pelo contrário, quando deres uma festa, chama pobres, estropiados, coxos, cegos; feliz serás, então, porque eles não têm com que te retribuir. Serás, porém, recompensado na ressurreição dos justos".[10]

Os cristãos têm interpretado esse texto, entre outros, em termos do chamado para a "amizade de mesa", criando a possibilidade de cada um de nós se abrir para os outros por meio de suas muitas histórias, algumas das quais interligadas com as nossas.[11]

As referências à existência humana como um processo plural e interligado não se limitam à pessoa histórica de Jesus. Basta que examinemos a doutrina da encarnação – que afirma que "Jesus Cristo é plenamente humano e plenamente divino... uma [pessoa]... que existe com duas naturezas... sem confusão, sem mudança, sem divisão, sem separação" – para contarmos com outro ponto im-

---

[10] Lc 14,12-14.
[11] Para um material inovador e revolucionário na teologia feminista, abordando a irmandade à mesa e o compartilhamento à mesa, ver Letty M. Russell, *Church in the Round: Feminist Interpretation of the Church* (Louisville: Westminster John Knox, 1993), e Elisabeth Schüssler Fiorenza, *In Memory of Her: A Feminist Theological Reconstruction of Christian Origins*, edição do 10º aniversário (New York: Crossroad, 1994).

portante que nos permite constatar o que está em jogo na defesa da hibridade.[12] Na encarnação, como Jesus assume simultaneamente as "trajetórias espaciais" da humanidade e as da divindade, o misterioso e o trivial vivem em proximidade, e os relacionamentos com o outro são dotados de graça e sacramentados. O que é ainda mais importante, esse relacionamento híbrido entre o divino e o humano é salvífico. Quando refletimos sobre nossa própria existência hibridizada, nós, cristãos, podemos contemplar o mistério da hibridade de Jesus, não nos fixando ou localizando alguma história pura exclusiva ou única e verdadeira, sobre sua divindade ou sobre sua humanidade, mas mantendo-nos abertos à esperança e à redenção pela fecunda interação entre essas histórias.[13]

Finalmente, na morte e na ressurreição de Jesus, a hibridade manifesta-se com profundidade ainda maior, conforme os cristãos proclamam que, por meio da cruz, Jesus assume as histórias de muitos, incluindo as daqueles que eram os mais estigmatizados em sua época: as mulheres, as crianças, os doentes e os marginais. Ele as assume, tornando-as importantes, descentralizando sua própria necessidade de sobreviver a fim de garantir a sobrevivência deles. Ele morre por toda a humanidade, não somente a minha ou a sua, mas pelas histórias de cada um e de todos. Como Jesus, que assume as histórias de muitos, os cristãos são convocados a considerar a história do outro como sua, principalmente porque é sua também. Quando Jesus torna-se aquele que coloca nos ombros o peso de todas as nossas histórias e recusa-se a se abrigar em qualquer uma delas, ou em qualquer lar, os cristãos são escolhidos para moldar a postura humilde de Jesus não tentando apenas transcender o eu, mas sim carregando o peso de muitos no íntimo de seu próprio eu híbrido. É possível inclusive querermos ir mais adiante e afirmarmos que a ressurreição é a esperança de que todas as nossas histórias sejam plenamente reconhecidas, mesmo que tenham de ser reescritas ou suplantadas no ato de reconciliação com o outro.

---

[12] Jones e Lakeland, Constructive Theology, 168.
[13] Para mais informações sobre as implicações teopolíticas de um "Jesus/Cristo" híbrido, ver Kwok Pui-lan, *Postcolonial Imagination and Feminist Theology* (Louisville: Westminster John Knox, 2005), 171-74.

Quando sugiro que a tradição cristã demonstra a hibridade como dimensão normativa da existência humana, em que o ser humano é convidado a abdicar de uma história única, fixa e pura sobre si mesmo e assim abrir espaço para o outro, percebo que estou trilhando um caminho perigoso. Afinal de contas, não é verdade que alguns indivíduos e alguns grupos têm mais do que abdicar em comparação com outros? E não só isso: é de fato justo dizer que todos experimentam da mesma maneira a hibridade? Certamente que não, já que, para alguns, acolher sua identidade como um fenômeno híbrido não é nem uma escolha, mas algo que se veem forçados a fazer e que os estigmatiza, incluindo os povos e as culturas fragmentados e fraturados pelas conquistas e pelo exílio.[14] Esses híbridos têm sido desumanizados e demonizados por grupos mais poderosos porque eles não têm como pano de fundo uma única história pura ou uma única identidade idealizada. Outros grupos são privados do direito de sequer denominarem-se híbridos, mesmo que o quisessem fazer. Em muitos sentidos, os afro-americanos foram a tal ponto essencializados pela ideologia da supremacia branca que sobra pouco espaço para serem conceituados como algo que não seja "o outro". O pensamento reducionista desse tipo permite que grupos privilegiados relutem em constatar que os afro-americanos são compostos por múltiplas histórias, algumas das quais se sobrepõem e se interligam a suas.[15]

Embora esteja atenta a respeito dessas experiências particulares, aqui, estou argumentando contra a interpretação da hibridade, segundo qualquer noção do senso comum, e proponho que nenhum de nós está isento da responsabilidade de reconhecer nossa hibridade e a dos outros. Quando começarmos a reivindicar nossa hibridade, veremos que todos temos histórias idealizadas das quais devemos desvencilhar-nos a fim de abrir espaço para as dos outros. A mera constatação de que "todos somos híbridos" pode encaminhar-nos para

---

[14] Ver Gloria Anzaldúa, *Borderlands/La Frontera: The New Mestiza* (São Francisco: Aunt Lute Books, 1987). Ver também Roberto S. Goizueta, *Caminemos con Jesús: Toward a Hispanic/Latino Theology of Accompaniment* (Maryknoll, N.Y.: Orbis, 1995).
[15] Ver Victor Anderson, *Beyond Ontological Blackness: An Essay on African American Religious and Cultural Criticism* (Nova Iorque: Continuum, 1995).

uma existência em que descartamos a arrogância de ter "uma só história verdadeira", em que superamos nossa cegueira para outras histórias e, por fim, reconhecemos que nosso eu multifacetado está ligado com o dos outros. Essas concessões criam a possibilidade para vivermos à imagem de Deus, honrando a encarnação e imitando o ministério de Jesus orientado para o outro; em outras palavras, para sermos humanos num mundo com outros.

O custo da hibridade

Mesmo com toda a nossa atenção intensificada à realidade plural e interligada da existência humana, ainda é tentador viver como se nossa identidade fosse singular e pura, não trespassada e nem desafiada pelas histórias dos outros, como se nossa história fosse uma só e a única e verdadeira história. Na realidade, incorre um custo inegável quando colocamos a hibridade em pauta, a saber, o de abrir mão da "única história verdadeira" que nos proporciona um cobertorzinho de segurança, protegendo-nos e não nos deixando parecer vulneráveis, permitindo que evitemos a responsabilidade de lidar com as histórias dos outros. É difícil negar que a vida seria um pouco mais fácil, pelo menos no curto prazo, se eu pudesse realmente comprar a ideia de que minha história de ser cristã é a mais importante das histórias de minha vida, ou que sou em primeiro lugar e principalmente mãe. Se um desses cenários fosse mesmo o caso, eu poderia tomar decisões éticas com grande facilidade e organizar meus relacionamentos sociais com base nelas. Eu sentiria que tenho alguma medida de certeza e de controle em minha vida. Não obstante, ser humano, do ponto de vista cristão, exige da pessoa que ela cesse de ansiar pelo controle total e que abrace a realidade de estarmos em nossa liberdade e em nossa responsabilidade sempre voltados a serviço dos outros e de suas histórias complicadas. Qualquer negação dessa obrigação desafia nossa natureza plural e social – que venho chamando de híbrida –, dada por Deus, o que provoca a fratura nos indivíduos e nas comunidades.

Algumas teólogas feministas, entre as quais me incluo, são propensas a resistir ao discurso do "pecado" porque tem sido usado para desvalorizar as mulheres, começando com Eva como lócus da transgressão humana. Contudo, não nos é possível respeitar adequadamente a pluralidade da identidade sem nos dedicarmos, nas palavras de Serene Jones, a "uma séria reflexão sobre a profundidade em que as pessoas podem 'cair' quando se fraturam e sobre sua participação na fratura dos outros".[16] O pecado é um elemento importante na discussão da antropologia, porque quando as pessoas se recusam a investir sua liberdade de maneira que respeite seus relacionamentos sociais com a totalidade da criação, elas se arriscam a recusar o chamado para viver à imagem de Deus e honrar a encarnação.

Em meio à existência híbrida, o pecado ocorre quando deixamos de atender as necessidades, os sentimentos, as lembranças e as histórias do outro. Pecamos não necessariamente porque somos maus, ou até mesmo porque somos consumidos pelo orgulho, mas talvez, como explica Bernard Lonergan, porque esse pecado resulta do escotoma, de sermos cegos para a verdade de nossa existência híbrida. Experienciamos essa cegueira como um viés que nos impede de ter insights sobre nós mesmos que revelariam nossos sentimentos negativos por outras pessoas. Medo, preconceito e raiva permeiam nossos pontos de vista perturbados, e proíbem-nos de reconhecer como nossas histórias individuais e grupais são múltiplas e interligadas com as dos outros.[17] Superar as fraturas entre indivíduos e grupos que resultam dos escotomas é uma dimensão importante de assumirmos nossa hibridade e construirmos corretos relacionamentos com os outros.

Sem sombra de dúvida, a antropologia teológica pode ser lida em termos de se viver em meio aos outros com suas muitas histórias. A questão que temos pela frente agora é esta: como é que pessoas comuns começam a considerar os efeitos de suas histórias sobre os outros a fim de assumir sua hibridade? De certa maneira, começa com uma narrativa autobiográfica que

---

[16] Serene Jones, *Feminist Theory and Christian Theology: Cartographies of Grace* (Minneapolis: Fortress Press, 2000), 70.
[17] Para uma discussão das quatro vias por meio das quais ocorre o viés, ver *Collected Works of Bernard Lonergan*, Frederick E. Crowe e Robert Doran (orgs.), vol. 3., *Insight: A Study of Human Understanding* (Toronto: University of Toronto Press, 1997), 214-20.

tenta ser tão honesta e responsável quanto possível, contando a história da própria vida de maneira que convide os outros a entrarem em sua vida.

Contar história como práxis

Eu me considero laica, feminista e católica romana (não necessariamente nessa ordem) e, o que não me surpreende, algumas dessas histórias competem entre si para obter meu tempo e minha energia. Uma grande quantidade de vezes, alguma de minhas histórias imiscui-se na de outra pessoa, criando uma situação permeada por ambiguidades e conflitos emocionais internos. Além de teóloga feminista católica laica, também sou mãe e, de vez em quando, quando estou cuidando de minhas duas crianças, sinto-me como se estivesse negligenciando meus alunos e colegas; ou quando cultivo minha história profissional, sinto-me como se estivesse ignorando as necessidades de minha família. De outro ângulo, desde o instante em que assumi o catolicismo romano, sinto-me como se estivesse traindo meus ideais feministas.

Esse não é o fim da responsabilidade pelos outros que minhas histórias acarretam. Sendo laica, feminista e católica, no contexto eclesiástico, detenho alguns privilégios que as mulheres a minha frente não têm. Não é exagero sugerir que uma mulher laica, no mundo de hoje, possa deter tanto ou mais poder do que qualquer religiosa, ao passo que antigamente essa dinâmica de poder talvez não estivesse presente.

Este livro sobre o pensamento católico feminista está sendo escrito basicamente por mulheres religiosas laicas, o que praticamente desestabiliza e marginaliza as histórias anteriormente privilegiadas das religiosas que viveram antes. Essas mudanças de poder com relação a nossas histórias não devem ser varridas para baixo da mesa à qual somos chamadas a nos sentar. Sem sombra de dúvida, falar dessas questões não é sempre confortável nem desejável. Eu gostaria de pensar que garanti meu lugar neste livro por mérito próprio. Assumir a hibridade me obriga a constatar que estou sempre conectada aos outros, em dívida para com eles, posto que algumas de suas histórias estão agora ocluídas pela minha. Para que corretos relacionamentos de confiança e desenvolvimento humano possam emergir – colocando-nos ombro a ombro uns com os outros – os seres humanos em geral, e os cristãos em particular, têm a responsabilidade de praticar sua liberdade sendo honestos quanto a essas tensões e vigilantes a respeito de como nossas histórias se sobrepõem e se interligam umas com as outras.

Enquanto nos mantivermos apegados a histórias singulares e não trespassadas sobre nós mesmos, nossa religião, nossa cultura e nossa nação, e consequentemente ignorarmos a realidade de que muitas de nossas histórias se fundem e atritam com as dos outros, somos vítimas do pecado.

Além dessas histórias intensamente pessoais, algumas de minhas histórias têm um teor mais político, como, por exemplo, ser uma cristã nos Estados Unidos. Após o 11 de Setembro, muitos cidadãos estadunidenses – muitos deles cristãos – aderiram a um determinado papel em seu processo de identificação: o de vítima indefesa de um ataque inescrutável. Sentir-se vitimizado por terroristas que podem ser qualquer um, que podem atacar em qualquer lugar e a qualquer momento, vem produzindo discursos intermináveis e uma ansiedade constante a respeito da necessidade de sobreviver num mundo assim incerto. Esses temores quanto à sobrevivência têm tido efeitos desastrosos, legitimando atos desumanos e injustos através do globo. Assumir a hibridade em meio às ondas emotivas desencadeadas após 11/9, incluindo a presença militar dos Estados Unidos em diversas partes do mundo, requer muita coragem e resistência física para poder analisar como os papéis de vítima e de agressor são atribuídos e para considerar se, e como, as histórias das vítimas e dos agressores se sobrepõem e se interligam. Há muito pouco espaço na esfera pública para rodeios quando se trata de imaginar esses papéis e essas histórias como processos que se sobrepõem, ou de pensar que a pessoa que foi ferida possa estar ligada (ainda que apenas *de facto*) aos responsáveis pelo dano. Em outras palavras, há uma limitada tolerância em relação à ideia de que somos responsáveis pela existência híbrida tendo como pano de fundo o contexto de um receio global pelo terrorismo. Como em relação a qualquer história que contenha um apelo totalizador e hegemônico, os cristãos devem resistir ao patriotismo baseado na ideologia de serem vítimas e lidar muito de perto com as histórias dos outros, inclusive com as que pertencem aos classificados como agressores. Os cristãos devem fazer isso não por causa da moda mais recente lançada pelas últimas teorias da identidade como processo múltiplo, mas sim para evitar o pecado do escotoma. Agarrar-se à supremacia de uma única história às custas de se manter cego para todas as outras implica a recusa de honrar a bondade de toda a criação, o mistério da encarnação e os corretos relacionamentos entre Deus e a humanidade, e entre a totalidade da criação modelada conforme a ação de Jesus orientada para o outro.

A maternidade como metáfora para a hibridade[18]

De um modo diferente de qualquer outro momento em minha vida, quando estava grávida, nas duas vezes, senti-me refém do outro e desafiada pela multiplicidade de histórias que informavam minha identidade. Durante aqueles poucos meses, fui concretamente híbrida. A maternidade é *uma* das maneiras de se falar do que está em jogo quando assumimos a hibridade como uma metáfora teológica, uma maneira de ser responsável por ter histórias que se sobrepõem e contestam e que, por isso, complicam nossos relacionamentos com os outros.

QUESTÕES MATERNAS

Como o leitor pode imaginar, falar da hibridade em termos de maternidade e maternagem não está livre de problemas. Meu trabalho pode ser entendido como míope, uma vez que já há um número incontável de pessoas que não podem ser mães, incluindo mulheres que o desejam intensamente, mas são incapazes disso devido a uma ampla variedade de razões biológicas, econômicas, políticas e tecnológicas. Meu trabalho

---

[18] Para uma interessante discussão das conexões entre maternidade e desenvolvimento espiritual, ver Trudelle Thomas, "Becoming a Mother: Matrescence as Spiritual Formation", *Religious Education* 96, n. 1 (2001): 88-105.

também levanta a questão de, se eu narrar essa história em particular, estarei excluindo outras. Ou, falando em termos mais duros, a mera menção do termo *mãe* no contexto teológico ou acadêmico é um fator a mais de opressão para as mulheres que se sentem exploradas pela história ou alienadas dela? Minha intenção não é ocultar nem apagar nenhuma dessas histórias, nem ferir ninguém, mas sim expor uma metáfora dentre muitas que ajude a esclarecer mais um pouco o processo muito complicado de ser cristão no mundo plural de hoje.

Outros podem taxar minha citação do espectro da maternidade como uma atitude essencialista, pois, ao sugerir que as mulheres têm potencial para experienciar determinado papel, estou reduzindo-as a esse papel específico, ou seja, o da maternagem. Sendo a tendência ao essencialismo tão insidiosa no contexto eclesiástico, e ainda mais estritamente definido pelo catolicismo romano, não considero levianamente essa acusação. Como à Maria, a mãe virgem, é atribuído o papel de modelo perfeito impossível, e como as conotações reducionistas sobre Maria e a maternidade vêm revestidas por imagens heterossexistas e conjugais, que concretizam relacionamentos de poder desiguais e potencialmente prejudiciais no âmbito da Igreja, também eu fiquei pensando se os cristãos ainda têm algum espaço de sobra para mais uma mãe.[19] Espero que, ao final deste ensaio, acabe ficando claro a antropologia que eu pratico, promovendo justamente o oposto, especificamente, que sempre há espaço para mais uma história à mesa, pois acolher a história de alguém tem potencial para desalojar a versão glamurizada da maternidade predominante nas tradições cristãs, assim como na cultura cotidiana. Em outras palavras, esforço-me para problematizar as narrativas insidiosas que fabricam o "mito da mamãe" em torno da mulher idealizada com um

---

[19] Essa noção romanceada da mãe pode ser encontrada no trabalho do teólogo suíço Hans Urs von Balthasar, entre outros. Para uma leitura das alegações antropológicas eclesiológicas implícitas e explícitas relativas a essa compreensão da diferença sexual e da maternidade, ver Hans Urs von Balthasar, "Woman's Answer" em *Theo-Drama: Theological Dramatic Theory*, vol. 3, *The Dramatis Personae The Person in Christ*, trad. Graham Harrison (São Francisco: Ignatius Press, 1992), 283-360, e "The All-Embracing Motherhood of the Church", em *The Office of Peter and the Structure of the Church*, trad. Andrée Emery (São Francisco: Ignatius, 1986), 183-225.

reservatório interminável de amor, que se sacrifica sem jamais se queixar e que nunca perde a calma.[20]

Portanto, se estou entregando-me ao essencialismo, espero corresponder ao rótulo do que algumas feministas classificam como "estratégico" e, ao repensar a maternidade como uma metáfora para o existir híbrido, eu possa começar a desbastar o primado daquela história única e opressiva sobre maternidade, que nos deixa cegos para as muitas outras histórias da maternidade, incluindo as que defendem a realidade de que para algumas não é de modo nenhum importante tornarem-se mães.[21]

HÍBRIDOS MATERNAIS

Do instante da concepção em diante, a mulher vira refém de outro ser que continuamente se imiscui em sua história privada única e a descentraliza, abolindo seu solilóquio. Sintomas físicos como enjoo, vômitos, fadiga e movimento fetal, que comumente são chamados de aceleração, concretizam essa dinâmica mutável. Mesmo que a gestação seja interrompida, a história dessa gestante é trespassada e multiplicada. Julia Kristeva escreve sobre esse processo de hidridade emergente:

> As células se fundem, dividem e proliferam. Os volumes crescem, os tecidos se alongam e os fluidos corporais mudam de ritmo, acelerando ou desacelerando. Dentro do corpo, crescendo como um enxerto, indomável, está o outro. E ninguém se apresenta, no interior desse espaço ao mesmo tempo dual e desconhecido, para significar o que está se passando. "Acontece, mas não estou lá." "Não posso compreendê-lo, mas ele segue em frente." O silogismo impossível da maternidade.[22]

---

[20] Para mais informações sobre os mitos relativos à maternidade, ver Susan J. Douglas e Meredith W. Michaels, *The Mommy Myth: The Idealization of Motherhood and How It Has Undermined All Women* (Nova Iorque: Free, 2004), e ver também Shari L. Thurer, *The Myths of Motherhood: How Culture Reivents the Good Mother* (Nova Iorque: Penguin, 1994).

[21] Para mais dados sobre como o essencialismo estratégico pode ser usado em projetos teológicos do feminismo construtivo, ver Jones, *Feminist Theory and Christian Theology*, 59-61.

[22] Julia Kristeva, "Motherhood according to Giovanni Bellini", em *Desire in Language: A Semiotic*

Com essas mudanças corporais vêm a incerteza emocional e o medo do que o outro trará. Quando estava esperando meu primeiro filho, senti-lo "chutar" pela primeira vez foi muito emocionante, porque cada movimento simbolizava outro sonho que eu tinha para o futuro daquela criança. Com meu segundo filho havia uma estranha apreensão acompanhando cada pontada e cada soluço. Percebi que minha história não era mais minha e que eu estava interligada com a história de uma outra criatura, sobre a qual eu tinha muito pouco controle, mas em relação à qual eu tinha uma obrigação de imenso porte.

Pode-se pensar que o momento do nascimento, um ato inegável de separação, limpa toda ambiguidade física ou emocional no encontro entre mãe/eu e feto/mãe. No entanto, nesses dois níveis, a separação nunca é realmente possível quando a vida diária é moldada pelas necessidades, pelos sentimentos, pelas lembranças e pelas histórias relacionadas com a do outro. A história da mãe parece indelevelmente marcada pela questão do outro que foi parte dela por um pouco de tempo ou por nove meses, cinco vezes seguidas. Quer haja um "forte efeito" ou uma "vaga percepção" entre mãe e feto, o "elo que vaza" entre ambos torna seu relacionamento difícil de navegar, pois um derrama-se no outro, criando a relação mais próxima de que os humanos são capazes de viver concretamente uma existência híbrida.[23] É preciso praticarmos nossa honestidade a respeito desse desafio conforme eles assumem sua existência híbrida e, em consequência disso, dar-se plenamente conta da gravidade de estar interligada com os outros e tomar as decisões responsáveis correspondentes – escolhas que não necessariamente baseiam-se na aceitação automática do outro sem atentar para as histórias de todos os envolvidos.

Approach to Literature and Art, Leon S. Roudiez (org.), trad. Thomas Gora, Alice Jardine e Leon S. Roudiez (New York: Columbia University Press, 1980), 237.
[23] Cristina Mazzoni, *Maternal Impressions: Pregnancy and Childbirth in Literature and Theory* (Ithaca: N.Y.: Cornell University Press, 2002), ix, 206.
24. Christina Baker Kline, introdução, em *Child of Mine: Writers Talk about the First Year of Motherhood*, Christina Baker Kline (org.) (New York Hyperion, 1997), 6.

"Ambivalência" em relação às histórias de maternidade não é sempre uma reação tolerada e, em muitos aspectos, "continua um tema tabu".[24] Não é como se as mulheres, inclusive as teóricas, as teólogas, as profissionais da ética, não expressassem emoções conflitantes sobre a concepção, a gestação e maternagem. Pelo contrário, é difícil para elas e para os outros ouvirem.[25] Pode-se dizer que existe uma cegueira em relação às histórias dos outros sobre a maternidade. Muitas pessoas arrepiaram-se quando Adrienne Rich usou o termo "monstruoso" para descrever sua experiência da maternidade no clássico feminista intitulado *Of Woman Born: Motherhood as Experience and Institution*.[26] Não que tudo que diz respeito à maternidade seja horrível, pelo contrário, tudo que diz respeito à maternidade é ambíguo. Adrienne Rich escreve:

> "Para mim, os bons e os maus momentos são inseparáveis. Lembro-me de ocasiões em que, dando de mamar a cada um de meus filhos, vi os olhos deles totalmente abertos e fixos nos meus e me dei conta de que cada um de nós estava amarrado ao outro não só pela boca e pelo seio, mas por meio dessa mútua mirada".[27]

Esse instantâneo da intrincada interdependência da maternidade tem a capacidade de evidenciar a multidão de complexidades acarretada pela existência híbrida. De maneira fascinante, a interação entre os momentos dolorosos e os prazerosos e a multiplicidade de histórias que se sobrepõem e se entrelaçam, endêmicas na maternidade, contêm o sumo dos desafios mais fundamentais que um ser humano enfrenta no mundo com os

---

[24] Christina Baker Kline, introdução, em *Child of Mine: Writers Talk about the First Year of Motherhood*, Christina Baker Kline (org.) (New York: Hyperion, 1997), 6.
[25] Para ter uma visão de seu trabalho revolucionário, ver Adrienne Rich, *Of Women Born: Motherhood as Experience and Institution* (New York: Bantam Books, 1976). Ver também Judith Plaskow, "Woman as Body: Motherhood and Dualism", *Anima* 8, n. 1 (1981): 56-57; Sara Ruddick, *Maternal Thinking: Toward a Politics of Peace* (Boston: Beacon Press, 1989), e Julia Kristeva, "Stabat Mater", em *Tales of love*, trad. Leon S. Roudiez (New York: Columbia University Press, 1987), 234-63.
[26] Rich, Of Women Born, 3.
[27] Ibid., 2.

outros. Assumir nossa hibridade não é fácil, nem é algo imediatamente gratificante; ao contrário, de muitas maneiras, como ser mãe, é "algo complexo, profundo e aterrorizador".[28] Não obstante, parece nossa única opção. Ao resistir a qualquer 'única história verdadeira" sobre a maternidade idealizada, ou, o que é mais pertinente a nossa discussão, ao que significa ser humano, nós nos libertamos e, ouso dizer, "recebemos a graça" de celebrar e acolher ainda mais plenamente a bondade da criação, a centralidade da liberdade humana e os corretos relacionamentos com Deus e com os outros em nossa vida cotidiana.

---

[28] Kline, introdução, 3.

II
Este é meu corpo... Que dou a vocês: antropologia teológica *latina/mente*[1]

Teresa Delgado

Como latina e católica romana, passei minha vida inteira contemplando o crucifixo com o corpo de Jesus sangrando e mutilado pendendo da cruz, ilustrando o modo de execução de um criminoso naqueles tempos. Vejo além da versão que aquele escultor criou para um ícone religioso e imagino o que teria sido se o corpo tivesse sido pregado numa árvore, com a carne sendo dilacerada pelo próprio peso e pela ação da gravidade. Tenho essa visão horripilante enquanto ouço as palavras da instituição, ditas e repetidas nas missas de cada domingo, afirmando o sentido e o propósito daquela morte trágica oferecida livremente, para nossa salvação, num sinal da relacionalidade e da graça de Deus: "Isto é o meu corpo que é dado por vós" (Lc 22,19).

---

[1] Esta é uma versão da palavra *latinamente* que serve de adjetivo para significar (aproximadamente) "um modo hispânico de ser". Foi usado por Miguel Díaz, em seu livro *On Being Human*, no seguinte contexto: "A antropologia teológica hispânica nos Estados Unidos pode ser definida como um esforço dos teólogos hispânicos estadunidenses para elucidar o relacionamento entre Deus e o que é 'hispanicamente' ou *latinamente* humano" (Maryknoll, N.Y.: Orbis, 2001, 24). A ênfase que venho dando à palavra salienta a natureza peculiar da humanidade feminina latina e latino-americana, que é o foco deste ensaio.

Essas palavras assumiram um novo sentido quando ouvi o testemunho de mulheres e meninas pequenas da América Latina e do Caribe, às vezes de apenas 10 anos de idade, contando como tinham sido traficadas através das fronteiras da América Latina até os Estados Unidos. Falaram do terror de terem sido arrancadas de suas casas, algumas sem a menor noção de para onde estavam indo, sem poderem dormir nem comer, sendo estupradas e espancadas, em geral como forma de pagar dívidas contraídas pela própria família. Falaram de terem sido vendidas como escravas sexuais para que seu corpo e seu sexo pudessem ser usados como mercadoria para salvar suas respectivas famílias da ruína financeira. Isto é o meu corpo que é dado por vós.[2]

Essas palavras assumiram mais outro novo significado quando ouvi o testemunho de jovens latinas nos Estados Unidos que contraíram o HIV de seus maridos ou namorados, que tinham múltiplos parceiros e parceiras sexuais e se recusavam a usar camisinha. Essas mulheres sentiam-se incapazes de enfrentar os homens por medo de serem surradas, abandonadas ou ambas as coisas. Sua cultura lhes havia ensinado que mulheres boas não defendem suas necessidades sexuais e certamente não contradizem as dos homens. De boas mulheres espera-se que sirvam aos homens, na cozinha e no quarto, mesmo que à custa da própria saúde. Isto é o meu corpo que é dado por vós.[3]

Neste ensaio, discutirei as maneiras pelas quais tanto o catolicismo como a cultura latina e latino-americana configuraram o que significa ser

---

[2] A primeira vez que tomei consciência da enormidade do comércio de escravas sexuais foi por meio do depoimento profético de Mu Sochua, indicada ao Prêmio Nobel, embaixatriz do Camboja e ativista, cujo trabalho é destacado no documentário *The Virgin Harvest* (http://www.priorityfilms.com/harvest.html). Ver também Agnes M. Brazal e Andrea, Eds., *Body and Sexuality: Theological-Pastoral Perspectives of Women in Asia* (Manila: Ateneo de Manila University Press, 2007). Desde esse momento de conscientização, alcancei alguns recursos que documentavam a luta de meninas e mulheres latino-americanas vendidas pelas próprias famílias, de maneira similar (http://www.libertadlatina.org/Index.htm).

[3] A norma do heterossexismo exacerba essa dinâmica, como se pode ver nas contribuições das autoras de *The Sexuality of Latinas*, Norma Alarcón, Ana Castillo e Cherríe Moraga, Eds. (Berkeley: Thrid Woman Press, 1993), em especial Claudia Colindres, "*A Letter to My Mother*" e o artigo de Moraga, "The Obedient Daughter". Ver também o artigo de Marya Muñoz Vásquez, "The Effects of Role Expectations on the Marital Status of Urban Puerto Rican Women", em *The Puerto Rican Woman: Perspectives on Culture, History and Society*, 2ª ed. (New York: Praeger, 1986).

humano, em geral, e ser mulher, em particular. Investigaremos como o significado específico atribuído à "mulher" conduziu-a e perpetuou características abusivas e de autossacrifício, que constituem a humanidade da mulher. Este ensaio irá identificar como essas características podem ser recursos de renovação e, ao mesmo tempo, ocasiões para distorção quando são filtradas pelas lentes de determinadas identidades culturais, delimitadas pela sexualidade e pelo gênero, usando as categorias cristãs antropológicas clássicas do relacionamento e da graça.

Para as mulheres latinas e latino-americanas, os fundamentos religiosos e culturais da sexualidade têm dominado o modo como elas se entendem, exacerbado pelo duplo flagelo do tráfico humano e de um índice crescente de casos de infecção pelo HIV/AIDS. Usando a crítica mulherista da expiação e do sacrifício cristão, assim como a crítica feminista latino-americana da cultura, pretendo explorar o que é ser humano no corpo físico que as mulheres habitam, especialmente quando a particularidade de ter um corpo feminino implica o mando religioso e cultural de "abdicar" de nosso corpo pelo bem dos outros: como mães, como objetos da exploração sexual, como bem de consumo à venda. A análise incluirá uma crítica da teologia moral fundamental do catolicismo romano, na qual a noção de sexo/sexualidade como meio de alcançar o bem maior pode servir para perpetuar o abuso do corpo sexual das mulheres. Concluirei com uma nova visão da antropologia teológica *latina/mente* que critica tanto a cultura latino-americana como a teologia católica romana, ao mesmo tempo em que reivindica que ambas valorizem o corpo sexual das mulheres latinas e latino-americanas como mulheres.

As cruzes que carregamos Latina/Mente: O tráfico e o HIV/AIDS

A tradição cristã em geral e a Igreja católica romana em particular têm como responsabilidade lidar com a questão das duas cruzes do tráfico humano e do HIV/AIDS, que as mulheres latinas e latino-americanas nos Estados Unidos vêm carregando neste século XXI, uma vez que nossa tradição é fundada na crença de que Deus assumiu uma forma humana através de Jesus para reafirmar a bondade da humanidade, para viver conosco e morrer por nós: isto é o meu corpo que é dado por vós. As estatísticas tanto do tráfico humano como do HIV/AIDS, como flagelos distintos embora intimamente relacionados, são estarrecedoras. A Agência Central de Inteligência dos Estados Unidos – CIA – estima que 50.000 pessoas sejam traficadas anualmente para aquele país, das quais 15.000 são latino-americanos escravizados. Conforme essas estimativas (relatório de 2003 da CIA), a maioria desses casos é de mulheres e crianças usadas para o tráfico sexual organizado, representando uma indústria de US$10 bilhões. O departamento das Nações Unidas para drogas e crime – UNODC – tornou explícita a ligação entre o tráfico humano e a transmissão por HIV/AIDS quando declarou:

> Muitas meninas e mulheres estão sendo traficadas com a finalidade da exploração sexual e parece altamente provável que sejam forçadas a realizar atos sexuais sem proteção com múltiplos parceiros, o que é um fator significativo na propagação do HIV. A questão do HIV/AIDS tem recebido pouca atenção por parte das iniciativas de enfrentar o tráfico de pessoas e, portanto, neste momento, para essas pessoas praticamente não existem serviços de prevenção e cuidados para portadoras de HIV/AIDS. Embora muitos planos nacionais de combate ao HIV/AIDS incluam políticas e programas para enfrentar o trabalho sexual, os problemas do tráfico de pessoas, de coerção ao trabalho sexual, de estupro e de violência sexual não costumam ser abordados. As respostas gerais de enfrentamento da questão do HIV/AIDS têm pouco impacto sobre as pessoas traficadas devido à natureza clandestina do tráfico humano, e porque as pessoas que têm sido traficadas não são normalmente alcançadas pelos serviços.[4]

---

[4] http://www.unodc.org/unodc/en/hiv-aids/people-vulnerable-to-human-trafficking.html.

HIV/AIDS e as Latinas nos Eua

De acordo com os Centros para Controle de Doenças, o HIV/AIDS é a quarta principal causa de mortes entre latinas de 35 a 44 anos, nos Estados Unidos. O contato heterossexual de alto risco responde por 80% da transmissão do vírus entre todas as mulheres e adolescentes (2005).[1] As latinas constituem 16% dos casos de HIV/AIDS entre mulheres, nos 33 Estados. Em 1999, o *Los Angeles Times* relatou que, segundo o Dr. Chuck Henry, diretor do Los Angeles County Office of AIDS Program and Policy, o índice de infecção entre latinos, no condado de Los Angeles, subiu de 26% (1991) para 443% (1998).[2] Mais uma vez, essas estatísticas subestimam o número de latinas efetivamente infectadas, uma vez que muitos casos não são relatados devido ao *status* de imigrantes ilegais dessas mulheres, à falta de acesso a serviços médicos e à natureza clandestina da escravidão sexual e do tráfico humano.[3]

---

[1] Entretanto, entre os diversos grupos latinos, os porto-riquenhos mostraram-se mais propensos a contrairem a infecção devido ao uso de drogas intravenosas do que por contatos heterossexuais de alto risco. Ver "HIV/AIDS among Hispanics/Latinos", Centers for Disease Control, agosto de 2007.

[2] Jeffrey L. Rabin, Jocelyn Y. Stewart, "AIDS Emergency Declared among County's Minorities", *The Los Angeles Times* (29/9/1999). Esse relato também descreveu que a proporção de afro-americanos diagnosticados com AIDS aumentou de 18% para 25% no mesmo período. Os casos envolvendo nativos das ilhas da Ásia e do Pacífico e entre indígenas americanos aumentaram de 1% para 2%.

[3] Centers for Disease Control HIV/AIDS Fact Sheet, agosto de 2007. O Conselho para Questões do Hemisfério (março de 2006) afirmou: "No final de 2005, as Nações Unidas (ONU) estimaram que 1,8 milhão de latino-americanos haviam sido recentemente infectados com a doença que tirou a vida de 200.000 indivíduos nesse ano. Na região do Caribe, onde a epidemia só perde para a África subsaariana em termos de tenacidade, a AIDS matou aproximadamente 24.000 em 2005, tornando-se a causa principal de morte entre adultos na faixa etária de 15 a 44 anos. Além disso, a AIDS exacerba os problemas já gigantescos da pobreza e do subdesenvolvimento da região, uma vez que faz suas vítimas entre pessoas que estão na fase mais produtiva da vida, tornando-as incapazes de contribuir para a economia pessoal e nacional de seu país. Some-se a isso o fato de a AIDS atingir desproporcionalmente as comunidades mais pobres, uma vez que não só contêm grupos de alto risco como as prostitutas e os usuários de drogas, como ainda apresentam menos resistência biológica, já que a desnutrição e um estado de saúde precário têm sido associados a uma maior probabilidade de contrair AIDS. 'O relacionamento entre pobreza e AIDS e entre AIDS e pobreza é bidirecional', advertiu um relatório da UNICEF emitido em 2002".

Podemos concluir que simplesmente *ser* uma mulher latina ou latino-americana no século XXI coloca-a num risco incrível de ter sua integridade corporal comprometida pelo duplo flagelo do tráfico humano e do HIV/AIDS. Não se pode falar do que significa ser um ser humano em relação a Deus e aos outros – que é o objetivo da antropologia teológica – sem levar seriamente em conta o contexto histórico vivo em que nosso corpo humano está situado. E o corpo das mulheres latino-americanas, assim como o de suas irmãs latinas nos Estados Unidos, é um corpo sitiado. Se formos audaciosas o suficiente para lembrar aquelas palavras – "Isto é o meu corpo que é dado por vós" –, então estamos afirmando a crença de que a vida, a morte e a ressurreição de Jesus neste momento e neste lugar específicos têm algo a ver com a nossa. Em outras palavras, o que acontece com o nosso corpo, o que fazem com ele neste momento e neste lugar, deve ter importância.

O que significa ser humano?
Com base na teologia cristã católica: relacionalidade e graça

Dois temas clássicos que decorrem de uma antropologia cristã católica – relacionalidade e graça – têm limitado e ao mesmo tempo fornecido recursos significativos para que se reivindique a plena humanidade das mulheres latinas e latino-americanas, no âmbito da teologia feminista católica.

Relacionalidade

"O corpo humano em sua masculinidade e em sua feminilidade originais, de acordo com o mistério da criação... não é apenas uma fonte frutífera, quer dizer, de procriação, mas 'desde o começo' tem um caráter nupcial, ou seja, tem o poder de expressar o amor por meio do qual a pessoa humana se torna uma dádiva, e assim realiza o profundo significado de seu ser e existência. Nesse sentido... o corpo é a expressão do espírito e é chamado... a existir na comunhão das pessoas 'à imagem de Deus'."[5]

---

[5] Papa João Paulo II, *Man and Woman He Created Them: A Theology of the Body*, trad., introd. e índice remissivo de Michael Waldstein (Boston: Pauline, 2006), 257.

Essa declaração resume o eixo central da doutrina da antropologia teológica católica, no sentido de que a pessoa humana é plenamente realizada em sua relação com os outros, em comunhão com o outro, de maneira complementar. A complementaridade antropológica entre macho e fêmea é fundamental na doutrina clássica do catolicismo romano. Embora não seja exclusiva do âmbito sexual, a sexualidade aqui é implicada como a condição peculiar em que o corpo humano é reciprocamente experimentado por outro corpo humano na forma da unidade "nupcial".[6]

A imagem de Deus, ou *imago Dei*, é a fonte primeira de nossa relacionalidade, e essa imagem não necessariamente transmite a natureza complementar, de acordo com algumas teólogas latinas contemporâneas. Por exemplo, Michelle A. Gonzalez, em sua excepcional introdução à antropologia teológica feminista – *Created in God's Image* – contribui com a antropologia teológica sistemática ao insistir que a antropologia da *imago Dei* está fundada na Trindade e, portanto, é relacional. Ela diz:

> "Por meio de nosso relacionamento com Deus, com nossos semelhantes e com o restante da criação, refletimos a imagem de Deus dentro de nós. O ser humano não é autocontido; em vez disso, é constituído por seus relacionamentos".[7]

Se acreditamos Deus triúno como criador, redentor e sustentador, que criou a humanidade a sua imagem e semelhança, então somos chamados a "estar em relação" como um elemento intrínseco a nosso ser. Não podemos existir unicamente em nós mesmos, apesar de nossa dádiva do livre arbítrio

---

[6] Em sua introdução ao texto principal, Waldstein descreve a convergência e a divergência do cardeal Wojtyla em relação à filosofia de Immanuel Kant a respeito dos temas do personalismo e da autonomia, e suas implicações para uma interpretação do sexo e do casamento. João Paulo II afirma que somos o que fomos chamados a ser desde o início (Gênesis), quando damos de nós aos outros, quando "expressamos o amor por meio do qual o homem, em sua masculinidade ou feminilidade, torna-se uma dádiva para o outro", *Man and Woman He Created Them*, 258.

[7] Michelle A. Gonzalez, *Created in God's Image: An Introduction to Feminist Theological Anthropology* (Maryknoll, N.Y.: Orbis, 2007), 159.

que inclui a possibilidade de rejeitar o outro e até mesmo Deus. Afastamo-nos da imagem de Deus quando deixamos de "viver de acordo com os fins para os quais fomos criados".[8] Esse fim inclui nossa interdependência e nossa relacionalidade com os outros.

Particularmente em seu livro *Caminemos con Jesús*,[9] Roberto Goizueta fala da natureza comunal intrínseca a nossa humanidade quando a vislumbramos através das lentes da cultura e da experiência latina. Goizueta afirma que a pessoa humana é plenamente realizada na comunhão com os outros; de fato, "a comunidade é onde nasce o eu".[10] Essa é uma noção concreta e tangível de comunidade. É o ambiente cultural e o lócus dos relacionamentos que se estendem mais além das relações nucleares dentro da família. Realmente, ninguém pode ser plenamente humano, de uma perspectiva hispânica e latina, sem "estar num relacionamento com os outros, e estar num relacionamento com os outros é estar 'acompanhado'".[11] Ser uma pessoa hispânica e católica é se ver refletido em Jesus (quem somos) e acompanhar Jesus com a práxis de nossa vida (o modo como somos chamados a viver). Nosso ser relacional não pode ser separado de nosso fazer relacional. Mais uma vez, essa relacionalidade não está centrada num entendimento complementar do relacionamento, nem se limita a esse entendimento. Pelo contrário, como Gonzalez, Goizueta sustenta que a pessoa humana só pode ser realizada no âmbito de uma comunidade que se estenda muito além dos limites do outro. Essa afirmação é um afastamento distinto do modelo clássico de complementaridade da antropologia católica.

---

[8] David Kelsey, "Human Being", em *Christian Theology: An Introduction to Its Traditions and Tasks*, ed. Peter Hodgson e Robert H. King (Filadélfia: Fortress Press, 1985), 177.
[9] Roberto Goizueta, *Caminemos con Jesús: Towards a Hispanic/Latino Theology of Accompaniment* (Maryknoll, N.Y.: Orbis, 1995).
[10] Ibid., 48.
[11] Ibid., 205.

Graça

A antropologia teológica do teólogo católico Karl Rahner tem sido o foco central de numerosos teólogos contemporâneos, incluindo Gonzalez e Miguel Diaz, que vêm refletindo em especial sobre a maneira como Rahner formulou seu entendimento da natureza humana. Para ele, a natureza humana está assentada na possibilidade universal da graça de Deus impregnada na experiência particular do cotidiano. Conforme escreve Gonzalez, "Rahner afirma que somos orientados para o horizonte que conhecemos como Deus e que a base para receber a graça está na estrutura do humano. Dentro de nós está a experiência da graça".[12] Em outras palavras, é Deus apenas quem nos oferece a graça infinita de Deus, acessível se escolhermos acessá-la valendo-nos de nossa liberdade e de nossa autonomia.

Miguel Diaz oferece uma análise similar da antropologia teológica de Rahner como uma fonte para se construir o diálogo entre sua perspectiva e a perspectiva hispânica dos Estados Unidos, dada sua valorização do particular como o lócus da graça salvadora de Deus e a universal acessibilidade dessa graça. Embora possamos considerar a pessoa de Jesus como o exemplar da intercomunicação de Deus com a humanidade, também podemos examinar nossas vidas e experiências pessoais como o lugar potencial para ser impregnado pela universalidade da graça de Deus. "Rahner deixa claro que, como resultado da oferta universal de graça que vem de Deus, a solidariedade de Deus para com toda a humanidade, em Cristo, e a constituição essencial dos humanos como ouvintes da Palavra, toda atividade humana, mesmo quando não temática e implícita, é uma atividade religiosa."[13]

Esses dois pilares da antropologia teológica cristã clássica – a relacionalidade e a graça – são elementos fundacionais e inabaláveis do que constitui nossa natureza humana como seres criados por Deus, redimidos por Jesus e sustentados pelo Espírito Santo. As teólogas e os teólogos latinos não podem

---

[12] Gonzalez, *Created in God's Image*, 69.
[13] Díaz, *On Being Human*, 109.

divorciar-se dessas mesmas categorias se pretendem considerar seriamente o contexto cultural e social a partir do qual é moldada a antropologia teológica latina/mente.

Duplamente crucificadas: distorções da teologia e da cultura

As mulheres latinas e latino-americanas, nos Estados Unidos, devido as suas experiências de sofrimento com o tráfico e por causa do HIV/AIDS, vivem sua humanidade de maneira que parece radicalmente distante da idealização da antropologia conceituada pela tradição teológica católica e até mesmo pelos trabalhos de teólogos latinos contemporâneos, tanto homens como mulheres. Uma vez que a maioria das mulheres latinas e latino-americanas vem de um passado cultural predominantemente cristão, a questão passa a ser se as tradições culturais e religiosas criaram justamente as condições que permitem que a "dupla cruz"[14] permeie e se apposse ainda mais fortemente da vida dessas mulheres. Por que as famílias vendem suas filhas aos traficantes, quando essas mesmas famílias rezam a Deus – de cuja imagem foram criadas? Será que essas filhas não foram criadas também conforme essa imagem e, por isso, são igualmente dignas de uma vida de justiça, amor e liberdade? Por que há mulheres que se resignam a permanecer ligadas a maridos, namorados e outros homens que colocam o corpo físico/sexual da mulher em risco, quando essas mesmas mulheres rezam para o Deus cuja graça é universal e acessível a todos? Será que o corpo dessas mulheres não merece a infusão da graça de Deus que privilegia os "mais humildes dentre nós"?

O problema com a interpretação clássica da antropologia teológica é que ela não somente impediu uma crítica das maneiras pelas quais a relacionalidade e a graça foram distorcidas, como também impulsionou de duas maneiras peculiares essa distorção, no que tange à vida das mu-

---

[14] Com a expressão "dupla cruz", refiro-me ao fato de que o duplo flagelo do HIV/AIDS e do tráfico humano, *assim como* as distorções da religião e da cultura, criaram um fardo insuportável que as mulheres latinas e as latino-americanas têm sido forçadas a carregar.

lheres. Em primeiro lugar, o foco central da complementaridade, como elemento constitutivo de nossa relacionalidade humana, encorajou o ordenamento hierárquico do relacionamento homem/mulher quando filtrado pelo contexto da cultura latina e latino-americana nos Estados Unidos, com graves consequências para as mulheres. Depois, o lugar privilegiado da Virgem Maria como o exemplo da manifestação humana da graça de Deus para as mulheres ("Ave, Maria, cheia de graça") insuflou a crença de que a humanidade da mulher é realizada quando a vontade do outro ganha prioridade ("Seja feita a vossa vontade"). As duas interpretações criaram distorções do verdadeiro significado da graça, levando a uma interpretação da humanidade que aceita a injustiça e a violência contra as mulheres.

Nesse sentido, as mulheres latinas e latino-americanas não só carregam a dupla cruz do tráfico humano/da escravidão sexual e do HIV/AIDS, como também foram duplamente crucificadas por nossas culturas latinas e nossas tradições religiosas, pois ambas enfatizam o papel da mulher como aquela que se sacrifica pelo bem do outro. Essa ênfase no autossacrifício, ainda que à custa de seu próprio corpo físico, é uma distorção do verdadeiro significado da relacionalidade e da graça quando vistas pelas lentes da justiça e do amor por si e pela comunidade. Essa distorção tem servido à dominação e a mercantilização do corpo físico da mulher, a despeito dos melhores esforços envidados para se interpretar essa tradição teológica e essa cultura de um modo que afirme a plena humanidade das mulheres.

Da cultura latino-americana

Nós somos; logo, eu sou

As mulheres latinas e as latino-americanas aprendem desde muito cedo a colocar a comunidade adiante do indivíduo, a família antes de si mesma. Essa experiência familiar e comunal é tão central na cultura latino-americana que muitas vezes deixamos de lado nossas necessidades e nossos desejos para satisfazer os de nossos familiares. E isso não é necessariamente uma prática destrutiva; pode inclusive servir de corretivo numa sociedade altamente individualista que valoriza e recompensa a competição e a dinâmica "ganha/perde". O nosso corpo torna-se o veículo por meio do qual um bem maior é alcançado.

Os testemunhos de mulheres traficadas demonstram que algumas se dispõem a arriscar a própria vida para assegurar o bem-estar financeiro de sua família. Elas se convencem de que esse é apenas um arranjo temporário, breve, para quitar uma dívida, para cuidar de um irmão menor ou de um parente idoso, para que esses não tenham de passar pela mesma situação. Em outras palavras, o corpo dessas mulheres torna-se o veículo por meio do qual um bem maior é alcançado, quer dizer, a "salvação" econômica. O trabalho que é feito se torna uma violação da integridade corporal, despida de toda dignidade humana, uma vez que nem a mulher nem o trabalho têm um valor intrínseco. O corpo dessas mulheres torna-se um meio para um fim, um artigo comercial para troca, que pode ser justificada quando é interpretada como um modo de manifestar amor pelo outro. Não existe amor maior do que este, conforme nos tem ensinado a tradição cristã. Em outras palavras, quando as necessidades da comunidade são postas na frente das da pessoa, não fica difícil de ver como se pode ler o autossacrifício como meio para obter um bem comunal. Até mesmo a natureza comunal da relacionalidade tão enfatizada por teólogas e teólogos latinos corre o risco de se tornar um empecilho quando levada a tais extremos.

Marianismo/machismo

A dupla dinâmica cultural do *marianismo* (a idealização da mulher obediente refletida na exemplar Virgem Maria) e o *machismo* (a idealização do herói masculino dominante) perpetuou o papel dominante do macho heterossexista, encarnado em pais, irmãos, maridos e namorados, que detêm a autoridade final sobre as mulheres as quais devem permanecer dóceis e cordatas a fim de manter relacionamentos familiares "calmos".[15] Ivone Gebara fala diretamente da dinâmica do sacrifício, do medo e da culpa na vida das mulheres da América Latina na qual é instilada desde a mais tenra idade, destinada a promover a aceitação do desequilíbrio entre o poder dos homens e a impotência das mulheres. Nesse contexto, a cultura e a religião entrecruzam-se de uma maneira que perpetua a crença de que as mulheres, para serem consideradas boas, devem ser inquestionavelmente obedientes. Gebara explica:

> Viver no sacrifício é viver na obediência à vontade do Pai. E viver na obediência à vontade do Pai significa viver na obediência à vontade de seu Filho, representado por pais, maridos, irmãos e homens que detêm algum poder social e religioso. A ideologia do sacrifício imposta pela cultura patriarcal desenvolveu nas mulheres um treino para a renúncia... De múltiplas maneiras, as mulheres são feitas para servir aos outros.[16]

Da tradição cristã católica

As tradições católicas e as crenças populares sobre Jesus e o sacrifício não têm servido melhor as mulheres latino-americanas e as latinas do que as culturas em que vivem. O catecismo da Igreja católica romana é muito claro a respeito da natureza expiatória da morte de Jesus.[17] Jesus substitui com sua obediência a nossa desobediência, sendo o novo Adão cuja vida é dada "em resgate por muitos" (Mt 20,28). O sofrimento dele nos liberta do sofrimento; a morte dele traz nova vida. Com essa teoria

---

[15] Isso é chamado *simpatia*, sentimento no qual é enfatizada a importância dos relacionamentos sem confronto. Ver Peragallo et al., "Latina's Perspectives on HIV/AIDS: Cultural Issues to Consider in Prevention", em *Hispanic Health Care International* 1 (2002), 11-22; e Miguel de la Torre, *Beyond Machismo*, The Annual of the Society of Christian Ethics 19 (1999), 213-33.
[16] Ivone Gebara, *Out of the Depths: Women's Experience of Evil and Salvation* (Minneapolis: Augsburg Fortress Press, 2002), 88.
[17] Os parágrafos 599-623 descrevem os fundamentos teológicos do ensinamento da Igreja católica romana sobre a morte redentora de Cristo como parte do plano de Deus para a salvação. *Catechism of the Catholic Church* (Mahwah, N.J.: Paulist, 1994), 155-61.

da expiação pela substituição, somos ensinados a temer o castigo direto em retribuição por algum erro e racionalizamos nosso próprio sofrimento como resultado de algum erro, mesmo quando não conseguimos identificá-lo diretamente. Nesse sentido, a pessoa inocente pode receber a pancada do sofrimento e da punição, pensando que deve ter feito algo errado para merecê-los.[18]

Aqui, vemos as consequências que Eleazar Fernandez chamou de "conhecimento desencarnado", uma universalização de princípios e normas que não leva em conta como a aplicação desses princípios e normas afeta propriamente nosso corpo. As doutrinas cristãs precisam ser criticadas através das lentes de uma epistemologia encarnada, de um modo de saber que

> "enxergue a realidade através da configuração de nossa realidade corporal e leve seriamente em conta os efeitos que as ideias têm em nosso corpo, e vice-versa, especialmente os corpos desfigurados dos marginalizados... Ele dá atenção à pluralidade radical, à particularidade e às diferenças entre os seres humanos".[19]

Uma antropologia teológica que não considera as maneiras pelas quais suas categorias de relacionalidade e graça afetam o corpo real de seres humanos reais não merece nem aceitação nem reverência. O que ela merece é uma

---

[18] Tanto Martin Luther como João Calvino propõem uma concepção de Deus que, embora não exija mais um revide colérico, precisa substituir a queda da humanidade com o nascimento do novo Adão. Luther afirma que Jesus morreu a morte de uma pessoa culpada, um ladrão, de acordo com a lei de Moisés: "Ele tem e carrega todos os pecados dos homens em seu corpo, não no sentido de que ele os cometeu, mas no sentido de que ele tomou os pecados cometidos por nós em seu corpo para expiá-los por meio de seu próprio sangue". Nesse mesmo sentido, Calvino coloca a reconciliação e a paz da humanidade com Deus no manto do sofrimento e da morte de Jesus: "Como as consciências trêmulas encontram repouso somente no sacrifício e na depuração por meio dos quais os pecados são expiados, somos portanto devidamente encaminhados nessa direção, e para nós a substância da vida está posta na morte de Cristo". Ver Martin Luther, *The Galatian Lectures* sobre Gálatas 2,16 e 3,13 (1535), e João Calvino, *Institutes of the Christian Religion*, 2.12-17.

[19] Eleazar S. Fernandez, *Reimagining the Human: Theological Anthropology in Response to Systemic Evil* (St. Louis: Chalice, 2004), 13.

repaginada total, uma transformação completa de cima a baixo, orientada pela maneira como, neste caso, as mulheres latinas e as latino-americanas absorveram o legado dessa doutrina em detrimento próprio.

Não relacionalidade: distorções da imagem de Deus

Incensadas pelas distorções no seio das tradições culturais e católicas latino-americanas, envolvendo a noção de sacrifício, as mulheres latinas e as latino-americanas suportam o peso da dupla cruz da escravidão/tráfico sexual e do HIV/AIDS, em decorrência de uma crença parcial de que precisam expiar o mal da comunidade, da qual não só fazem parte como também moldou a própria noção de quem são. As várias interpretações da categoria de relacionalidade, como categorias complementares e/ou comunais, têm em comum o conceito de que o ser humano é relacional quando é entendido como um reflexo da imagem de Deus. Fernandez confirma o viés pós-moderno da fórmula cartesiana quando enquadra o self em termos de nossa ligação emocional com os outros e com o mundo, em vez de em termos de nossa capacidade de pensar, lembrando a distinção antropológica tradicional entre a humanidade e o restante da criação. Ele diz: "Os relacionamentos constituem quem somos e o que podemos tornar-nos. A relacionalidade, não a racionalidade, é decisiva para nossa humanidade".[20]

Infelizmente, as mulheres têm sido ludibriadas no troco em ambas as frentes – relacionalidade e racionalidade – e esse quadro não se altera quando diz respeito às latinas e às latino-americanas, se as examinarmos pelas lentes do patriarcado. A clássica ênfase romano-católica na complementaridade como elemento fundamental de nossa humanidade ainda tem relegado as mulheres à parte inferior do ordenamento hierárquico entre homens e mulheres, apesar da insistência de João Paulo II na valorização de ambos gêneros, distintos, mas em pé de igualdade.[21] Em ne-

---

[20] Ibid., 187.
[21] João Paulo II, "The Song of Songs", em *Theology of the Body*, 548-92.

nhum lugar isso é mais visível do que na divisão do trabalho no interior da própria Igreja: o padre assume a manifestação simbólica de Jesus como sacerdote, profeta e rei. Jesus, o servo sofredor, aquele que dá a vida pelo povo, parece ser o papel distintivo reservado para as mulheres, uma vez que somente os homens podem ser ordenados padres. Em outras palavras, a complementaridade torna-se uma fonte de relacionamentos injustos que concedem aos homens o benefício de um dos aspectos da imagem de Deus e relega à mulher o outro sem a menor consideração pelo modo como um determinado contexto cultural, a saber, o machista/marianista, pode insuflar essa distorção.

Apesar das tentativas de mais teólogos contemporâneos enfatizarem a comunidade – em oposição à complementaridade – como um componente crítico da relacionalidade do indivíduo, essa perspectiva também tem seus defeitos. O lugar privilegiado da comunidade para muitas identidades marginalizadas tem servido como fator de correção para o legado individualista e universalizante das teologias cristãs eurocêntricas modernas. Nesse sentido, a ênfase na comunidade tem sido útil em seu papel de importante equilibrador. No entanto, até mesmo as comunidades de onde viemos e pelas quais nos sentimos responsáveis não estão imunes, como sugere Fernandez, aos males sistemáticos de opressões interligadas.[22] Devemos lembrar que são os membros da própria comunidade a que pertencem as mulheres que as traficam; não nos podemos esquecer desses mesmos homens que têm múltiplas parceiras e que ignoram por completo as práticas sexuais mais seguras estão, em grande medida, fazendo tudo isso com as mulheres de sua própria comunidade. Uma coisa é olhar para outro grupo, diferente daquele a que você pertence, e questionar a humanidade daquelas pessoas; tanto a colonização como a escravidão prospera-

---

[22] O terceiro capítulo de Fernandez, "A Theological Reading of the Interlocking Forms of Oppression", salienta as maneiras pelas quais o pecado sistêmico, que ele iguala ao mal, "demanda não somente a confissão e a conversão individual, mas também a transformação de nossos modos coletivos de ser, agir e pensar... O que deve acontecer é a conversão social ou a transformação social", *Reimagining the Human*, 69.

ram durante tantos anos por causa da capacidade dos colonizadores e dos donos de escravos de obscurecer a humanidade do outro. Não obstante, não é diferente dentro de sua respectiva comunidade quando os que se beneficiam desse ofuscamento (os homens latinos e os latino-americanos, a hierarquia sacerdotal católica romana etc.) podem conservar seu status de poder justamente agindo assim. O trabalho de Gonzalez é instrutivo quando ela afirma que nossa leitura dos relacionamentos não é isenta de crítica e é romanceada: "Nem todas as relações refletem a imagem de Deus. Em vez disso, os relacionamentos são julgados contra a norma da vida concreta de Jesus, de seu ministério, de sua morte e de sua ressurreição. Espelhando-nos no ministério de Jesus, fundado na justiça, crescemos à imagem de Cristo e, portanto, à imagem de Deus".[23]

Des-graça: distorções de nossa dependência de Deus

A tradição cristã afirmou alguns significados essenciais da graça de Deus. Em primeiro lugar, a graça de Deus é universal, quer dizer, está disponível a toda a criação, em todos os momentos, em infinita medida. Não há nada que possamos fazer para ganhar a graça de Deus; não está em nosso poder, como seres humanos, controlar a graça de Deus, que se encontra além de nossa manipulação. Ao mesmo tempo, a tradição cristã afirma que podemos tornar-nos mais acessíveis, mais abertos, à graça de Deus submetendo-nos a sua vontade, obedecendo às leis dele, e por isso dependendo do perdão e da misericórdia divina. Adotando essa atitude, abrimos a janela de nosso coração e permitimos que a brisa refrescante da graça de Deus envolva-nos. A graça é Deus-ser-para-nós de uma maneira que não podemos ser para nós mesmos. Não somos a fonte de nossa própria salvação, nem da de

---

[23] Gonzalez, *Created in God's Image*, 160. Além disso, o trabalho de Ada Maria Isasi-Díaz, especialmente em *Mujerista Theology: A Theology for the 21st Century* (New York: Orbis, 1996, 129), destaca que "a *família/comunidade* para os latinos e as latinas não supõe a pessoa, mas ao contrário enfatiza que a pessoa é constituída por essa entidade... a pessoa individual e a comunidade têm um relacionamento de diálogo por meio do qual a pessoa reflete a *família/comunidade*".

ninguém. Com isso, a graça liga a existência de Jesus, incluindo o momento de sua crucificação, a nossa existência e a nossas próprias cruzes.[24]

Essa conexão íntima da vida de Jesus com a nossa, por meio do veículo que é a graça de Deus, necessariamente nos acontecerá por meio de nossa realidade vivida, num contexto histórico. Não podemos separar nossa experiência da graça de Deus de nossa experiência cultural, mesmo que aquela não seja limitada por esta. "Não existe um cristianismo acultural", nas palavras de Orlando Espín. Em sua forma e em sua expressão, o cristianismo está inserido na cultura. A graça não pode ser limitada pela cultura porque vem de Deus e, portanto, é infinita.[25]

No âmbito da experiência cultural específica da América Latina, a imagem da Virgem Maria é proposta como o exemplo fulgurante do que significa ser uma criatura humana "cheia de graça", ou seja, aquela que manteve as características de submissão, obediência e dependência da vontade de Deus para receber a dádiva universal da graça de Deus. A visão antropológica de João Paulo II é inseparável de sua visão mariológica: "A divina maternidade de Maria é... uma revelação superabundante da fecundidade no Espírito Santo à qual o homem submete seu espírito quando ele escolhe livremente a continência 'no corpo... pelo reino dos céus'".[26] A teologia católica romana tradicional tem dito que "se toda mulher fosse uma imagem da Mãe de Deus, uma esposa de Cristo e uma apóstola do divino Coração, ela cumpriria plenamente sua vocação feminina, independentemente das circunstâncias em que vivesse e de quais fossem suas atividades externas".[27]

---

[24] Christopher J. Morse, "Salvation", em *Not Every Spirit: A Dogmatics of Christian Disbelief* (Valley Forge, Penn.: Trinity, 1994), 231-39.
[25] "Falar teologicamente da graça... significa que falamos (e só podemos falar) sobre a experiência humana da graça", Orlando Espín, "An Exploration into the Theology of Grace and Sin", em *From the Heart of Our People: Latino/a Explorations in Catholic Systematic Theology*, ed. Orlando O. Espín e Miguel H. Díaz (Maryknoll, N.Y.: Orbis, 1999), 123-24.
[26] João Paulo II, 75:3, em *Theology of the Body*, 421.
[27] Donald deMarco, "The Virgin Mary and the Culture of Life", em *The Virgin Mary and Theology of the Body* (Stockbridge, Mass.: Marian Press, 2005), 74-75. DeMarco se vale dos escritos de Sabta Edith Stein para enfatizar seu ponto de vista de que a natureza feminina caída e pervertida, representada por Eva, pode ser recuperada em sua pureza e saúde originais somente se se entregar a Deus, marcada pela Virgem Mãe. "Paradoxalmente, é por meio desta entrega que a mulher obtém sua realização como mulher e também como ser humano."

Essa compreensão da humanidade feminina tem sido a versão dominante e oficial para as mulheres latinas e as latino-americanas, moldadas como foram dentro do contexto cristão de uma cultura latino-americana. Portanto, ser uma mulher latina, ou latino-americana, é ser julgada contra o pano de fundo dessa visão da mulher "cheia de graça", quer dizer, a Virgem Maria, que se submeteu à vontade do Pai, deu seu corpo pelo Filho e se permitiu ser impregnada pelo Espírito Santo. A obediência à imagem masculina é o ponto de partida fundamental para a humanidade feminina. Ser "cheia de graça", então, é refletir Maria em sua vida pessoal, é abrir mão de sua autonomia para responder a um chamado maior e mais significativo.

Essa ênfase na submissão, na obediência e na dependência como o solo fértil no qual é semeada a graça de Deus tem violentas implicações para as mulheres latinas e as latino-americanas. Ivone Gebara afirma que

> "os símbolos do amor e do poder são infalivelmente masculinos e vinculados à obediência. A cultura da obediência desenvolveu-se diferentemente para os homens e para as mulheres. Devemos reconhecer que, na sociedade, a hierarquia é de natureza sexual e entrecruzada pelos outros".[28]

O que pensar então quando as mulheres latinas e as latino-americanas, moldadas por essas noções da relacionalidade e da graça de Deus, veem-se diante dos flagelos do tráfico humano e do HIV/AIDS? Se elas foram criadas para acreditar que as mulheres são destinadas a imitar as virtudes de Maria e a se identificar como servas sofredoras, para assim manifestarem sua abertura para Deus, então elas aceitarão o sofrimento nas mãos dos traficantes e dos que as estupram, porque essas cruzes são para elas carregarem. Isso é uma distorção da doutrina que diz que somente Deus pode salvar-nos; nós não podemos salvar-nos. Mas é uma distorção útil quando é perpetuada por quem se beneficia da obediência e da submissão em nossa cultura e na Igreja. Se as mu-

---

[28] Ivone Gebara, *Out of the Depths: Women's Experience of Evil and Salvation*, trad. Ann Patrick Ware (Minneapolis: Fortress Press, 2002).

lheres foram criadas para acreditar que são dependentes e para que "obedeçam ao Deus Pai, sigam Jesus, o Filho, e mantenham-se abertas ao Espírito que as fertiliza", [29] elas aceitarão a noção de que precisam de uma figura masculina em suas vidas, para cuidar delas economicamente e em outros sentidos, seja qual for a maneira como ele abusa de seus corpos. Elas devem cumprir seus deveres conjugais abrindo-se às necessidades sexuais do homem, independentemente dessa abertura trazer-lhes doenças e possivelmente a morte.

Os modelos que as mulheres têm sido chamadas a adotar como expressão de sua plena humanidade têm sido não relacionais e repletos de desgraça, quando examinamos suas manifestações na vida que levam as mulheres latinas e as latino-americanas, através das lentes das duplas cruzes do tráfico humano e do HIV/AIDS. Embora seja verdade que os homens tenham tido de enfrentar uma distorção da relacionalidade e da graça que gerou a ênfase na submissão e no sofrimento por meio do heroísmo,[30] espero ter deixado claro que, as normas de uma tradição cultural e eclesiástica que permitem a violência corporal contra as mulheres são de outro feitio, insidiosas e devem ser desarticuladas em seu cerne. Então, as questões passam a ser estas: o que nos resta resgatar? O que nos resta defender?

Reivindicando a tradição por novo prisma

Acredito que podemos reivindicar a tradição cristã da antropologia teológica, inclusive a das categorias da relacionalidade e da graça, de uma maneira que desarticule as estruturas opressivas que permitiram o livre desenvolvimento do tráfico humano e a crescente difusão do HIV/AIDS. Basta que examinemos nossas irmãs afro-americanas que, durante 25 anos, têm exposto abertamente suas críticas a tudo aquilo que tem comprometido sua integridade corporal por meio de manifestações atuais e legitimadas de escravidão, exploração sexual e submissão forçada.

---

[29] Ibid., 106.
[30] Ibid., 107.

Uso da crítica mulherista da expiação

As mulheres latinas nos Estados Unidos e as latino-americanas são chamadas a formar laços de solidariedade com as afro-americanas por meio de nossa experiência comum de escravidão e subjugação sexual. Por meio desse laço comum, as duas comunidades femininas podem permanecer juntas como testemunhas contra não somente o legado da escravidão afro-americana, mas também contra sua manifestação presente na forma do tráfico humano e da crise do HIV/AIDS.[31]

As mulheres latino-americanas e as latinas estadunidenses podem buscar na teologia mulherista afro-americana recursos para criticar a teologia da expiação cristã. Em particular, Delores Williams e Joanne Terrell têm contribuído imensamente para as teorias da expiação ao criticar as noções tradicionais do sacrifício e da submissão, deixando claro que as formulações da teoria da expiação contêm poucos recursos que possam ser reivindicados pelas afro-americanas – se é que contêm algum.[32] Vista pelas lentes das experiências das afro-americanas com seu corpo, desonradas pela submissão escravagista e pela exploração sexual (Hagar não era uma escrava sexual?), Williams diz que

---

[31] Segundo os Centros de Controle de Doenças, as mulheres afro-americanas apresentam o mais alto índice de infecção por HIV/AIDS nos Estados Unidos, com um percentual de diagnósticos de 50% de todos os casos relatados em 2005. Esse é um dado ao mesmo tempo assustador e apavorante uma vez que reflete a realidade da escravidão contemporânea, e não apenas o legado do passado. Além disso, as africanas e as asiáticas são traficadas pelas fronteiras dentro de seus respectivos continentes, tanto quanto as latino-americanas o são no hemisfério ocidental. Ver também M. Herrera, "Who do you say Jesus is? Christological reflections from a Hispanic woman's perspective", em *Reconstructing the Christ Symbol* (Mahwah, N.J.: Paulist, 1993), para uma reconstrução latina da cristologia fundada no contexto contemporâneo das latinas nos Estados Unidos.

[32] O livro essencial de Delores S. Williams sobre a experiência de subjugação das mulheres negras (no qual seu *Sisters in the Wilderness* [Maryknoll, N.Y.: Orbis, 1993] está baseado) foi reimpresso em *Cross Examinations: Readings on the Meaning of the Cross Today*, ed. Marit Trelstad (Minneapolis: Augsburg Fortress, 2006), assim como o trabalho de Joanne Marie Terrell, sobre sacrifício, é tratado de maneira mais abrangente em seu texto *Power in the Blood? The Cross in the African American Experience* (Maryknoll, N.Y.: Orbis, 1998).

Deus não planejou os papéis de submissão que elas têm desempenhado. Deus não pretendeu a desonra de seus corpos quando os homens brancos as colocam no lugar das mulheres brancas para que forneçam prazer sexual para os brancos durante a escravocracia. Isso foi estupro e estupro é desonra... A humanidade é redimida pela visão ministerial da vida de Jesus e não por meio de sua morte.[33]

Nesse mesmo sentido, Joanne Terrell afirma que a cruz, para as afro-americanas, é um confronto com a teodiceia, uma experiência absolutamente real na vida e na morte prematura de muitos membros da comunidade negra:

> A cruz, em seu sentido original, encarnou o escândalo de que alguma coisa, qualquer coisa boa, adviria desse evento. Visto por esse ângulo, o ato de sacrifício de Jesus não era o objetivo. Em vez disso, foi o resultado trágico e previsível de seu confronto com o mal... A morte de qualquer pessoa tem um significado salvífico uma vez que aprendemos continuamente com a vida que a precedeu.[34]

Usando a experiência e a crítica das afro-americanas como guia, as mulheres latino-americanas e as latinas estadunidenses devem manter uma postura desconfiada contra qualquer coisa, tanto na cultura como no cristianismo, que até apenas sugira o sacrificar-se por outrem, mesmo que seja a comunidade, quando a autonomia, a liberdade e a integridade corporal da mulher como indivíduo correr risco.

Uso da crítica ao patriarcado pelo feminismo latino-americano

As mulheres latinas e as latino-americanas também devem resistir a constructos sexuais, desarticulando a dicotomia marianismo/machismo e desvencilhando-se de seus fundamentos culturais e religiosos. A crítica sexual/política/econômica proposta pela teóloga argentina Marcella Althaus Reid é

---

[33] Williams, *Sisters in the Wilderness*, 166-67.
[34] Terrell, *Cross Examinations*, 48-49.

muito instrutiva, na medida em que ela busca minar os constructos da teologia moral católica romana que instituem a sexualidade, e em particular a complementaridade, como meio para um fim, a saber, a insistência da Igreja nos papéis sexuais diferenciados para homens e mulheres. Reid desafia a natureza dualista do discurso teológico cristão e sugere que ele não é a norma universal para o autoentendimento sexual. Parte desse desafio gira em torno do papel da Virgem Maria, mas "o trabalho referente a uma crítica séria da mariologia ainda não teve início [na América Latina], talvez porque a mariologia cumpre um papel crucial na ordem patriarcal de nossa sociedade".[35]

Reivindicar a tradição por um novo prisma também requer que façamos uma crítica dos sistemas e das estruturas econômicas globais e domésticas que forçam as famílias a vender as próprias filhas para fazer dinheiro, que instilam nas mulheres o medo de serem abandonadas pelos homens a fim de não perderem seu próprio status econômico (a feminização da pobreza) e que estimulam estilos de vida de alto risco para uma alta recompensa que, na verdade, ameaçam a saúde e a vida, como, por exemplo, a prática do sexo mais caro por homens que não usam camisinha. Essa realidade econômica da globalização está explicitamente associada ao sistema patriarcal que idealiza a Virgem Maria e elicia benefícios da perpetuação de suas "virtudes" entre as latinas e as latino-americanas. Reid enfatiza que "a mariologia sacraliza e dita como ser mulher na América Latina, e atua como a pedra angular da feminização da pobreza no continente".[36]

Reconstruindo uma antropologia teológica feminista católica latina/mente

É possível, então, construir uma antropologia teológica que seja favorável à vida e à liberdade das mulheres, de tal maneira que não perpetue as distorções da "não relacionalidade" e da "des-graça"? Sou levada de volta às

---

[35] Marcella Althus-Reid, *From Feminist Theology to Indecent Theology: Readings on Poverty, Sexual Identity and God* (Londres: SCM Press, 2004), 39.
[36] Ibid., 31-32.

palavras do início deste ensaio, palavras que provocaram minha reavaliação da antropologia teológica: "Isto é o meu corpo que é dado por vós". Como podem as mulheres latino-americanas e as latinas proferirem essas palavras sem permitir que seu corpo seja explorado, espoliado, comercializado, desvalorizado e descartado, como vimos acontecer com a prática do tráfico humano e na propagação do HIV/AIDS? Elas devem começar recusando a internalização da maneira como tanto a cultura como a teologia distorceram nosso corpo. As mulheres devem recusar-se a aceitar os legados da cultura e da religião para sua comunidade, legados que ditam a oferta sacrificial de seu corpo. E devem recusar-se a permitir que as palavras de Jesus – "Isto é o meu corpo que é dado por vós" – tornem-se uma sentença de morte. Acredito que essa recusa seja possível somente quando consideramos as intersecções entre a natureza humana e a sexualidade no modo como as encarnam as mulheres. Em outras palavras, reconstruir uma antropologia teológica feminista católica é um ato de resistência aos entrecruzamentos sexuais de nossa cultura e de nossa teologia. Nossa resistência a sermos duplamente crucificadas pela cultura e pela teologia deve ser sustentada em múltiplos níveis.

No primeiro deles, devemos resistir à teologia da cruz que glorifica ou exemplifica o sofrimento sacrificial de Jesus como meio para um fim salvífico. Na cruz de Jesus ficamos diante de múltiplas dimensões do sofrimento humano e do mal, imobilizados no lugar por pregos e espadas, penetrando no corpo até que dele brote sangue e água. Mas quando esse quadro é visto pelas lentes das mulheres latinas e das latino-americanas confrontadas pela realidade do tráfico humano e do comércio sexual, pela vigência agregada do HIV/AIDS, elas também são feridas por pregos e espadas, penetradas em lugares em que delas brotam a água e o sangue. Em vez de definir o corpo da mulher em termos de sacrifício e sofrimento naquele momento, o corpo dela se torna o local de resistência ao mal e ao pecado. As cicatrizes que ela acumula demarcam o território de muitos atos de desafio. Quando compreendemos o sacrifício e o sofrimento desse modo, vemos refletidas na poça de sangue aos pés da cruz de Jesus as estruturas, os relacionamentos e as instituições do mal que terminaram colocando-o ali. Portanto, toda tentativa de sacrificar o corpo da mulher não é mais vista como uma cruz que ela é chamada a carregar, mas como uma cruz que indicia aqueles que a impuseram a ela. Nesse caso, devemos indiciar os traficantes, as comunidades que são cúmplices deles, os homens que transmitem HIV para suas parceiras e a Igreja que se recusa a recomendar o uso de camisinhas como método de proteção da vida. A lista de cúmplices é extensa.

No segundo desses níveis, uma nova antropologia teológica feminista deve expor a maneira como a ênfase católica no ideal mariano criou em parte as condições para as mulheres aceitarem sua própria autodepreciação, passividade e sacrifício. Para nós não é suficiente redefinirmos a Virgem Maria simplesmente situando-a num outro contexto ou mostrando-a como apenas uma mulher como nós. Ao contrário, a nova antropologia teológica feminista que leve a sério a vida das mulheres, encarnada em sua sexualidade, deve também reexaminar a Virgem Maria em termos de sua sexualidade. Em vez de definir o corpo de Maria como veículo para a salvação e a vida dos outros, o corpo dela se torna a fonte e a celebração de sua própria vida, vivida em relação. Quando é vista pela lente do tráfico humano e do HIV/AIDS, a nova mariologia deve então desafiar a presunção de obediência como pré-requisito para a graça de Deus. Não podemos mais ser obedientes quando nos vemos diante da desonra e da negação de nosso corpo.

No terceiro nível, a nova antropologia teológica feminista também deve expor abertamente as categorias da sexualidade e do sofrimento. Deve explorar as conexões entre o sexo/prazer e o sexo/sofrimento para as mulheres, desbancando as noções teológicas e filosóficas da fêmea como receptáculo passivo dos expedientes masculinos. A tradição católica romana que herdamos tem enfatizado que a integridade corporal das mulheres só pode ser mantida negando o prazer sexual, como virgem, ou subvertendo o prazer sexual por um bem maior, como mãe/esposa. Se a tradição afirma que ser virgem é manter a integridade corporal, então essa formulação também diria que ter sexo é perder a integridade corporal. A nova antropologia teológica feminista deve rejeitar essas construções binárias e transformar o relacionamento entre mulheres e sexo, que não é mais definido pela cultura patriarcal centrada no prazer masculino, nem pela Igreja patriarcal centrada na santidade masculina. Em vez disso, o sexo torna-se um relacionamento de dar/receber prazer como uma dádiva para o outro e para si. O corpo feminino, especialmente a expressão sexual do corpo feminino, pode ser visto como uma afirmação da bondade de Deus na criação, um reflexo da imagem de Deus na carne. Tanto a relacionalidade como a graça, sendo elementos constitutivos de uma nova antropologia, dizem precisamente respeito a dar e a receber a dádiva encarnada.

Este é meu corpo... dado por vós *em minha memória*

Este ensaio foi minha tentativa de expor uma antropologia teológica que leve seriamente em conta a realidade vivida pelo corpo das mulheres neste século XXI em que são flageladas pelo tráfico de pessoas e pelo HIV/AIDS. Para tanto, critiquei a cultura latino-americana e a teologia da Igreja católica romana por seu silêncio e sua cumplicidade quanto a essas duas formas de violência contra o corpo da mulher. Sem dúvida, trata-se de uma tentativa preliminar de abrir uma discussão sobre as normas morais da expressão sexual, em termos das categorias de relacionalidade e graça, de tal maneira que ajude as mulheres latinas e as latino-americanas a discernir, com olhos críticos e desconfiados, tudo que tente criar ídolos de poder e autoridade contra a integridade de seu corpo físico e sexual.

Tem sido praticamente impossível para mim vislumbrar essa nova antropologia teológica latina/mente sem trazer para a conversa outros temas teológicos correlatos, como a ética sexual, a soteriologia (a doutrina da salvação), a teodiceia (o relacionamento entre o mal e a criação), a escatologia (a doutrina do fim dos tempos no futuro) e, principalmente, a cristologia (a doutrina de Jesus). Não é por acaso que comecei esta jornada com uma reflexão sobre o corpo de Jesus na cruz, usando-o como metáfora para elevar o sofrimento das mulheres latinas e das latino-americanas. Quem somos, como sofremos e o que esperamos como seres humanos está vinculado à vida, à morte e à ressurreição de Jesus, se reafirmamos as palavras que Jesus proclamou na noite antes de ser crucificado: "Isto é meu corpo que é dado por vós". Mas não nos devemos esquecer das palavras que se seguem a essa proclamação profética: "Façam isso *em minha memória*" [itálico meu]. Essa lembrança de Jesus requer que consideremos a existência que ele teve pelas lentes do amor e da justiça, e que avaliemos nossa própria vida em relação a essas lentes. A ênfase no sexo e na sexualidade também deve ser incluída no diálogo no âmbito da teologia cristã, da perspectiva latina e da perspectiva das mulheres latino-americanas. Althaus-Reid e Gebara começaram a dialogar com essas questões do legado católico romano da mariologia, mas a esse respeito ainda é preciso fazer um trabalho muito mais amplo.

As mulheres latino-americanas e as mulheres latinas devem esforçar-se para lembrar da relacionalidade e da graça desencarnadas que formam o legado da tradição da antropologia teológica e assim começarem a valorizar seu corpo e seu gênero. O único modo delas poderem corresponder adequadamente a uma antropologia teológica, que leve em conta a vida que elas têm, é mantendo integrada a interconectividade que envolve a relacionalidade, a graça e a sexualidade. Para tanto, não somos mais chamadas a carregar a dupla cruz que continua sobrecarregando nosso corpo pelo bem dos outros. Pelo contrário, somos chamadas a desatar os nós desses três elementos de nossa humanidade e romper com o silêncio sacrílego que abafa os gritos da injustiça. Podemos sonhar com um novo modo de vivermos em relações, sob a graça divina e em nossa plena sexualidade, erguendo nossas vozes em protesto e ganhando a força de que precisamos para ser quem fomos criadas e chamadas para ser: a imagem relacional, cheia de graça e sexual de Deus.

III
Modos mulheristas de estar no mundo[1]

LaReine-Marie Mosely

A feminista Emilie M. Townes, especialista em ética, tem escrito sobre como os negros têm sido desumanizados e mercantilizados nos Estados Unidos. Alguns autores têm-nos tratado como problemas sociais estatísticos; outros transformaram em propriedade sua identidade e suas peculiaridades culturais, explorando o corpo, imagens e ideias negras visando lucro.[2] Isso complica a formação da identidade nos afro-americanos em geral e das mulheres afro-americanas em particular. Ao assumir essas distorções entre outras, as negras têm se denominado e afirmado como as filhas de Deus que são, celebrando dessa maneira uma integridade ou ressonância interior que pode ser adequadamente chamada de mulherista.[3] As mulheristas cristãs sabem que Jesus caminha com elas e que Deus deseja que desabrochem como criaturas humanas. Elas não são propriedade. Sua identidade deriva

---
[1] Este título é emprestado do livro de Diana L. Hayes, *Hagar's Daughters: Womanist Ways of Being in the World* (Mahwah, N.J.: Paulist, 1995).
[2] Emilie M. Townes, *Womanist Ethics and the Cultural Production of Evil* (New York: Palgrave Macmillan, 2006), 29-55.
[3] Algumas afro-americanas identificam-se como mulheristas porque se veem nesse *éthos*, caracterizado pela afirmação e a celebração da mulher negra, da mulher de cor, e de suas comunidades.

do consolo desse acompanhamento divino. As questões tradicionais relativas à convergência da natureza humana com a graça nunca foram sua preocupação. Em vez disso, as mulheristas empregam sua consciência cognitiva crítica para navegar num mundo em que há aqueles que colocam em dúvida sua plena humanidade. A história que contaremos a seguir revela um modo mulherista de estar no mundo, de ser humana, de estar em processo, de desenvolver a própria identidade em meio a um número interminável de influências da família, da comunidade, da sociedade, da cultura e da história.

Meu pior pesadelo tornou-se realidade mais cedo do que eu poderia ter imaginado. Minha querida e inteligente mãe de 71 anos, que já sofre de Alzheimer há algum tempo, não me reconheceu outro dia. Não só ela não me reconheceu como por três vezes ela pensou que minhas irmãs e eu estávamos tentando enganá-la. Isaías 49,15 diz:

> "Por acaso uma mulher se esquecerá da sua criancinha de peito? Não se compadecerá ela do filho do seu ventre? Ainda que as mulheres se esquecessem eu não me esqueceria de ti".

Aqui, a mulher que me deu a vida não me reconhece consistentemente. Minha identidade está muito ligada a minha mãe – sem dúvida, a mulher mais influente da minha vida –, ela que no passado compartilhou comigo o fato de que sua fé católica era uma das constantes em sua vida. Às vezes, não sei como poderei suportar essa prolongada despedida. Neste exato momento estou entorpecida. Daqui a pouco, vou chorar muito. Em certos sentidos, não sei quem sou. O núcleo da minha identidade foi questionado. De maneira semelhante, meus múltiplos papéis marginais como afro-americana religiosa, teóloga na Igreja católica nos Estados Unidos, instigam-me diariamente a encarar minha identidade ambígua e minhas constantes indagações a respeito da ideia que faço de mim.

Neste momento, na evolução da doença de minha mãe, algumas vezes ela me reconhece e outras, não. Quando ela pronuncia o meu nome, ganho o dia. Ela é minha mãe e eu sou filha dela, e está tudo certo no mundo. Não aparecem a agitação dela, sua ansiedade e os incessantes pedidos para ir para casa. É enorme a alegria quando eu a ouço chamando-me por meu apelido e quando eu a chamo de mãe ou mamãe e ela não coloca isso em dúvida. Quando ela não me reconhece, meu mundo de repente para. Fico entorpecida e começo a procurar fotos ou qualquer outra coisa que a ajude a fazer uma ligação com minha identidade. No mês passado, enquanto eu visitava minha mãe, meus olhos encheram-se de lágrimas quando me dei conta de que ela não achava que eu fosse filha dela. Fiel ao seu temperamento amoroso, ela me abraçou, deu-me tapinhas afetuosos nas costas e perguntou-me como estava indo minha mãe.

Assim, agora existe um vai e vem que caracteriza a vida com a minha mãe. Uma coisa parecida está acontecendo nos relacionamentos com a minha Igreja, com minha comunidade religiosa, com minha nação. Essa Igreja consistentemente não me reconhece e não reconhece outras pessoas negras católicas e não celebram nossa identidade como *imago Dei*.[4] Isso magoa profundamente. Mas, assim como é grande a felicidade quando minha mãe me reconhece, também é grande a felicidade quando minha Igreja me reconhece e celebra minha comunidade e nossa rica herança católica negra.[5] A gangorra que é a minha vida como religiosa afro-americana é marcada pela alegria de nossa busca comum de Jesus Cristo, juntamente com a constatação e o subsequente desapontamento de que, para muitas de minhas irmãs religiosas, o racismo e o privilégio dos brancos não estão simplesmente no radar delas. Sendo uma afro-americana entre muitas nos Estados Unidos, também eu tento transcender o pressuposto desta nação de que somos babás, ou verdadeiras Jezebel, e mães encostadas na Previdência.[6] Temos de enfrentar esses estereótipos, que às vezes absorvemos, e com isso comprometemos a verdadeira ideia de quem somos. Foi isso que aconteceu quando Don Imus, um radialista de estilo provocativo, chamou as jogadoras do time de

---

[4] Neste ensaio, uso como sinônimos os descritores "negra" e "afro-americana".
[5] Cyprian Davis, The History of Black Catholics in the United States (New York: Crossroads, 1990).
[6] Patricia Hill Collins, *Black Feminist Thought: Knowledge, Consciousness, and the Politics of Empowerment* (New York: Routledge, 1999), 669ss.

basquete da universidade Rutgers de um "bando de putas de cabelo duro" ["*nappy-headed hos*"]. O sociólogo Michael Eric Dyson traduziu o que muitas de nós já sabíamos: "*Nappy* [carapinha] é um apelido para a feiura da mulher negra".[7] Poucos anos depois, a primeira-dama, Michelle Obama, apareceu em rede nacional e começou a desfazer o equivalente a dois séculos de perigosas falsidades a respeito da mulher negra. Sua presença como esposa dedicada, mãe, advogada, administradora e aluna "Ivy League" é um libelo para a construção de novas imagens das mulheres afro-americanas. A iconografia das negras americanas está mudando de maneiras novas e excitantes, com o potencial de dotar as negras do poder de identificar e celebrar a bondade e as possibilidades de sua humanidade no relacionamento com Deus.

Na jornada rumo à renovação de minha identidade nessa importante etapa de minha vida, uno-me à escritora e ativista afro-americana Alice Walker e partimos em busca do jardim de nossas mães. Em ensaio com esse mesmo título, Walker fica maravilhada com a abundância do jardim de nossas mães, apesar dos efeitos do racismo. Essas mães e "outras mães" me reconhecerão e lançarão luz em meu caminho. Essas mulheristas me mostrem o caminho e o *éthos* delas será o meu. Aliás, já é meu. Um *ethos* teológico mulherista "indica uma perspectiva ou uma abordagem que situa a experiência (religiosa, pessoal, cultural, social, psicológica, biológica) diferenciada das mulheres afro-americanas no centro hermenêutico da pesquisa, dos questionamentos, da reflexão e do julgamento teológicos".[8] A imaginação mulherista levada a sério revelará novos modos de envolver a antropologia teológica. A indagação teológica do que significa ser humano contra o pano de fundo da vida das mulheres negras certamente levará em consideração a realidade do corpo dessas mulheres e sua encarnação negra como uma imagem de Deus.[9] Em primeiro lugar, farei uma concisa apresentação do

---

[7] Jacques Steinberg, "All Forgiven: WIMUS-AM Is on a Roll", New York Times, 3 de fevereiro de 2009   http://www.nytimes.com/2008/02/03/weekinreview/03steinberg.html?pagewanted=print (acesso em 3 de fevereiro de 2009).
[8] M. Shawn Copeland, "Womanist Theology", em New Catholic Encyclopedia (2003), 14:822.
[9] Cyprian Davis e Jamie Phelps, eds., « Stamped with the Image of God »: African Americans as God's Image in Black (Maryknoll: N.Y.: Orbis Books, 2003).

perfil de duas pensadoras modernas. Depois, farei a crítica das dimensões dessa antropologia teológica. Em terceiro lugar, começarei a formular uma antropologia teológica mulherista que irá transcender as circunstâncias histórico-culturais sufocantes e proporá perspectivas cheias de graça e frutíferas para honrar a humanidade da mulher afro-americana como local singular de encontro com Deus. Antes de embarcar nessas três partes principais do presente capítulo, farei mais alguns comentários sobre o mulherismo.

As mulheristas em busca do jardim de nossas mães

Corria o ano de 1983 quando a vencedora do Prêmio Pulitzer Alice Walker publicou sua primeira coletânea de ensaios de não ficção, *In Search of Our Mothers' Gardens: Womanist Prose*. Segundo dizem, atendendo aos seus editores, Alice Walker forneceu uma definição do termo "mulherista" [*womanist*] em quarto partes, no estilo dos verbetes de dicionário. Derivado de um termo do folclore negro, *womanish* – usado em sentenças como *You acting womanish* [Você está agindo como uma mulher], Walker explica que essa frase seria dita pela mãe negra para suas filhas que estivessem "tentando ser crescidas", ou seja, manifestando "comportamento tipicamente chocante, audacioso ou *voluntarioso*". Em suma, mulherista é "a feminista negra ou a feminista de cor".[10] Apesar disso, nem todas as feministas negras se identificam dessa maneira. Em segundo lugar, Walker depois afirma que mulheristas são mulheres que amam mulheres e/ou homens, que valorizam a diversidade e o bem-estar de sua irmãs e cuja capacidade de sonhar com um novo mundo em novos termos é inestimável.[11] Para Walker, o terceiro aspecto do termo envolve uma relação das coisas que as mulheristas adoram: música, dança, a lua, o Espírito, o amor, a comida, as formas redondas, o lutar, o Povo, elas mesmas – *apesar de tudo*. Enfim, em quarto lugar, Walker

---

[10] Alice Walker, *In Search of Our Mother's Gardens: Womanist Prose* (New York: Harcourt Brace Jovanovich, 1983), xi.
[11] Ibid., xi.

conclui como começou, descrevendo o relacionamento de uma mulherista com uma feminista, dizendo: "A mulherista está para a feminista como a cor púrpura para o tom da alfazema".[12] Essa diferenciação sugere a profundidade e a complexidade das experiências das negras nos Estados Unidos e em outros lugares, devido às opressões entrelaçadas do racismo, do sexismo e do classismo e a sua criatividade para atravessar um terreno tão ardiloso.

Quando afro-americanas, alunas seminaristas e de teologia, teólogas, especialistas em ética e outras estudiosas da religião conheceram o mulherismo, muitas delas adotaram-no como um modo de descrever o trabalho daqueles que situam a experiência das mulheres negras no centro de sua teologia. Jacquelyn Grant, Katie Geneva Cannon, Delores S. Williams, Cheryl Townsend Gilkes, Emilie M. Townes, Linda E. Thomas, M. Shawn Copeland, Diana L. Hayes e Jamie T. Phelps estão entre as mulheres que vestiram o manto do mulherismo. A teologia mulherista também pode ser entendida como uma crítica à exclusão das negras pelos profissionais das teologias feministas negras e brancas.

A atitude diferenciadora das teólogas mulheristas para situar as afro-americanas no centro de seus estudos de teologia convergiu com a necessidade dessas teólogas de criticar o fracasso da teologia negra e da teologia feminista de incluir as experiências das negras em relação a Deus e ao mundo, e de levá-las a sério. As primeiras vozes da teologia negra precisavam ser informadas de seu racismo inconsciente, e as primeiras feministas e teólogas feministas precisavam ser lembradas de que as experiências das mulheres caucasianas não são normativas.

As estudiosas da religião afro-americanas que escrevem de um ponto de vista mulherista expõem a tríplice natureza da opressão das mulheres negras e afirmam seu direito a falar por si mesmas e sobre si mesmas, em seus próprios termos. Num artigo que homenageia o 20º aniversário da participação de negras numa consulta prévia à conferência da Academia Americana de Religião e da Sociedade de Literatura Bíblica, em evento realizado em conjunto por ambas as instituições, Katie Geneva Cannon observa:

---

[12] Ibid., xii.

Para podermos trazer até a superfície as inconsistências entre nossos biotextos da vida real e as pessoas, os lugares e as coisas que representam opiniões divergentes a respeito de nossas experiências existenciais, devemos apresentar informações confiáveis que possam ser avaliadas com exatidão. Esses momentos "aha!" sugerem confrontos entre fatos históricos que alguns membros da raça dominante formulam como verdade e a justaposição de nossa realidade diária, incongruente com essas explicações.[13]

Sem se desviar de suas próprias contribuições autobiográficas, as estudiosas mulheristas escavam e recuperam narrativas orais e escritas que transcendem as "identidades restritivas"[14] destinadas a conter as mulheres negras e suas comunidades e a enfraquecer seu espírito. As estudiosas mulheristas recorrem à teoria racial crítica para nomear e analisar a situação vigente. Versadas nesses dados e familiarizadas com esse conjunto de informações, as teólogas e estudiosas mulheristas da religião se voltam à teologia para criticar sua colusão na opressão das negras e suas comunidades, e para resgatar dimensões germinativas da tradição que possam liberar mentes, corações e espíritos. Para aquelas que escrevem segundo uma perspectiva católica mulherista, a indagação é: "Será possível à teologia católica estimular especificamente a crítica mulherista, ou seja, será que ela nos permite desafiar de maneira ainda mais contundente a tradição cristã, a teologia negra e o feminismo?" A crítica e o desafio deste ensaio em particular estão centrados nas considerações teológicas cristãs de sermos humanos no contexto da experiência das mulheres negras, nosso próximo tema.

O debate moderno entre natureza e graça

As interpretações tradicionais da antropologia teológica cristã começam na intersecção da natureza (humana) e da graça, quer dizer, na intersecção entre o natural e o sobrenatural. A convergência dessas duas categorias foi

---

[13] Katie G. Cannon, Allison P. Gise Johnson e Angela D. Sims, « Living It Out: Womanist Works in Word », *Journal of Feminist Studies in Religion* 21, n. 2 (2005). 137.
[14] Cannon, Johnson e Sims, "Living it Out", 137.

discutida e debatida na contrarreforma até meados do século XX. Durante esse período, as teólogas falaram hipoteticamente da "natureza pura", ou seja, da pessoa humana à parte da graça de Deus, não ajudada pela vida divina. Esse deslocamento teórico revelou-se muito problemático porque não existe uma pessoa humana que seja "natureza pura" uma vez que o mundo está imbuído da vida e da presença de Deus. Da mesma maneira, os teólogos ponderaram acerca da "sobrenatureza" ou o sobrenatural, quer dizer, a graça ou a vida de Deus. Considere os seguintes comentários:

> A vida oferecida pela graça é dita "sobrenatural" em três sentidos: a) o ser de Deus é ontologicamente superior a todo ser criado; b) um relacionamento direto e duradouro com Deus supera as capacidades humanas de cognição e afeto; c) a vida com Deus em estado de graça é dada livremente e mais além de todas as reivindicações ou exigências que decorrem da própria natureza humana. Em suma, a vida da graça transcende o ser, os poderes e as exigências da pessoa humana.[15]

Como podemos ver, foi importante para os teólogos citarem as questões da natureza e da graça para distinguir entre Deus e a criação divina de maneira bem concreta. O ser do Deus criador é superior àquilo que Deus cria em completa liberdade e no amor. Além disso, Deus inicia "um relacionamento direto e duradouro" com a humanidade apesar da transcendência de Deus que "transcende o ser, os poderes e as exigências da pessoa humana".[16] Esse tema do relacionamento amoroso de Deus com sua criação irá posteriormente desbancar a obsessão com a natureza e a graça e dar margem a novas interpretações da antropologia teológica na segunda metade do século XX e além. Essa foi uma mudança significativa porque, ao dicotomizar a natureza e a graça, alguns pensadores começaram a considerar a graça algo extrínseco à natureza e sobreadicionado.

---

[15] Stephen J. Duffy, *The Graced Horizon: Nature and Grace in Modern Catholic Thought* (Collegeville, Minn.: Liturgical, 1992), 13.
[16] Ibid., 13.

Dando maior atenção à consciência histórica e ao personalismo, e passando a ter a graça como novo ponto de partida, as conversas sobre antropologia teológica mudaram radicalmente em meados do século XX. A contribuição do teólogo alemão Karl Rahner (1904-1984) nesse sentido foi significativa. Ao expor o desejo inato da pessoa humana por Deus, denominado existencial sobrenatural, ele promoveu novos entendimentos sobre um Deus que é parte integrante da ordem humana, dada gratuitamente pela própria presença de Deus. Tem sido citado que, "no século XX, nenhum teólogo católico fez mais do que Karl Rahner para recuperar para a teologia da graça sua posição quase que ao centro do pensamento cristão".[17] Devido à influência de Rahner, as pessoas começaram a igualar a graça à autocomunicação de Deus com a humanidade. Essa autocomunicação ocorre na História, no tempo e no espaço como uma oferta de graça e salvação. "Contra a implicação de que a graça é escassa, então, ou de que não há graça salvífica fora da esfera cristã, Rahner argumenta teologicamente com a universalidade da graça com base na universalidade da vontade salvadora de Deus."[18] E por meio da contribuição teológica de Rahner as pessoas começaram a ver a graça como algo que podia ser experimentado no contexto da autotranscendência real. As implicações dessa mudança reverberaram nos círculos teológicos ocidentais.

Muito antes da contribuição de Rahner, as mulheres afrodescendentes sabiam que Deus é uma "realidade onipresente".[19] A teóloga africana Mercy Amba Oduyoye explica melhor:

> Deus é um participante constante nas questões dos seres humanos, a julgar pela experiência da linguagem cotidiana dos africanos ocidentais que conheço. Um muçulmano nunca projeta nada para o futuro, nem fala sobre o passado sem o qualificativo *insha Allah*, "pela vontade de Alá". Os cristãos ioruba dizem "DV" ("se Deus quiser"), embora

---

[17] Roger Haight, "Sin and Grace", em *Systematic Theology: Roman Catholic Perspectives*, vol. 2, ed. Francis Schüssler Fiorenza e John P. Gavin (Minneapolis: Fortress Press, 1991), 109.
[18] Ibid., 110.
[19] Mercy Amba Oduyoye, "The African Experience of God through the Eyes of an Akan Woman", *Cross Currents* 47, n. 4 (1997-1998): 494.

poucos possam identificar seu equivalente em latim, e o povo akan convencerá o interlocutor de que tudo existe "pela graça de Deus". Nada nem nenhuma situação é sem Deus. O povo akan, de Gana, diz *Nsem nyina ne Onyame* ("todas as coisas/questões pertencem a Deus"). Os africanos mantêm uma visão integrada do mundo, fato que tem sido comentado por muitos autores.[20]

Essa teologia africana da graça permeia a teologia mulherista e é a razão pela qual as mulheristas acreditam que Deus cria para elas, para suas comunidades e para todas as pessoas, uma saída onde não há saídas. Esse conhecimento permite que as mulheristas resistam a injustiças em todas as suas formas e formem parcerias com Deus para promover o reino de Deus.

Nascido uma década após Karl Rahner, o teólogo flamengo Edward Schillebeeckx (1914-) escreveu sobre as teologias da graça no Novo Testamento, no segundo volume de sua trilogia cristológica. Atento para a significação da pessoa humana que está experienciando Deus por meio de Jesus Cristo, Schillebeeckx identificou o que chamou de "constantes antropológicas". Essas características tentativas e expressivas não resumiam completa nem adequadamente o mistério da pessoa humana, mas forneciam importantes eixos temáticos em torno dos quais falar da pessoa humana. Schillebeeckx propõe sete constantes concretas e de tom comunal, o que demonstra algo que as feministas de todos os naipes já sabem fartamente: o contexto faz diferença. A pessoa humana não é uma mônada. Ela está em relacionamentos com seu meio ambiente material, com outros seres humanos e consigo própria. Ela vive em comunidade e num tempo e num local específicos. Por todos esses motivos, as constantes antropológicas de Schillebeeckx falam de perto às teólogas mulheristas (e de outras vertentes contextuais) porque, em nosso trabalho, somos compelidas a contar nossas histórias e a identificar nossas localizações sociais para acabar com a ilusão de que a norma é a humanidade branca do sexo masculino. É nosso mister indicar exatamente por que e como a diferença importa.

---

[20] Ibid., 494.

Uma vez que a teologia mulherista está baseada em situar as diversas experiências das afro-americanas no centro hermenêutico do projeto teológico, o que segue é um exercício de teologia mulherista. As constantes antropológicas de Schillebeeckx são evidentes de maneiras inegáveis na vida e no testemunho de mulheres afro-americanas.

A primeira constante antropológica de Schillebeeckx capta aquilo que as mulheres afro-americanas escravizadas reconheceram: os seres humanos têm e são corpos, e esses corpos estão envolvidos no mundo natural e material. As escravas descendentes de africanos no continente americano conheceram todas as formas de abuso e desrespeito sexual. Após a emancipação e depois, as circunstâncias exigiram que as mulheres afro-americanas trabalhassem a terra além de cuidarem das famílias, impossibilitando para elas, portanto, cumprir com as expectativas do ideal feminino vitoriano. Posteriormente, por necessidade, muitas mulheres negras tornaram-se domésticas, emprestando crédito às bem conhecidas palavras da avó de Janie Crawford em *Their Eyes Were Watching God*: "A mulher negra é a mula do mundo, até onde posso ver. Tenho rezado para que seja diferente com você".[21]

Embora a experiência das mulheres afro-americanas não seja monolítica, um número exagerado de negras é forçado a negociar o mutável cenário da raça, do gênero e da opressão de classe, e quando essas três categorias de opressão existem ao mesmo tempo seu impacto não se soma apenas, ele se multiplica, e com isso aumenta o peso de uma carga já excessiva. Não obstante, como criaturas de Deus encarnadas, as negras têm lutado para amar o corpo que têm na vida. Isso é evidente desde os locais secretos onde os escravos se reuniam para praticar suas tradições religiosas até os bancos das igrejas, para nem mencionar os muitos exemplos de negras na História e na Literatura. Filha do Harlem, Zora Neale Hurston, autora sobre temas renascentistas e antropóloga cultural, além de protomulherista, teria dito, em resposta a fotos profissionais que tiraram dela: "Eu me amo quando estou

---

[21] Zora Neale Hurston, *Their Eyes Were Watching God* (New York: HarperCollins, 2000), 17.

rindo e também quando pareço malvada e incisiva".[22] O espírito de uma mulherista reflete-se nesse tipo de amor por si que não tem papas na língua.

A pessoa humana é uma criatura corporificada, que se relaciona com a natureza, o meio ambiente e a totalidade do mundo material. A razão crítica necessita do discernimento da pessoa humana e de sua responsabilidade perante Deus, da comunidade humana e do ambiente. De maneira misteriosa, o cosmos também é um recipiente da salvação e esse fato obriga os seres humanos a gerenciar amorosamente a criação divina inteira. Normas éticas consensuais são necessárias para prevenir sofrimentos e a exploração.

A segunda constante antropológica de Schillebeeckx é que uma vida humana que desabrocha envolve outros seres humanos. As afro-americanas encontraram apoio e consolo ao se apoiarem reciprocamente de maneiras formais e informais, construindo alianças por meio de clubes, irmandades, congregações religiosas e sociedades. O alcance mulherista é ainda mais amplo e abarca a comunidade inteira. A jornada das mulheres afro-americanas rumo à integração e à identidade pessoal depende de relacionamentos com outros seres humanos. Schillebeeckx salienta que "isso incumbe [mulheres e homens] da tarefa de aceitar, na intersubjetividade, o outro em sua natureza diversa e em sua liberdade". [23] Esse espírito de aceitação é o mais frutífero possível quando é recíproco. Não reconhecer que todas as pessoas são plenamente humanas pode desembocar em atos pecaminosos que causam sofrimento e enfraquecem os laços da comunidade humana. Aqui se situam os pecados da escravidão proprietária e da segregação legalizada, para nem mencionar todas as transgressões cometidas contra as irmãs e os irmãos que maculam a imagem de Deus na comunidade.

Ao largo da História, as afro-americanas têm vivido sua imersão nas estruturas sociais e institucionais e seu relacionamento com elas. Essa é a terceira constante antropológica. Essas são estruturas formativas da identidade

---

[22] Valerie Boyd, *Wrapped in Rainbows: The Life of Zora Neale Hurston* (New York: Simon & Schuster, 2003), 263.
[23] Edward Schillebeeckx, *Christ: The Experience of Jesus as Lord* (New York: Crossroads, 1980), 737.

pessoal do indivíduo e, nessa medida, contribuem para a possibilidade da humanidade plena ou a coíbem. A família da escravocracia que se estende e flui até o presente é uma estrutura fundadora. Para a comunidade afro-americana, a Igreja negra tem desempenhado um papel central na reafirmação da vida negra. Essas e outras estruturas da sociedade mais ampla são principalmente "contingentes [e] mutáveis"[24] nas mãos de mulheres e de homens. Como as outras constantes antropológicas, as normas éticas são necessárias, especialmente quando é preciso haver mudanças porque a evolução das circunstâncias demanda alterações ou uma transformação completa devido ao fato de que essas estruturas têm o poder de "escravizar e desenraizar [as pessoas] em vez de libertá-las e dar-lhes proteção".[25] Há muito em jogo quando as mulheres afro-americanas navegam pelas estruturas sociais e institucionais e emitem suas opiniões.

A quarta constante afirma que as pessoas e a cultura são influenciadas pelo tempo e pelo espaço. As mulheres afro-americanas e suas comunidades foram formadas pela história e pela geografia que constituem sem ambiente. É nesse contexto que elas se colocam face a face com seus limites e desenvolvem estratégias para lidar com eles de maneira significativa. Muitas vezes, em vez de se manterem paralisadas, as mulheres afro-americanas envolveram-se em todas as formas de resistência que modelaram para as gerações futuras sua consciência crítica e livre, ao mesmo tempo em que também construíam legados por meio de textos, ofícios e construções. Na realidade, a vida dessas mulheres foi "um empreendimento *hermenêutico*, ou seja, realizada como uma tarefa de *compreender* sua própria situação e desmascarar de modo crítico a falta de sentido que [os seres humanos] provocam na História".[26]

Há um mútuo relacionamento entre teoria e prática. Schillebeeckx propõe uma explicação para essa quinta constante quando diz: "É uma constante na medida em que, por meio desse relacionamento, a cultura hu-

---

[24] Ibid., 738.
[25] Ibid.
[26] Ibid., 739.

mana, como empreendimento hermenêutico ou compreensão do significado, e como um empreendimento de mudança de significados e de melhoria do mundo, necessita de *permanência*".[27] As mulheres afro-americanas e suas comunidades têm lutado com a dissonância cognitiva que se instala quando a visão cristã e/ou democrática da humanidade conflita com a realidade imediata. Afro-americanas como Ida B. Wells-Barnett e Henriette Delille uniram teoria e prática e, ao fazerem isso, manifestaram-se respectivamente contra o linchamento e fundaram uma congregação religiosa para mulheres livres de cor.[28] Ao dar apoio a um relacionamento mútuo entre teoria e prática, aquilo que condiz com a humanidade pode ser assegurado, sustentado e potencialmente "levar *salvação* para a humanidade".[29]

A sexta constante antropológica é que a pessoa humana possui uma consciência religiosa e parareligiosa. Através da história humana até este momento, mulheres e homens têm defendido uma ampla variedade de concepções sobre as perplexidades da vida. As mulheres afro-americanas não são exceção, no sentido de que representam uma variedade de experiências religiosas em resposta ao transcendente "para dar sentido à contingência ou finitude, à impermanência e aos problemas do sofrimento, do fiasco, do fracasso e da morte que apresenta, ou para superá-los".[30] Isso, em última análise, diz respeito aos esforços das mulheres negras para encontrar significado e propósito onde eles não parecem existir. Isso também diz respeito ao que pode ser um impulso para um futuro melhor ou para continuar mantendo a chama da esperança de um futuro melhor. Enquanto os seres humanos não caírem na armadilha do niilismo, com seus julgamentos do absurdo essencial, algum tipo de "'fé', de base para esperança", mantém-se como uma constante, segundo Schillebeeckx. Para os que podem ser chamados de religiosos, essa esperança essencial de um futuro humano condizente é Deus vivo.

---

[27] Ibid., 740.
[28] Ver Paula J. Gidding. *A Sword amond Lions: Ida B. Wells and the Campaign against Lynching* (New York: HarperCollins, 2008) e M. Shawn Copeland. *The Subversive Power of Love: The Vision of Henriette Delille* (New York: Paulist, 2009).
[29] Schillebeeckx, *Christ*, 740.
[30] Ibid.

Essas seis constantes existem como uma síntese irredutível que pode ser considerada uma sétima constante. Essa síntese é a pessoa dentro da cultura humana. Aí está "a realidade que cura [mulheres e] homens e lhes proporciona a salvação". As normas mencionadas acima, mais ainda desenvolvidas tendo em mente as mulheres afro-americanas, refletem o pluralismo da comunidade humana. Para Schillebeeckx, a salvação tem importância para cada uma das constantes antropológicas, conceituadas como "o sistema completo de coordenadas no qual [os seres humanos podem realmente ser [seres humanos]".[31] A inclusão das constantes antropológicas feita por Schillebeeckx no âmbito de seu projeto cristológico sugere que a antropologia teológica está ligada com todas as principais doutrinas do cristianismo. Isso também se evidencia na teologia mulherista em que temas sobre o Deus triúno se sobrepõem aos da salvação, da cristologia, da antropologia teológica e da ética. A fala mulherista sobre Deus é interconectada.

Crítica mulherista

A última parte sobre o entendimento tradicional da antropologia teológica começou com discussões sobre a natureza e a graça e suas implicações para a visão cristã de Deus e do ser humano. Embora não tenha sido explicitamente marcado, podemos ter certeza de que o ser humano em consideração era do gênero masculino porque sua humanidade era descrita como normativa. Essa problemática suposição tem motivado a agenda do feminismo teológico desde seus primeiros instantes. A crítica mulherista da teóloga M. Shawn Copeland não se limita a somente desacreditar essas suposições. Mais do que isso, em seu ensaio intitulado "The New Anthropological Subject in the Heart of the Mystical Body of Christ" [O novo tema antropológico no coração do corpo místico de Cristo"], ela propõe e ensaia a descentralização do tema antropológico presumido: o homem branco burguês. No lugar dele, ela institui como novo tema antropológico as mulheres negras pobres,

---

[31] Ibid.

invisíveis e esquecidas, e com isso torna manifesta a consciência histórica crítica e compassiva. Desde os anos 1960, as teologias políticas e libertárias têm igualmente trabalhado para promover a mesma descentralização. Copeland afirma:

> Essas teologias viraram os fachos de luz na direção das criaturas humanas invisíveis de Deus: as massas pobres, exploradas, desprezadas e marginalizadas a quem Fanon, tão amorosamente, chama de "*le damnés de la terre*", os condenados da terra... Esses condenados de nosso globo somam o 1,3 bilhão de pessoas vivendo na pobreza absoluta, os 600 milhões que suportam a desnutrição crônica. São as centenas de milhares de doentes de AIDS e tuberculose, vendidos ou forçados a se prostituir, e assassinados, simplesmente porque *sua* encarnação, *sua* diferença, é rejeitada como dádiva e ofende.[32]

Profundamente mobilizada por um episódio envolvendo um caso perturbador de transgressão do *humanum*, Copeland expressa nesse ensaio sua indignação, de maneira calculada e comedida. Fátima Yusif é uma mulher somali sem documentos, que vive em Nápoles, e que inesperadamente começa o trabalho de parto de seu filho numa calçada. A reação do povo a esse acontecimento foi incompreensível, incentivando um articulista do *London Times* a intitular sua matéria como "Racistas zombam de parto na rua". O trabalho de parto da Srta. Yusif e o nascimento de seu bebê são marcados pelo olhar condenatório de espectadores que pararam para fotografar a mais recente ocorrência naquela via. A Srta. Yusif posteriormente se lembrou das palavras de um menino que zombou: "Olha só o que a negra está fazendo". Essa jovem mãe conta que nunca se esquecerá da expressão no rosto daqueles que ficaram por ali assistindo, como se estivessem "no cinema".[33]

Copeland sentiu-se instigada a analisar a noção distorcida de humanidade que aplicaram a Fátima Yusif os transeuntes imobilizados. Para eles, ela é

---

[32] Copeland, "The New Anthropological Subject at the Heart of the Mystical Body of Christ", *Proceedings of the Fifty-Third Annual Convention of the Catholic Theological Society of America* (1998), 53, 27.
[33] Ibid., 37.

o "outro", diferente e desprezada. Esse estado de consciência dos espectadores resulta de um longo e complicado histórico de colonialismo, escravidão e objetificação maciça dos "outros" cuja chegada aos assim chamados países desenvolvidos é marcada pela oferta de serviços braçais em geral isentos de quaisquer direitos trabalhistas. Fátima Yusif e outras mulheres de cor pobres e exploradas devem ser nosso novo tema antropológico porque sua localização social vulnerável pede nossa atenção e nossa compaixão. A atenção dos teólogos à subjetividade dessas mulheres radicalmente vulneráveis pode ajudar a transformar seu *status* aos olhos de alguns, permitindo que não sejam mais o "outro" e tornem-se nossas irmãs, feitas à imagem e à semelhança de Deus.

Com essa atitude, Copeland revela e examina o verdadeiro *status* das negras pobres em meio às maiorias sociais. As maiorias sociais – os membros do assim chamado mundo dos 2/3 – "não têm acesso regular à maioria dos bens e serviços que definem o 'padrão de vida' médio nos países industriais. Suas definições para o que é uma 'boa vida', moldada por suas tradições locais, refletem as capacidades de que dispõem para desabrochar mais além da 'ajuda' oferecida pelas 'forças globais'".[34] Entre as maiorias sociais estão os refugiados que migram para escapar à guerra e/ou para buscar o básico para sobreviver. Essa mudança é sintônica com a opção da Igreja católica pelos pobres. Ela também revela a compaixão de Copeland pela humanidade crucificada. Ao trocar o tema antropológico, a autora convida a um discurso completamente novo sobre o que significa ser humano para os mais desfavorecidos de nossos irmãos e irmãs.

Maneiras mulheristas de estar no mundo

Para Renita Weems, estudiosa mulherista da Bíblia Renita, e para Delores S. Williams, integrante da primeira geração de teólogas mulheristas, a figura bíblica de Hagar, a serva de Sarah, mostra às mulheres afro-ame-

---

[34] Gustavo Esteva e Madhu Suri Prakash, *Grassroots Post-Modernism: Remaking the Soil of Cultures* (New York: Zed, 1998), 16-17.

ricanas como serem mulheristas.[35] Obrigada a gerar o filho primogênito de Abraão, no lugar de Sarah, Hagar atravessou circunstâncias precárias e ocupou seu lugar de direito na história da salvação, mas não antes de ser expulsa para o deserto com seu filho, Ismael, sem nenhuma proteção contra os elementos e acabando por entregar a Deus sua vida e a de seu filho. Protegida por Deus, Hagar enxergou novos recursos que antes não tinham sido percebidos ou não existiam. Hagar é nossa "irmã no deserto"[36] cuja vida e espírito lembram as negras que podem reconhecer a intervenção e a salvação divina onde e como menos se espera.

As maneiras mulheristas de estar no mundo são desafiadas por um chamado à honestidade, à integridade e à ressonância. Em *Black Sexual Politics: African Americans, Gender, and the New Racism*, a socióloga Patricia Hill Collins escreve sobre a necessidade de as pessoas negras terem "corpos honestos". A esse respeito ela esclarece:

> Corpos honestos buscam cuidar dos aspectos mentais, espirituais e físicos de ser, uma vez que interagem e são sinérgicos. Nenhum desses elementos é mais privilegiado do que os outros. Corpos honestos... reúnem a mente, a alma e o corpo, e assim se tornam livres, em determinado sentido. Começar pela mente, interrogar a própria consciência individual, é essencial. Os indivíduos que rejeitam os escritos dominantes da ideologia negra de gênero aceitando plenamente seu próprio corpo "como ele é" caminham na direção de construir corpos honestos.[37]

Portanto, como mencionamos antes, não só os seres humanos têm corpos, como somos corpos e nossos corpos englobam o que somos e quem somos. Esse convite à integração milita contra dualismos como corpo/alma, secular/sagrado, negro/branco que, historicamente, têm tentado fragmentar

---

[35] Renita Weems, Just a Sister Away: Understanding the Timeless Connection of Women Today and Women in the Bible (New York: Grand Central Publishing, 2005).
[36] Tomamos emprestado do livro essencial de Delores S. Williams, *Sisters in the Wilderness: The Challenge of Womanist God-Talk* (Maryknoll, N.Y.: Orbis, 1993).
[37] Patricia Hill Collins, *Black Sexual Politics: African Americans, Gender, and the New Racism* (New York: Routledge, 2005), 283.

os corpos negros: mental, espiritual e fisicamente. Corpos honestos são integrados e marcados por uma ressonância que liberta porque, apesar das ideologias dominantes atualmente, esses corpos partem para raciocínios críticos que, em última instância, bloqueiam essas heresias e falsidades e promovem a aceitação pessoal e, em seguida, comunitária.

Falando em termos práticos, o objetivo de desenvolver corpos honestos é uma questão de vida e morte para as afro-americanas cujas maneiras atuais de ser no mundo podem ser arriscadas e cotejar diretamente a morte. Precisamos somente levar em conta dois fatos a respeito da saúde, ou da falta de saúde, dos corpos de mulheres afro-americanas. Apesar de nossa rotundidade e do apelo para celebrarmos nossos traços físicos africanos peculiares, as afro-americanas estão diante de elevados riscos à saúde porque uma grande porcentagem de nossa população está com sobrepeso ou é obesa. O U.S. Office of Minority Health [Divisão de Saúde dos Menores de Idade] do Departamento de Serviços Humanos refere que mais do que qualquer outro grupo as mulheres afro-americanas apresentam os índices mais elevados de sobrepeso ou obesidade. Na realidade, quatro em cada cinco afro-americanas nos Estados Unidos está acima do peso ou obesa.[38] Essa estatística necessita ser filtrada de maneira crítica e serve de lembrete do chamado feito aos seres humanos para sermos timoneiros. Nesse caso, devemos gerenciar nosso corpo e manter um estilo de vida ordenado que promova nossa saúde corporal e não nos coloque em risco de contrair uma variedade de doenças, de diabetes a cardiopatias e derrames. Qualquer retórica que venha sugerir que nosso tamanho volumoso é endêmico de quem somos é equivocada e deve ser questionada. As afro-americanas precisam recordar-se de que são filhas de Deus e que, assim como amam serem negras como são, também precisam esforçar-se para ter mais saúde e integridade de corpo e alma.

---

[38] Apresentado pelo Center for Minority Health, Department of Health and Human Services, http:// www.omhrc.gov/templates/content.aspx?lvl=3&lvlID=537&ID=6456 (acesso em 7 de fevereiro de 2009).

Corpos honestos também integram sua sexualidade em tudo que são. Outra estatística espantosa sugere uma desintegração que beira a morte. A principal causa de morte entre afro-americanas com idade entre 25 e 34 anos é a AIDS.[39] Como pode ser que, após tantas décadas de educação, as mulheres afro-americanas não se cuidam adequadamente? Nossa sexualidade é uma das muitas dádivas que Deus nos deu para serem cultivadas, desfrutadas, compartilhadas. As afro-americanas devem amar-se de mente, corpo e alma. Apesar de tudo! A vida delas depende disso. Quando as mulheres afro-americanas ensaiarem e derem testemunho de seu amor por si mesmas, então ensinarão aos outros como devem tratá-las.

Para as afro-americanas, escolher o corpo honesto é uma afirmação de sua humanidade repleta de graça e do infinito amor e cuidado de Deus. Esse conhecimento será essencial a seu sentimento de serem quem são, negras, à imagem de Deus.[40] Os modos mulheristas de estar no mundo são sinônimos com o bem-estar e a salvação que as fortalece para combater todos aqueles que as desumanizam e tratam como mercadoria. Pois a glória de Deus é o ser humano plenamente vivo.[41]

Mesa-redonda de antropologia teológica

Susan Abraham, Elizabeth Groppe, Rosemary P. Carbine

Relacionamo-nos com Deus sendo criaturas especificamente humanas. Essa é a intuição central da doutrina clássica do ser humano, chamada de antropologia teológica. Os três ensaios sobre antropologia teológica neste

---

[39] Apresentado pelo Centers for Disease and Control Prevention, Department of Health and Human Services, http://www.cdc.gov/hiv/topics/women/resources/factsheets/women.htm (acesso em 7 de fevereiro de 2009).
[40] Emprestado de Cyprian Davis e Jamie T. Phelps, *Stamped with the Image of God: African Americans as God's Image in Black* (Maryknoll: N.Y.: Orbis, 2004).
[41] Ver Santo Irineu, *Adversus haereses* IV.20.7.

volume apresentam desafios construtivos e de longo alcance à antropologia teológica tradicional ao radicalizar a particularidade dos contextos históricos, sociais, culturais e políticos sobre os quais a teologia feminista católica e mulherista deve refletir quanto à questão da natureza relacional da pessoa humana e da subjetividade.

Michele Saracino, por exemplo, argumenta que as categorias tradicionais – "natureza" e "graça" – da teologia clássica continuam inúteis para os propósitos feministas porque elas não levam suficientemente em conta as experiências femininas plurais e multifacetadas. Nesse sentido, quando a teologia tradicional fala das mulheres e de sua natureza específica, ela geralmente enfatiza de maneira limitada características biológicas e culturais, como a maternidade, na qualidade de estados ideais em que a mulher deve realizar-se como pessoa. Essa é a mudança essencialista. A crítica dessa mudança decorre dos círculos feministas constantemente vigilantes em relação aos modos como as experiências das mulheres são circunscritas pela autoridade e pelo poder, na Igreja e na sociedade. Saracino vira a mesa sobre a autoridade e o poder da sociedade e da academia quando salienta que, em vez de enfatizar o lado biológico na relação com os ideais masculinos, a experiência biológica da maternidade proporciona às feministas um meio de contar a história da pluralidade, conforme ela se desenrola em sua experiência corporal da gestação, do aleitamento e do cuidar das crianças.

A antropologia teológica feminista, para Saracino, desafia a teologia tradicional precisamente ao situar o essencialismo da hierarquia da Igreja por meio do conceito cultural construtivo da "hibridade". Abraçar a hibridade na antropologia teológica significa que as mulheres são narradas como mais do que mães, suplantando assim os estereótipos generalizantes de gênero praticados pela Igreja por meio dos quais as mulheres são reduzidas a papéis sexuais e de reprodução. Esquadrinhar as experiências das mulheres em busca do entendimento da pessoa humana mostra que todos somos híbridos, sendo seres da natureza e repletos de graça que não podem ser reduzidos a um só dos lados dessa dinâmica dualista. Embora nossa identidade seja um resultado híbrido de múltiplas histórias, frequentemente vivemos no pecado da cegueira, tanto em relação à multiplicidade de nossas próprias histórias particulares, quanto em relação à realidade das histórias dos outros, que, quando reconhecidas, podem agir como a graça que nos lembra de nossa humanidade diferenciada e, não obstante, interdependente.

As feministas também têm consistentemente assinalado como nossas teologias essencialistas tradicionais da natureza da mulher são infestadas de problemáticas normas sociais e teológicas de autossacrifício e autoabuso para poderem ser atendidas necessidades – familiares, econômicas e sexuais – dos outros. Nesse sentido, Teresa Delgado destaca a crise urgente da exploração sexual e do HIV/AIDS entre mulheres latinas, como consequência da internalização dessa teologia de autossacrifício e perda do poder pessoal. Nas teologias tradicionais, os ideais teológicos de autossacrifício são geralmente usados para reforçar um ordenamento hierárquico de base religiosa para as relações heterossexuais e, desse modo, interditam a capacidade das mulheres de entrarem em relação em bases justas. A crítica que Delgado faz das ideias tradicionais de natureza e de graça *latina/mente* insiste que essas concepções não vão longe o suficiente para garantir justiça às mulheres ao enfatizarem excessivamente o motivo da interdependência em detrimento das mulheres. Assim como no artigo de Saracino, o de Delgado retoma o fio do tema do corpo como o sítio singular da graça. O corpo da mulher, como sítio da dádiva da graça, liberta a antropologia teológica do viés patriarcal essencialista voltado para a maternidade domesticada, para a interdependência autossacrificante e para a exploração sexual. A dádiva do corpo como graça ocorre na interação sexual de corpos que se amam e amam os outros, e não na troca sexual dos sistemas capitalistas globais que mercantilizam os corpos como bens de consumo a serem comprados ou vendidos, e não numa economia teológica que valoriza seus ideais patriarcais e masculinos mais do que o bem-estar e a saúde das mulheres.

O terceiro ensaio dessa seção aponta para um dos mais desgraçados e desonrosos contextos da teologia, a saber, o corpo racializado como desafio construtivo para a continuidade das reflexões feministas e mulheristas sobre antropologia. LaReine Mosely substitui as antropologias teológicas construídas sobre ideais racistas da humanidade (na base da escravidão, da segregação legalizada e do racismo, nos Estados Unidos) por uma antropologia teológica renovada, fundada nas experiências das mulheres negras que não sucumbem aos efeitos desumanizadores do racismo. Baseada no método e no *éthos* mulherista, Mosely examina a tradição teológica católica em busca de vozes que não ignorem a realidade vivida da vida humana quando fala da natureza e da graça. Tanto Rahner como Schillebeeckx, portanto, voltaram-se para o mundo material a fim de falar de uma economia diferenciada e muito peculiar da natureza e da graça. A existência humana diferenciada, portanto, é uma dádiva de Deus, um sacramento da gratuidade de Deus. Nada que desumanize faz parte desse sutil e intrincado relacionamento entre a natureza e a graça. Por conseguinte, tais estruturas e regimes de pensamento que escravizaram e exploraram os seres humanos são julgados como existindo em condição de desafio da graça divina, que fluiu e continua fluindo precisamente nas e por meio das vítimas-sobreviventes desse processo de desumanização. O fato de que as mulheres negras sobreviveram para reafirmar sua fé, sua esperança e sua força em Deus é uma forte evidência da graça em suas vidas. O que um ser humano é só pode ser encontrado nos relatos de existências dignas e repletas de graça que os corpos negros e as mulheres negras recusaram-se a ceder para a des-graça do racismo e de suas múltiplas formas de opressão entrelaçadas. Esse reconhecimento empático e digno da humanidade da mulher negra é precisamente o lócus da antropologia teológica feminista de hoje.

Esta mesa-redonda foi montada por teólogas feministas que escrevem sobre eclesiologia, neste livro. Nessa medida, portanto, lemos os artigos pelo prisma da eclesiologia. Uma ideia central que as três seções deste volume trabalharam foi que os três lócus têm um relacionamento perinuclear, quer dizer, eles se entrelaçam, interrompem e intensificam mutuamente. Em nossas discussões das três contribuições aqui, ficou claro para nós que nossa visão de quem somos como feministas, teólogas e católicas não pode deixar de levar em conta a responsabilidade que temos de construir teologias de esperança e justiça. Com isso, não podemos ignorar que o *magisterium* católico parece colonizar consistentemente a experiência da maternidade humana, a fim de enfatizar a altamente celebrada natureza "receptiva" e "sacrificial" das mulheres. Não podemos ceder à ideia de que nosso corpo só tenha usos funcionais para o sexo e a procriação quando, na realidade, é nosso para que o partilhemos, demos e com ele obtenhamos prazer. Na realidade, como muitas de nós são mães e parceiras amorosas, parece-nos que seria anticristão negar as tremendas dádivas que decorrem de nos entregarmos por amor e prazer, em vez de segurança e dinheiro. Finalmente, não podemos ceder à ideia de que o corpo racializado e sexualizado é simplesmente uma vítima de estruturas desumanizantes. Sim, sofremos e somos vitimizadas, e reconhecemos que o racismo, o sexismo e misoginia estão vivos e bem no seio da teologia e das instituições católicas. Mas somos mais do que isso. Somos exemplos brilhantes de esperança, dignidade e cuidados com si mesma. Nessa medida, estamos cientes de nossa capacidade de reumanizar aqueles sistemas que só nos reconheceram até aqui como objetos e coisas. A visão da comunidade humana, sob a égide de Deus que resulta dessa imagem do que significa ser humano, é a da liberdade na graça, com a responsabilidade de falar, agir e viver com base nesse entendimento nuclear.

Como professoras de teologia católica, percebemos alguns modos desses ensaios contribuírem para as discussões que alimentamos em sala de aula, sobre o que significa ser humano e sobre as implicações dessas perspectivas construtivas sobre cristologia e eclesiologia. Saracino, por exemplo, afirma que o modelo da "história única" não pode fazer justiça às complexas histórias das mulheres e suas experiências, todas entrelaçadas. Ao defender a noção de hibridade como ponto de partida teológico para a antropologia (e, com isso, libertar esse conceito de suas amarras culturais), ela apresenta Jesus como uma criatura híbrida. Se a hibridade é uma condição existencial e antropológica a ser localizada no evento inteiro da encarnação, então as mulheres não necessitam ser mantidas como reféns de nenhum tipo de história ou roteiro para poderem viver suas vidas. A graça liberta tanto a cristologia quanto as mulheres do cerco de histórias teológicas estáticas e singulares sobre Deus e sobre ser humano à imagem de Deus. Portanto, a diferença pode ser assimilada no âmbito de um referencial narrativizado em que a cristologia nos revelará o que há de mais humano em nós. Comunidades de fé podem consolidar-se em torno dessas verdades narradas em vez de girar em torno de essencialismos biológicos e culturais simplistas. Longe de uma teologia pós-moderna politicamente correta, a diferença caracteriza adequadamente o que significa ser e tornar-se plenamente humano em relação a sermos todos criaturas de múltiplas histórias.

Nesse mesmo sentido, o ensaio de Delgado desafia a cristologia tradicional masculina, recusando-se a internalizar ideias – fundadas no gênero – de autossacrifício que militarizam o autossacrifício (machismo) para os homens, por um lado, e a sexualizam para as mulheres (marianismo), por outro. Em vez disso, Delgado nos pede que enxerguemos além do autossacrifício e que recuperemos o imperativo cristológico e nos lembremos do corpo fragmentado pela comunidade, pelo bem dela. Isso não quer dizer que temos de começar a fragmentar nosso corpo deliberadamente. Ao contrário, a autora nos pede que reconheçamos as fraturas que existem em nossos tempos e que incorporemos esses corpos fraturados de volta no contexto corporativo e corporal do cristianismo vivo – uma ideia significativa para a eclesiologia feminista. Admitir que existimos em relacionamentos fraturados por meio de nosso corpo nos faz atentar para as experiências particulares de des-graça de todos os corpos. Essas experiências corporificadas da consciência desdobrando-se a partir do corpo fraturado de Cristo permite que as mulheres negras dediquem-se à busca do que Patricia Hill Collins chama de "corpo honesto", além de energizarem a Igreja para que resista a estruturas pessoais e institucionais de racismo de modo que possamos moldar uma igreja e uma política do corpo mais honestas. Viver na *imago Dei* de maneira eclesiológica significa olhar de maneira crítica e construtiva para o que criamos religiosa e politicamente com referência àquela imagem. As reflexões de Mosely sobre as experiências de Fátima Yusif convidam mais reflexões teológicas feministas sobre o que significa ser a Igreja num mundo marcado por uma política do corpo fraturado nas economias globalizadas. Ter ajudado, em vez de denegrido, o inesperado parto de Yusif à beira de uma via pública significaria dar à luz uma nova humanidade assim como um novo modo de ser Igreja. Como o samaritano na parábola do bom vizinho (Lc 10,25-37), auxiliar o parto de Yusif serve de parábola pós-moderna de como trazer à luz uma nova vida, criando espaços religiosos e políticos mais inclusivos, de justiça e paz.

Outros tópicos de discussão que geraram comentários nesta mesa-redonda giraram em torno, primeiro, da mecânica visual dos estereótipos racistas, culturais e sexuais citados nos três ensaios. Quando a diferença é cinematizada como espetáculo, resulta no repúdio visceralmente inaceitável que provoca a história de Fátima Yusif. O corpo racializado e sexualizado da mulher é espetacularmente disciplinado, e cada um dos artigos tentou insurgir-se contra essas amarras disciplinares. São muitas as implicações de uma metodologia que tente examinar e debilitar a espetacular construção do gênero, da raça, da cultura e da classe. Por exemplo, pensamos que os efeitos negativos de uma cultura midiática insidiosa, que transmite imagens de feminilidade e de masculinidade, de sexo e agressão, de beleza e de selvageria, deveriam ser examinados em relação à antropologia teológica. Como ficou documentado por Sut Jhally em *Dreamworlds 3: Desire, Sex and Power in Music Vídeo* (MEF, 2007), a cultura popular dos vídeos de música reduz as mulheres a partes de corpo fragmentadas e desconectadas que aguardam passivamente a aquisição, a posse e todas as formas de abuso praticadas pelos homens. Essa cultura midiática é diretamente responsável por criar o espetáculo de uma feminilidade sexualizada, passiva e ideal, que pode provocar um trauma sexual duradouro em mulheres e homens. Depois, toda reflexão sobre antropologia teológica não pode ignorar as suposições antropológicas da economia globalizada e o desespero que ela semeou pelo mundo afora. Quem ou o que é o ser humano nesse sistema? Em terceiro lugar, o que é ainda mais importante, as propostas construtivas da antropologia teológica apontam todas para a necessidade de refletir sobre o ser humano como *imago Dei*. Tradicionalmente, o recipiente da graça na teologia católica é precisamente a *imago Dei*. Conforme nossa realidade sempre mais complexa vai abrindo-se diante de nós, seguimos comprometidos uns com os outros, com nossos filhos, com nossos alunos, com nosso mundo e com o divino, quando falamos de uma iconografia renovada dessa existência plena de graça. Os ensaios desta seção são um testemunho desse compromisso justamente porque as autoras mostram-nos que tudo que somos – como mulheres, mães, parceiras amorosas, amigas, professoras e teólogas – é tocado pela esperança, pela dignidade, pela justiça e pelo amor.

Questões para discussão e reflexão

1. Que histórias constituem nossa identidade? Algumas de suas histórias são mais vergonhosas do que outras? Como as histórias de outras pessoas instigam você a contar de novo e a renegociar suas próprias histórias em relação às necessidades, às lembranças e às histórias dos outros?

2. Quais são algumas das experiências, ideias e instituições que contribuíram para o modo como as afro-americanas cristãs se entendem? Que experiências, ideias e instituições influenciaram você?

3. Cada um dos capítulos da seção sobre antropologia abordou implicitamente noções do corpo e da corporificação ou encarnação. Por que as teólogas católicas feministas preocupam-se tanto com o corpo? Todos os católicos deveriam igualmente se preocupar tanto? Caso sim, por quê?

4. Por que você acha que os temas da corporificação/encarnação têm um papel tão importante nas antropologias teológicas feministas, mulheristas e *mujeristas*?

5. A imagem de Maria como a mãe virgem perpetuou e também desafiou o modo como as mulheres são tratadas sexualmente e em outros sentidos. Como foi que a imagem de Maria moldou a maneira como você se entende como mulher, principalmente em relação a sua sexualidade?

6. Por que você acha que existem tanta controvérsia e tanto desacordo em torno do papel do sexo e da sexualidade no contexto da experiência religiosa/espiritual? Por que o sexo é um campo de batalha tão contestado no qual se enfrentam as posições da moralidade e da imoralidade humana?

Leituras recomendadas

ALTHAUS-REID, Marcella. *From Feminist Theology to Indecent Theology: Readings on Poverty, Sexual Identity and God* (Londres: SCM Press, 2004). A autora propõe uma nova abordagem teológica que analisa a teologia da libertação e a teologia feminista e pontua seu distanciamento dessas críticas tradicionais, resultando no que Althaus-Reid denomina de "teologia indecente", usando a teoria homossexual e a análise pós-colonial para mostrar mais claramente como a mudança de gênero para sexualidade ocorreu no contexto da globalização.

BEATTIE, Tina. *New Catholic Feminism: Theology and Theory* (Londres: Routledge, 2006). Este trabalho oferece uma crítica abrangente da teologia mariana de Hans Urs von Balthasar, incluindo sua interpretação da diferença sexual, elemento essencial nas questões de identidade e poder na teologia feminista católica da atualidade.

BHABHA, Homi K. *The Location of Culture* (Londres: Routledge, 1994). Esta coletânea de ensaios do lendário pensador pós-colonialista fornece um panorama da significação da hibridade ou dos "espaços intermediários" da identidade na literatura, na semiótica e na cultura.

COPELAND, M.Shawn. *Enfleshing Freedom: Body, Race, and Being* (Minneapolis: Fortress Press, 2009). Este inovador trabalho apresentado pela renomada teóloga católica mulherista compreende a complexidade do ser humano relativa às questões do poder e da opressão do ponto de vista da experiência encarnada da mulher negra.

HAYES Diana L. *And Still We Rise: An Introduction to Black Liberation Theology* (New York: Paulist Press, 1996). Este livro representa uma excelente revisão do surgimento das teologias negras, mulheristas e católicas negras.

HOPKINS Dwight. *Being Human: Race, Culture, and Religion* (Minneapolis: Fortress Press, 2005). Este livro inovador sobre antropologia teológica leva a sério as categorias de raça e cultura.

JOHNSON Elizabeth A. *Truly Our Sister: A Theology of Mary in the Communion of Saints* (New York, N.Y.: Continuum, 2006). Johnson oferece uma interpretação de Maria como uma benção e não como um flagelo para a vida das mulheres, em termos tanto religiosos como políticos, numa visão que deve ser reexaminada à luz das experiências vividas pelas mulheres latino-americanas e pelas latinas.

Keller Catherine; Nausner Michael; Mayra Rivera, eds., *Postcolonial Theologies: Divinity and Empire* (St. Louis: Chalice Press, 2004). Este texto reúne uma larga variedade de autores cujos artigos são teologicamente construtivos, e não apenas descontrutivos ou críticos em suas interpretações do cristianismo, abordando temas da antropologia teológica, moldados pela etnia, a classe e o privilégio. Também analisa a cristologia em sua intersecção com afirmações de Cristo e o império, e com uma cosmologia que imagina um mundo pós-colonial.

Mitchem Stephanie Y. *Introducing Womanist Theology* (Maryknoll, N.Y.: Orbis, 2002). Este livro é um proveitoso acréscimo para os que estão começando a estudar a teologia mulherista.

Nelson James B. *Body Theology* (Louisville: Westminster John Knox Press, 1992). Nelson apresenta uma teologia encarnacional que leva o corpo e a sexualidade a sério como lócus da revelação divina, e discorre sobre o crescimento humano que supera o dualismo alma/corpo e entende a sexualidade como processo central ao mistério da experiência humana e do relacionamento humano com Deus.

Rich, Adrienne. *Of Woman Born: Motherhood as Experience and Institution* (New York: W. W. Norton, 1995). Este trabalho feminista clássico continua sendo revolucionário ao revelar a ambiguidade da maternidade com relação às questões da identidade, do poder e da autoridade.

Townes Emilie M., ed., *A Troubling in My Soul: Womanist Perspectives on Evil and Suffering* (Maryknoll, N.Y.: Orbis, 1993). Esta importante coletânea de ensaios aborda contextos contemporâneos e históricos para mostrar a sobrevivência das mulheres afro-americanas em meio ao sofrimento e à opressão.

Parte II

Cristologia

IV
Cristologia entre identidade e diferença: em nome de um mundo necessitado

Jeannine Hill Fletcher

Como toda teologia, a cristologia é um empreendimento profundamente humano. Na intersecção entre o humano e o divino, Jesus Cristo surge como um símbolo por meio do qual os cristãos têm manifestado suas mais íntimas intuições de Deus e vislumbres de suas próprias existências humanas. Os modos como os cristãos têm refletido sobre a pessoa de Cristo têm sido influenciados pelo contexto social mais amplo e pela localização dos indivíduos que produziram o pensamento teológico. Reconhecendo a cristologia como um processo em andamento, os cristãos hoje são convidados a retornar à pessoa de Jesus e a encontrar recursos para a vida humana. Nas palavras de Kwok Pui-Lan, Jesus Cristo é o lócus de uma

> "zona de contato" ou "zona fronteiriça" entre o humano e o divino, o um e o múltiplo, o histórico e o cosmológico... A pergunta formulada por Jesus "Quem você diz que eu sou?" é um convite a todo cristão e a toda comunidade de fé local que dote essa zona de contato de novos significados, insights e possibilidades.[1]

---

[1] Kwok Pui-lan, "Engendering Christ: Who Do You Say That I Am?", em *Postcolonial Imagination and Feminist Theology* (Louisville: Westminster John Knox, 2005), p. 171.

No projeto da cristologia, os cristãos renovam suas concepções sobre sua própria identidade em Cristo e por meio de Cristo.

Aceitando o convite para a cristologia e esforçando-se para construir sua relevância hoje, os cristãos devem abordar o texto bíblico e a tradição com a consciência de que essa identidade em Cristo está situada num mundo complexo. Nossa condição de vida atual é constituída pela globalização na qual os sistemas de viagem, informação, migração e economia (entre outros) comprimiram o mundo até transformá-lo em "um lugar só".[2] Essas tecnologias e sistemas levam-nos a entrar em contato com a diferença: ideias diferentes, visões de mundo diferentes, maneiras diferentes de ser humano, religiões diferentes. Mas os sistemas de globalização também atingem os seres humanos com impactos diversificados, acentuando as condições de desigualdade e injustiça. Nosso mundo está carecendo de cura, de uma cura que não seja limitada pelas fronteiras da identidade. Embora os cristãos refiram-se à pessoa de Cristo como o marcador simbólico da identidade cuja égide eles devem construir uma nova humanidade, a salvação encontrada em Cristo deve transgredir as fronteiras da diferença. Com o testemunho bíblico do livro do Apocalipse, "a salvação só é possível após todos os poderes desumanizantes terem sido superados e 'um novo céu e uma nova terra' tenham surgido porque a salvação significa não somente a salvação da alma, mas a da pessoa toda".[3] Imbuídos da visão cristã para um mundo carente, podemos ir em busca de uma cristologia que permita o cuidar e o atentar para o que está além das fronteiras da diferença. Precisamos de uma cristologia que reconheça que os humanos não existem em isolamento; precisamos de uma cristologia que reflita nossa relacionalidade humana e que a encoraje. Para muitos teólogos, essa cristologia está no centro de nossa visão cristã. Nas palavras de Tina Beattie:

---

[2] Essa expressão é de Roland Robertson. Veja dele "Church-State Relations and the World System", em *Church-State Relations: Tensions and Transitions*, ed. Thomas Robbins e Roland Robertson (New Brunswick, N.J.: Transaction, 1987), 39-52.

[3] Elisabeth Schüssler Fiorenza, *The Book of Revelation: Justice and Judgement*, 2ª ed. (Minneapolis: Fortress Press, 1998), 4.

O cristianismo é essencialmente relacional tanto ao proclamar um Deus trinitário como ao celebrar a encarnação como um evento que se revela continuamente no espaço do encontro simbólico criativo entre Deus, Maria, Cristo e a Igreja. Nessa medida, a história de Cristo é a história de Maria é a história da Igreja é a história da humanidade é a história de Deus, e a visão prismática que assim se revela não pode ser adequadamente expressa por nenhum desses símbolos isolados dos demais. Reconhecer isso significa desenvolver uma perspectiva teológica que vai além de um foco cristológico estrito e abarca uma visão mais abrangente da encarnação que incorpora a totalidade da criação, incluindo corpos masculinos e corpos femininos e o mundo natural.[4]

Do encontro simbólico de Deus, Maria, Cristo e a Igreja, pode emergir uma cristologia da relacionalidade.

A cristologia da relacionalidade

A cristologia da relacionalidade pode começar com as percepções contemporâneas da condição humana. Da perspectiva da psicanálise, a relacionalidade é evidenciada como uma característica fundamental de nossa humanidade desde as primeiras formas do desenvolvimento humano. Entramos neste mundo dependendo dos que nos precederam, e por ele caminhamos em meio a complexas redes de cuidados, dependências e frágil solidariedade. Aprendemos nossos primeiros padrões de relacionalidade na relação com figuras que nos servem de "mãe" (tanto a biológica como outras). A mãe, como "outro" (tanto a que nos deu à luz como o pai, outros cuidadores, avós e irmãos), constitui o ser do filho por meio de um relacionamento. Enquanto a individualidade da criança emerge tanto da identificação simultânea com a mãe/outro como do reconhecimento de ter um eu "separado",[5] alguns psicanalistas afirmam que o processo da indivi-

---

[4] Tina Beattie, God's Mother, Eve's Advocate: A Marian Narrative of Women's Salvation (New York: Continuum, 2002), 39.
[5] Nancy Julia Chodorow, "Gender, Relation, and Difference in Psychoanalytic Perspective", em

duação nunca é uma separação completa. Ao contrário, a separação também inclui a internalização do relacionamento com a mãe/outro: "A perda do outro a quem desejamos e amamos é superada por meio de um ato específico de identificação que busca abrigar o outro no seio da própria estrutura do eu".[6] Para essa visão do desenvolvimento humano, o eu nunca está só, mas internaliza os relacionamentos de teor formativo. Essas sugestões sobre a natureza da essência humana devolvem os cristãos à história das escrituras para reconhecer uma nova importância em Maria de Nazaré. Longe de ser somente um veículo para trazer o salvador ao mundo,[7] sendo a fonte do relacionamento primário para aquele que virá a ser identificado como o salvador, ela constitui o eu de Jesus. Nos relatos do Evangelho, é ela quem aninha e abriga o recém-nascido vulnerável (Lc 2,7) e que prontamente o introduz no sagrado ritual judaico ao apresentá-lo no templo (Lc 2,21-39). Juntamente com José, ela dá continuidade à educação religiosa dele, por exemplo, celebrando juntos a festa da Páscoa com a jornada a Jerusalém (Lc 2,41). Além de seu importante papel nos primeiros anos de vida, o papel de Maria ao ajudar a moldar a noção que Jesus faz de si mesmo está implícito ao largo de todo o papel que lhe cabe, conforme os evangelhos, e que continua influindo no ministério de seu filho. É Maria que convoca Jesus para seu ministério público, no relato de João sobre as bodas em Canaã (Jo 2,1-11). Teria sido talvez Maria quem instilou em Jesus o amor pelo mais fraco de todos, a criança, inspirada pela promessa que fizera anteriormente de dedicar-se a uma vida de cuidados, quando da anunciação? Teria sido ela

---

Feminist Social Thought, ed. Diana Tietjens Meyers (New York e Londres: Routledge, 1997), 11. Reimpresso de *Socialist Review* 9, n. 46 (1979): 51-69.
[6] Judith Butler, revendo a teoria da separação e do luto proposta por Sigmund Freud em *Gender Trouble: Feminism and the Subversion of Identity*, 2ª ed. (New York: Routledge, 1990), 78.
[7] Textos recentes sobre o papel de Maria na teologia cristã têm em geral salientado sua importância como "mãe de Deus" substancialmente em sua aceitação da impregnação, concedendo assim condição física para a gestação e o nascimento de um salvador no mundo. Ver, por exemplo, *Mary, Mother of God*, ed. Carl E. Braaten e Robert W. Jenson (Grand Rapids: Eerdmans, 2004). As contrapropostas feministas com outro cenário incluem o trabalho histórico e crítico de Elizabeth Johnson, *Truly Our Sister* (New York: Continuum, 2006) e outro, anterior, de Rosemary Radford Ruether, *Sexism and God-Talk* (Boston: Beacon, 1983).

quem moldou nele a indignação diante do uso indevido do dinheiro para negociações dentro do templo? Teria ele extraído forças de sua fé em Deus e no reino por ele prometido quando, na crucificação, viu que sua mãe se mantinha inabalável em seu compromisso com Deus? A cristologia fundada na relacionalidade reconhece o padrão de autodoação de Jesus incentivado por quem eram os mais próximos dele, e nisso Maria é o elemento-chave.

Mas, como o eu não é uma entidade estática cruzando o mundo da infância em diante, o desenvolvimento dinâmico do eu é constituído não apenas pelo relacionamento primário, mas também por uma ampla variedade de relacionamentos. Os laços que nos ligam aos outros "constituem a noção do eu, compõem quem somos".[8] Como disse a teóloga feminista Catherine Keller

> "se sou parcialmente constituída por você, ainda que você parcialmente também me constitua, por bem ou por mal, quer dizer, se eu fluo em você, se eu influencio você, assim como você influi em mim, então, minha subjetividade se descreve como radicalmente aberta tanto no tempo como no espaço".[9]

Se o que significa ser humano é ser constituído por relacionamentos, e estamos em múltiplos relacionamentos, emerge uma noção do eu na multiplicidade. Nas palavras de Morwenna Griffiths, "identidade [é] construída, reconstruída e negociada nos relacionamentos de amor, resistência, aceitação e rejeição".[10] Usando essa lente para entender a narrativa dos evangelhos, o eu de Jesus surge na relação com amigos, desconhecidos e até mesmo adversários. Por exemplo, Jesus é alertado para uma noção de quem é por meio de seus relacionamentos com Marta e Maria de Betânia (MT

---

[8] Judith Butler. "Beside Oneself: On the Limits of Sexual Autonomy", em *Undoing Gnder* (New York: Routledge, 2004), 18.
[9] Catherine Keller, "Seeking and Sucking: On Relation and Essence in Feminist Theology", em *Horizons in Feminist Theology: Identity, Tradition and Norms*, ed. Rebecca S. Chopp e Sheila Greeve Davaney (Minneapolis: Fortress Press, 1997), 58.
[10] Morwenna Griffiths, *Feminisms and the Self: The Web of Identity* (New York: Routledge, 1995), 92.

26,6-13; Mc 14,3-9; Lc 7,36-50; 10,38-42; Jo 11,1-4; 12,1-8). Numa interação inter-religiosa com uma mulher (cananeia) dos gentios de origem siro-fenícia, a mentalidade de Jesus muda durante o embate teológico em que ela lhe faz um pedido (Mt 15,21-28; Mc 7,24-30). Quando analisamos as histórias de Jesus pelas lentes da identidade dinâmica, podemos imaginar de que maneira o entendimento que tinha a respeito de si mesmo e de sua missão vai sendo construído por sua própria "negociação criativa e solícita de correntes que se entrecruzam e de lealdades rivais" fluindo em seu íntimo.[11] Até mesmo os adversários que temos provocam o desenvolvimento de nossa identidade como um eu. Por exemplo, é quando um legista desafia Jesus, interrogando-o quanto aos requisitos necessários para uma vida íntegra e eterna que Jesus indica o ponto nuclear de seu ensinamento: "Amarás o Senhor teu Deus, de todo o teu coração, de toda a tua alma [...] e a teu próximo como a ti mesmo" (Lc 10,25-37). A totalidade da *persona* de Jesus, sua missão e seu ministério parecem englobar a natureza comunal do que significa ser humano: engastado em relacionamentos, convocado a cuidar dos fracos, realizando uma visão de ser humano e tornar-se *junto*.

Conforme os que o cercam convidam Jesus a praticar novas demonstrações de quem é e de qual é sua missão, Ele ao mesmo transforma e fortalece os que o seguem. O próprio convite de seus discípulos para que o sigam indica que sua missão não era solitária. Seus ensinamentos envolviam quem o ouvia num processo de revisão criativa que os atraía para as parábolas que ele usava como veículo. A visão que Jesus tinha de um reino de Deus não incluía o bem-estar de um indivíduo diante de Deus, mas o bem-estar de todos. E ele chamava seus discípulos a praticarem uma relacionalidade que também os fortalecia: eles eram constituídos e fortalecidos pelo encontro com Jesus e entre eles mesmos. Na presença de Jesus, os fraturados ficavam inteiros de novo e, na interação dinâmica da comunidade, os que seguiam Jesus eram dotados da força que provocava o mesmo efeito. Os Atos dos Apóstolos estão repletos de histórias que

---

[11] Linell Elizabeth Cady, "Identity, Feminist Theory and Theology", em *Horizons in Feminist Theology* ed. Chopp e Davaney, 24.

contêm a missão de Jesus, quando eles continuam dividindo o poder que Ele tinha de devolver a vida. A salvação anunciada em Jesus de Nazaré não é uma salvação singular depositada num único indivíduo. A visão salvífica de Jesus de Nazaré é concretizada em sua vida e nas vidas dos que o seguem. A transformação do mundo para que seja pleno de justiça e de relacionamentos é um processo que o discipulado promove nos muitos e diversos seres humanos que o buscam. Como disse em outros termos Schüssler Fiorenza, "Sofia, o Deus de Jesus, deseja a integridade e a humanidade de cada um e, portanto, permite que o movimento de Jesus se torne um 'discipulado de iguais'".[12]

Descrito como adulto nos relatos dos evangelhos, Jesus desejava que a comunidade praticasse essa visão de integridade, responsividade e responsabilidade, e Ele se via no papel de mãe: informando a comunidade onde estava inserido e sendo mutuamente informado por ela. No evangelho de Lucas, as palavras que Jesus profere retratam-no no papel de uma mãe que anseia por reunir seus filhos quando fala da "galinha que recolhe seus pintinhos debaixo das asas" (Lc 13,34). Jesus é moldado por aqueles que o levam a agir como uma mãe, e ele mesmo assume o papel de mãe. Quando assume a posição subjetiva da "mãe" é que ele entende que o que significa ser humano não é, na realidade, ser autônomo, autogovernado e livre, mas, sim, limitar-se de bom grado pelos relacionamentos com os quais está comprometido, acolher de bom grado a própria vulnerabilidade ao cuidar do outro vulnerável. Como demonstração cabal de vulnerabilidade, Jesus responde dando a própria vida, recusando-se a abrir mão de sua visão contracultural e sendo assassinado pelas mãos daqueles que achavam essa visão uma ameaça.

Mantendo o padrão do cuidado maternal, os primeiros escritos cristãos descrevem como a doação de Jesus foi modelada como a mãe nutriz que amamenta, o "leite de Cristo" servindo de alimento espiritual.[13] Esse sim-

---

[12] Elisabeth Schüssler Fiorenza, *In Memory of Her: A Feminist Theological Reconstruction of Christian Origins* (New York: Crossroad, 1992), 135.
[13] Clemente de Alexandria, *The Instructor*, 1.6 sobre Paulo em Coríntios 1, 3:2 em *AnteNicene Fathers: Translations of the Writings of the Fathers Down to AD 325*, vol. 2, ed. Alexander Roberts e James Donaldson (Grand Rapids: Eerdmans, 1951), 218.

bolismo foi adotado com entusiasmo na Idade Média, como nos informa Caroline Walker Bynum, quando nos apresenta a pouco conhecida devoção medieval a Jesus, nossa Mãe. Anselmo de Canterbury (†1109) menciona a imagem de Jesus como a galinha-mãe quando confessa: "Em verdade, mestre você é uma mãe".[14] E Bernard de Clairvaux (†1153) convida seus leitores a buscar no seio de Cristo o leite da cura quando escreve: "Se você sentir o aguilhão da tentação... não beba tanto das feridas do Crucificado, mas sugue em seus seios. Ele será sua mãe e você será o filho dele".[15]

Aelred de Rievaulx († 1167) recorre igualmente à imagem da nutriz que amamenta quando escreve:

> Em teu altar que haja o suficiente para que tenhas uma representação de nosso Salvador pendurado da cruz. Isso te trará à lembrança a Paixão dele para que imites, os braços estendidos dele que te convidam a abraçá-lo, os peitos nus dele que te alimentarão com o leite da doçura para te consolar.[16]

A imagem do Cristo como mãe que amamenta vem de sua própria relação maternal (assim como imagens pintadas de Maria amamentando se tornarão populares alguns séculos mais tarde).[17] Imagens populares de Cristo empregaram essa nutrição física como metáfora para a autodoação divina que sustenta a humanidade. A humanidade suga nos seios de Cristo na mesma medida em que Cristo se entrega pela vida de muitos, e os cristãos são convidados a desempenhar o papel em prol de um mundo carente. Enquanto a tradição cristã progressivamente androcêntrica se desvencilha da imagem do aleitamento e expurga assim a experiência encarnada das mu-

---

[14] Caroline Walekr Bynum, *Jesus as Mother: Studies in the Spirituality of the High Middle Ages* (Berkeley: University of California Press, 1982), 114.
[15] Ibid., 117, citando Bernard de Clairvaux, Carta 322, PL 182: col.527.
[16] Ibid., 123, citando Aelred *De institutione*, cap. 26, *Opera omnia* 1:658; trad. M. P. Mcpherson, em *The Works of Aelred of Rievaulx 1: Treatises and Pastoral Prayer* (Spencer: Mass.: Cistercian Fathers, 1971), 73.
[17] Margaret R. Miles, *A Complex Delight: The Secularization of the Breast 1350-1750* (Berkeley: University of California Press, 2008), 33-53.

lheres como fontes de leite, é somente com a ajuda das experiências reais das mulheres que amamentam que o entendimento do papel materno de Cristo pode ser esclarecido.[18]

> **Tipos de feminismo nos Estados Unidos**
>
> No contexto das três ondas históricas do feminismo nos Estados Unidos até o momento, emergiram diferentes tipos de feminismo na política americana, designados como liberal, cultural, socialista, radical, ecológico, pós-colonial, entre outros. Todos se baseiam em definições próprias de igualdade e justiça. Os lobbies do feminismo liberal visam a igualdade, dentre outros, de direitos legais, políticos, econômicos e educacionais para as mulheres. O feminismo cultural ou romântico enfatiza a complementaridade de gênero, ou a definição das mulheres em relação aos homens, e defende o "culto da verdadeira feminilidade" segundo o qual a superioridade moral das mulheres, ligada aos papéis maternais das mulheres, torna-as mais bem preparadas para reformar e elevar a vida doméstica, a vida social e a vida pública. O feminismo socialista ou marxista usa análises de gênero, econômicas e raciais para expor e desafiar teorias racializadas e generificadas do trabalho que valorizam mais o trabalho público remunerado do que o trabalho privado, não remunerado, da reprodução. O feminismo radical vai além dos lobbies pela igualdade para mulheres na vida política ou econômica, e também além dos esforços do feminismo liberal e de outras tendências para firmar a igualdade simplesmente adicionando as mulheres a setores da vida tradicionalmente reservados aos homens. Em vez disso, o feminismo radical analisa o

---

[18] De acordo com Gail Paterson Corrington, o uso cristão original da imagem da mãe aleitando ecoa tradições religiosas pré-cristãs, na figura de *Isis lactans*. O argumento de Corrington é que a imagem em si se torna dissociada da experiência das mulheres de carne e osso quando é transferida para um homem de imagem divinizada. Ver Gail Paterson Corrington, "The Milk of Salvation: Redemption by the Mother in Late Antiquity and Early Christianity", *Harvard Theological Review* 82, n. 4 (out. 1989): 393-420.

patriarcado e tenta superá-lo, entendendo-o como a raiz da maioria das injustiças sociopolíticas. O ecofeminismo analisa as múltiplas interligações entre a dominação da terra e a dominação das mulheres. O feminismo pós-colonial focaliza a pluralidade das vozes e das experiências de mulheres não brancas e não ocidentais, para quem a questão do gênero é complicada por múltiplos fatores entre os quais – mas não só – a raça, a classe, a sexualidade, a linguagem, a cultura e assim por diante. Essa vertente do feminismo propõe esses questionamentos começando por sua resistência à alegada superioridade das normas brancas e elitistas dos ocidentais para política, parentagem e, neste caso, a feminilidade, o feminismo, a justiça etc. Como esta tipologia extremamente breve demonstra, o feminismo nos Estados Unidos e no contexto político global está longe de ser uma referência monolítica e se revela, ao contrário, um fenômeno elástico e complexo que se mantém frouxamente coeso em torno do processo de fortalecimento e libertação das mulheres.

Reconhecendo o amor materno de Cristo como sacrifício

O amor de doação, no padrão maternal que amamenta, pode ser compreendido às 3 da manhã quando, pela centésima vez naquela noite, a mãe vai tropeçando até o bebê e atende a seu choro, que chamava por ajuda. É pouco o romantismo dessa abnegação carente de sono. É uma noite atrás de outra noite, atrás de outra noite, numa sequência que parece não terminar. No planeta inteiro, em todas as culturas, a cada momento, as mulheres estão sendo acordadas – interrompidas e caladas – para ir cuidar de um bebê que chora. E isso cansa, muito. A linguagem teológica do autossacrifício pode glamurizar o processo de autodoação por meio da imagem de ações satisfatórias em si, ou ser glorificada sob a égide da radicalidade de se dar à luz de um ideal sobre-humano, ou ser construída romanticamente numa interdependência mútua que beneficia até mesmo aquele que se sacrifica. Mas a autodoação, às 3 da manhã, não é nada disso: não é glamurosa, nem se satisfaz com isso, não é sobre-humana nem fundada da mutualidade. É um padrão puro e simples de esgotamento de ter alguém totalmente dependente de você. E a autodoação na história das mulheres que amamentam não termina quando o sol nasce. É um compromisso que dura a noite inteira e o dia inteiro de se dar para atender às necessidades do outro. Trata-se de um equilíbrio impossível, mas que as mulheres que o escolheram (ou foram economicamente forçadas a escolhê-lo) acabam buscando. Elas param o que estão fazendo, desnudam o seio e se dão. Ou, às vezes, completam simultaneamente a tarefa com que estão ocupadas enquanto estão dando o peito para o bebê. Entretanto, há momentos em que as necessidades da criança exigem mais do que a mulher pode dar. Ela já deu tudo que tem e está literalmente esvaziada. Dando-se quando a criança quer mais, ela continua oferecendo conforto e o ato da sucção mesmo quando não resta mais nada a ser extraído dela. E quando o bico do seio racha por causa da sucção frequente, a criança bebe tanto sangue como leite. Depois de ter se comprometido com esse processo, ela segue em frente... uma vida depende disso. A mulher que se comprometeu a alimentar seu bebê dessa maneira deve continuar na dimensão de dar. E ela mesma é que se dá. Tudo que sustenta a criança foi produzido dentro dela, e tudo que pode satisfazer as necessidades do outro devem vir de dentro dela. Não existe nenhuma outra alternativa real. Isso é sacrifício. Isso é a autodoação que esvazia o eu, sem o necessário retorno.

E esse é o padrão de autodoação escolhido por muitas mulheres, porém, também é um padrão que tem escravizado as mulheres como amas de leite em incontáveis contextos. Além disso, é um padrão exigido de mulheres em famílias com recursos econômicos escassos. E também, quando as mulheres que podem escolher se vão ou não amamentar optam pelo aleitamento, elas podem acabar presas na armadilha de um processo desigual de cuidados dispensados ao bebê, quando o parceiro e outros membros da comunidade abdicam de suas responsabilidades presumindo que é da mulher que amamenta toda a responsabilidade de cuidar da criança.

Claramente, há o perigo de defender a amamentação como mais outro ideal feminino a que as mulheres devem corresponder. Não obstante, meu objetivo aqui não é instituir a amamentação como a única opção ou a única maneira de alimentar um bebê.[19] Antes, pretendo valer-me da experiência da amamentação como um dos prismas por meio do qual se pode entender a profundidade do significado teológico comunicado pelas imagens de Cristo como mãe nutriz. Se Cristo é imaginado dessa maneira, seu estilo de se dar é o dela: um dia após o outro, a cada duas ou três horas – às vezes mais assiduamente –, e sendo solicitado a dar mesmo quando dói e às vezes quando não resta mais nada a ser dado. Se os cristãos desejam um mundo reconciliado com Deus que reflita o ideal da justiça, a recuperação da criação exige essa espécie de sacrifício. Requer uma autodoação que não é fácil, que não é glamurosa, que oferece poucas recompensas imediatas e que, às vezes, traz pouca satisfação. Quando os teólogos descrevem cristãos moldando suas ações conforme o amor altruísta de Jesus, eles estão reproduzindo o chamado a nos modelarmos para viver a fim de obter o resgate da justiça. Quando esse chamado se associa à imagem da humanidade se alimentando dos seios divinos, é-nos oferecida uma experiência física do que o padrão sacrificial envolve: uma atenção ininterrupta às necessidades do outro. Todavia, da mesma maneira que a mãe que amamenta requer alimento para poder produzir leite, então nosso próprio bem-estar deve ser objeto de cuidados. O padrão de amor altruísta que é *Christa Lactans* consiste num estilo de vida de doação não por meio de atos discretos de caridade, mas na autodoação que alimenta os outros para que se tornem eles mesmos plenamente humanos. É a isso que os cristãos são chamados, quando inspirados pelo padrão de amor altruísta de Jesus.

---

[19] Estou particularmente ciente da diversidade de motivos pelos quais as mulheres amamentam ou não – motivos que vão desde práticas culturais até necessidade econômica para *não* amamentar – e de mulheres para quem amamentar é a causa da morte da criança, por exemplo, no caso de mulheres portadoras do HIV. Meu objetivo não é identificar o aleitamento como a prática desejada, mas, sim, reconhecer que é uma prática para algumas mulheres e, disso, extrair algumas perspectivas teológicas.

Enquadrar Cristo no papel de mãe que amamenta deve ser um processo secundado pela rejeição deliberada de um papel maternal concebido em termos estreitos. Embora a amamentação possa iluminar os cuidados maternos necessários a curar um mundo fraturado, é a cura que importa, enquanto os seios são os veículos importantes, conquanto não exclusivos, para tanto.

> Enquanto ele assim falava, certa mulher levantou a voz do meio da multidão e disse-lhe: "Felizes as entranhas que te trouxeram e os seios que te amamentaram!" Ele, porém, respondeu: "Felizes, antes, os que ouvem a palavra de Deus e a observam" (Lc 11,27-28).

Quando contemplavam o papel maternal de Jesus, as primeiras comunidades também tinham um juízo crítico sobre o papel socialmente construído para a mãe, com suas limitações. Por exemplo, na história da reação de Jesus à aproximação de sua mãe e de seus irmãos, vemos a atenção à interpretação limitada dos cuidados maternais ensejada pelas concepções sociais.

> Chegaram então sua mãe e seus irmãos e, ficando do lado de fora, mandaram chamá-lo. Havia uma multidão sentada em torno dele. Disseram-lhe: "Eis que tua mãe, teus irmãos e tuas irmãs estão lá fora e te procuram". Ele perguntou: "Quem é minha mãe e meus irmãos?" E, repassando com o olhar os que estavam sentados a seu redor, disse: "Eis a minha mãe e os meus irmãos. Quem fizer a vontade de Deus, esse é meu irmão, irmã e mãe" (Mc 3, 31-35; ver também Lc 8,19-20).

O que parece ser uma afronta ao amor maternal da própria mãe de Jesus é um lembrete de que não são as mães que oferecem a cura ao mundo, mas a *maternalidade*. E essa maternalidade deve se estender além da esfera dos cuidados maternos em família: "Aquele que ama pai ou mãe mais do que a mim não é digno de mim. E aquele que ama filho ou filha mais do que a mim não é digno de mim" (Mt 10,37). A cura transformadora do reino de Deus, anunciada por Jesus, não se encontra disponível nos limites estreitos dos relacionamentos intrafamiliares postos em primeiro lugar. Em vez disso, o amoroso cuidado maternal dispensado às crianças e aos outros deve estender-se mais além e envolver a comunidade, a comunidade mais ampla, a comunidade global.

Recuperar o critério do sacrifício por um mundo necessitado corre o risco, há muito tempo identificado pela teologia feminista, de ceder a padrões da perspectiva patriarcal que exigem o sacrifício de mulheres em detrimento do eu.[20] Certamente, essa preocupação mantém-se viva e forte. Mas o cuidado maternal ao qual somos chamados não está ligado à esfera biológica – seja a biologia do homem ou da mulher que são mães, seja a biologia de quem recebe os cuidados. O cuidado maternal de Cristo transborda as fronteiras da biologia e é vertido por um mundo carente. Quer dizer, não são as mulheres biológicas que são chamadas para o sacrifício: todos somos convocados a nos sacrificar. Agir como se a transformação de um mundo carente não ocorrerá sem custo é ignorar a realidade material da condição encarnada de criaturas vivendo num mundo globalizado. Para os cristãos, ter a boa vontade de participar de um sacrifício que fere é abraçar a condição humana de nossa própria vulnerabilidade. Nas palavras de Judith Butler:

> Entramos no mundo como seres ignorantes e dependentes e, em certa medida, permanecemos nesse estado... A infância constitui uma dependência necessária e que nunca será plenamente superada. Ainda devemos apreender o corpo como algo a ser entregue. Uma parte de se entender a opressão sofrida por algumas vidas é precisamente entender que não há maneira de dissipar com argumentos essa condição de uma vulnerabilidade primária, de estar entregue ao toque do outro, ainda

---

[20] Valerie Saiving Goldstein, "The Human Condition: A Feminie View", *Journal of Religion* 40, n. 2 (abril 1960): 100-112.

que, ou precisamente quando, não haja o outro ali e não haja nenhuma forma de apoio para nossa vida. Combater a opressão requer que a pessoa entenda que as vidas são sustentadas e mantidas diferencialmente, que há maneiras radicalmente diferentes de distribuir a vulnerabilidade física humana pelo globo.[21]

Aceitar a condição humana da vulnerabilidade e o reconhecimento das diferentes experiências dessa vulnerabilidade estimula a resposta de um amor maternal cristão que atravesse fronteiras pelo bem de um mundo necessitado.

Cristologia para um mundo necessitado: solidariedades inter-religiosas

Em nossa era global, o amor maternal de cristãos cuidados maternalmente por Cristo deve estender-se para a comunidade global e se dispor a cruzar fronteiras religiosas. Uma história de uma jovem muçulmana envolvida na prática de sua solidariedade inter-religiosa é sintônica com os cuidados maternais de Jesus e com a necessidade de identificar afinidades que resultem de nossa condição humana, apesar de diferenças culturais e religiosas. Essa jovem muçulmana residia em Jerusalém e suas opiniões tinham sido estruturadas pelo enquadramento dado pela mídia aos judeus em conflito no Oriente Médio, levando-a a odiar os judeus e a nutrir uma desconfiança generalizada de todos os não muçulmanos em sua comunidade. Embora vivesse e trabalhasse lado a lado com judeus, cristãos e pessoas da fé drusa, ela descrevia esses relacionamentos profissionais como distantes e repletos de desconfiança. Foi somente quando se viu na ala obstétrica comum da maternidade, pouco após ter dado à luz uma filha, que sua experiência das vizinhas de outras religiões como "as inimigas" mudou e ela pôde reconhecer a humanidade comum a todas elas. Ali, naquela enfermaria, havia

---

[21] Butler, *Undoing Gender*, 24.

jovens mães de todas as religiões que existiam na região. Para essas mulheres, seu passado as situava em polos opostos do conflito; essas eram mulheres de famílias inimigas, divididas pela fé. Mas, sentada para amamentar, esgotada após o trabalho de parto, segurando a filha nos braços que tentava mamar em seus seios vazios, ela teve um momento de repentino esclarecimento.

Ela havia acabado de passar por meses de transformações físicas e de sacrifícios corporais, com crises de enjoo e mudanças em sua *persona* pública. Após meses de expectativa e de preparativos, e após horas de agonia e esforço de expulsão, ela havia enfim colocado uma nova vida no mundo. Essa pequena criatura era absolutamente dependente dela e completamente vulnerável. E a jovem mãe também estava vulnerável, dependendo de alguma realidade além de si mesma, enquanto esperava que seu leite descesse. Tendo escolhido amamentar seu bebê, nos primeiros dias de vida da criança, ela se viu impotente até que seu leite surgiu. Ela esperou, enquanto a criança às vezes choramingava e perdia gramas que davam a sensação de que estava perdendo quilos. A nova mãe estava exausta, exposta, vulnerável e não podia fazer nada além de esperar.

Para essa jovem mãe muçulmana, a experiência de sua própria humanidade vulnerável – ser dependente de uma força, de uma realidade maior do que ela mesma – tornou-se a base de seu reconhecimento da humanidade das outras mulheres. E essa jovem vivenciou a poderosa constatação de que compartilhava com todas as demais mães que estavam a sua volta – fossem elas cristãs, judias ou drusas – a desesperadora experiência de esperar que o leite descesse. Foi nesse momento de compreensão profunda do que interligava esse grupo de jovens mães, de percepção de uma conexão física e corporificada, que ela reconheceu a humanidade comum de suas vizinhas de outras denominações de fé. Essa experiência de ligação com outras novas mamães transcendia as fronteiras da religião que por tanto tempo haviam-na distanciado de suas colegas de trabalho e de suas vizinhas no conflito. Foi esse reconhecimento de uma humanidade compartilhada, por meio da particularidade de ser vulnerável como jovem mãe, que a levou a participar do círculo de diálogos inter-religiosos entre as mulheres preocupadas com a construção da paz em sua cidade.

O diálogo subsequente entre essa jovem mãe e suas vizinhas não estava focado em "como convencer racionalmente alguém de outra tradição de que a sua é a verdadeira".[22] Em vez disso, as conversas que tinham haviam nascido de uma nítida percepção da necessidade de trabalharem juntas para proteger o corpo de seus filhos e de suas filhas, de seus maridos e demais parentes. Elas falavam de como cada uma delas era vulnerável e de como vizinhos com históricos religiosos diferentes poderiam dividir o mesmo espaço físico de uma maneira que favorecesse ao máximo o desabrochar de sua humanidade. Nesse processo, baseavam-se em suas respectivas religiões para enxergar um caminho por onde seguir adiante, mas sua atenção primordial não era comprar nem contrastar os vários detalhes das doutrinas que professavam, mas sim preservar a integridade de corpos vulneráveis num local em que o bem-estar humano era ameaçado diariamente.

Quando contou sua história, a jovem incluiu uma metáfora para a busca desesperada de alicerces comuns para a paz, busca refratada pela lente da maternidade. Ela concluiu suas reflexões com as seguintes palavras:

Nós os alimentamos com leite, nós os alimentamos com amor,
Nós os alimentamos com ódio,
Qualquer coisa que lhes dermos eles comerão,
E nisso se tornarão.

Com essas palavras, somos levados a uma compreensão, extrapolada da experiência vivida na ala da maternidade para mães que amamentam, que engloba a representação simbólica de como cada um de nós alimenta o outro, servindo a relacionalidade maternal de metáfora para as incessantes ações de mulheres e homens, à medida que promovemos o desenvolvimento do ser uns dos outros. Estamos todos esperando que nosso leite desça.

---

[22] Esta citação foi tirada de *The Philosophical Challenge of Religious Diversity*, ed. Philip L. Quinn e Kevin Meeker (New York: Oxford Universit Press, 2000), 2. Representa como o diálogo inter-religioso é em geral concebido como uma comparação conflituosa e não como fonte de esclarecimentos teológicos e de solidariedades cooperativas.

Estamos todos buscando os recursos e forças para sustentar nosso mundo, nossos filhos, as gerações futuras, em contextos divididos por diferenças religiosas. O desespero vem do sentimento de urgência de que a Terra e seus habitantes estão atualmente diante de recursos limitados, ambições corporativas descontroladas, desconfiança nacional. A metáfora da espera pelo nosso leite deriva de uma experiência corporificada das mulheres e se propõe como uma metáfora poderosa por meio da qual as mulheres e os homens poderão compartilhar a experiência de querer desesperadamente ser agentes de mudança e sustento neste nosso mundo de religiões plurais.

Se os cristãos mirarem o modelo de Cristo como mãe que amamenta, também eles estão esperando que seu leite desça. Como era dito no século XII, "nada está mais apto a servir como nossa mãe do que a caridade. Isso nos cultiva e nos faz progredir, nutre e alimenta-nos e revigora-nos com o leite da dupla afeição, quer dizer, o amor por Deus e pelo semelhante".[23] E, neste nosso mundo inter-religioso e globalizado, o semelhante a quem nossos cuidados se estendem está passando necessidade do lado de lá das fronteiras religiosas. A cristologia suficiente para um mundo globalizado e cada vez mais interconectado, com diferenças religiosas, e cada vez mais ciente da disseminada injustiça vigente é uma cristologia que deve se assumir em defesa dos necessitados. Estou pensando num Cristo hibridizado, num Cristo-Crista que, tendo sido nutrido por sua mãe, emerge das experiências encarnadas de sacrifício e relacionamento para nutrir o outro. Esse Cristo-Crista coloca-se em defesa de um mundo fraturado. No entanto, colocar-se em defesa do outro não deve ser uma atitude condescendente. Pelo contrário, deve ser um gesto realizado com o propósito expresso por Homi Bhabha, para quem falar em nome de outrem significa dispor-se a se "dividir", reestruturando os próprios interesses e privilégios em solidariedade com o outro.[24] Como mãe, ajo em defesa de outrem o tempo todo. E, embora no

---

[23] Isto vem de Aelred de Rievaulx (d. 1167), citado em Bynum, 124.
[24] Homi Bhabha, pronunciamento de abertura da conferência *Sex and Religion in Migration*, Yale University, 15 de setembro de 2005.

começo eu tivesse temido que isso significasse a perda de mim, na realidade é um convite para um envolvimento dinâmico de mim mesma. Na linguagem paralela da teologia cristã, Deus não teve medo de se tornar menos na pessoa de Jesus de Nazaré, e vive nele e por meio dele como maneira de se envolver dinamicamente com o mundo, porque dividir-se, repartir-se, não diminui: ao contrário, faz com que algo venha a ser.

Nesta era de conscientização inter-religiosa, também eu estou disposta a partilhar a divindade de Deus com outras pessoas, figuras e eventos que vêm de uma larga diversidade de realidades religiosas. Em certo sentido, estou disposta a dividir Cristo porque Deus é infinito.

> "A *Mãe Divina* existe em tudo, animado e inanimado, na forma de poder ou energia. É esse poder que nos sustenta através da vida e que, enfim, guia-nos até nosso respectivo destino", cita Swarupa Ghose, uma dona de casa com um recém-nascido no colo.[25]

Como Swarupa Ghose, essa mãe, lembra-nos, as concepções de Deus e as experiências de ser humano focalizadas nas várias religiões são múltiplas. Mas isso também é refletido na maternidade. Longe de ser uma experiência unitária ou universal, a maternidade é um processo de radical multiplicidade. A posição do sujeito "mãe" é a mais híbrida possível. Em primeiro lugar, pode-se ver isso na maneira como a maternidade varia entre as culturas, em contextos históricos e condições sociais. A maternidade poderia ser as condições exíguas de criar sete filhos que motivam alguém a defender maiores liberdades sociais e políticas para as mulheres, como foi o caso de Elizabeth Cady Stanton que, sem dúvida, tinha todas as espécies de ajuda para criar os filhos, o que lhe permitiu assumir um papel político tão ativo.[26] A maternidade poderia ser o pa-

---

[25] Lina Gupta, "Affirmation of Self: A Hindu Woman's Journey", em *Women's Voices in World Religions*, ed. Hille Haker et al. (Londres: SCM, 2006), 90.
[26] Ver, por exemplo, Elizabeth Cady Stanton, *Eighty years and More: Reminiscences 1815-1897* (Boston: Northeastern University Press, 1993.

pel substituto imposto a mulheres escravizadas para serem as amas de leite nos lares brancos da América do Sul.[27] As mães egípcias criavam o espaço e a cultura das mulheres separados da esfera pública dominada pelos homens, promovendo redes familiares essenciais e se tornando as disseminadoras do Islã vivo, como está narrado nas memórias de Leila Ahmed.[28] O papel de mãe poderia ser identificado com a mãe-motorista que se desdobra para dar conta de múltiplas responsabilidades no conforto da América do Norte, ou poderia ser identificado com a mãe imigrante que deixou os próprios filhos para trás para ir cuidar dos filhos de outra família na abundância material de um lar suburbano dos Estados Unidos. Mães carregam os filhos às costas quando aram a terra na China. E mães carregaram o símbolo da nação em seu próprio corpo quando lutaram pela independência sob o signo da "Mãe Índia".[29]

A posição do sujeito "mãe" é híbrida, não só à luz de diferenças culturais, geográficas e econômicas que animam as experiências da categoria "maternidade", mas também no sentido de que qualquer pessoa específica na posição de mãe é um ser múltiplo, já que a mãe é chamada a assumir uma diversidade de papéis, responsabilidades e relacionamentos, nenhum dos quais é capaz de captar inteiramente o todo.[30]

Essa revisão construtiva de Cristo propõe-se como um contínuo em relação ao processo criativo de todas as cristologias em todas as eras; a natureza híbrida da maternidade nos lembra da natureza essencialmente inapreensível da própria reflexão cristológica. Ela estimula o exame de Cristo

---

[27] Delores S. Williams, "Black Women's Surrogacy Experience and the Christian Notion of Redemption", em *After Patriarchy: Feminist Transformations of the World's Religions*, ed. Paula M. Cooey, William R. Eakin e Jay B. McDaniel (Maryknoll, N.Y.: Orbis, 1991), 1-14.
[28] Leila Ahmed, *A Border Passage: From Cairo to America – A Woman's Journey* (New York: Penguin, 2000).
[29] Radha Kumara, *The History of Doing: An Illustrated Account of Movements for Women's Rights and Feminism in India 1800-1990* (Londres: Verso, 1993).
[30] É importante salientar que essas construções da "mãe" podem ou não ter sido criadas por quem as habita e podem ou não ser habitadas de livre e espontânea vontade. Para saber se uma determinada construção da mãe é libertadora e germinativa é preciso empreender uma análise mais minuciosa do contexto e das vidas atingidas por uma maneira específica de se enquadrar à maternidade.

por meio desse específico enquadramento da maternidade como metáfora e de uma forma específica de maternidade como prisma por meio do qual vislumbra a história da identidade cristã em meio à diferença. Mas isso convida a multiplicidade de significados que poderiam advir da reflexão cristológica de uma larga variedade de posições subjetivas – de mães e de outros – que continuarão a manifestar o mistério de Cristo significante hoje em dia.

V
Liberando Jesus: feminismo cristão e antijudaísmo

Elena Procario-Foley

O que o judaísmo tem a ver com a teologia feminista cristã? As reflexões deste capítulo começam com a realidade de que o cristianismo divide com um judaísmo um relacionamento que não se parece com nenhum outro envolvendo outras religiões. Por exemplo, a escritura cristã herda 39 livros de textos sagrados do judaísmo. A pessoa que está situada no centro do cristianismo, Jesus de Nazaré, orava para o Deus de Israel usando os textos judaicos sagrados de seu tempo. O relacionamento peculiar entre o cristianismo e o judaísmo, contudo, tem sido tragicamente caracterizado pelo imperialismo cristão que, em parte, advém de equívocos sobre Jesus e de um abuso dessa pessoa. O judaísmo e a teologia feminista cristã se entrecruzam nesse aspecto do desentendimento relativo a Jesus.

Para dar início à conversa, comecemos com um diálogo entre uma estudante universitária, sua orientadora e outra profissional, da secretaria de serviços acadêmicos.

Aluna: Tive uma aula de religião e não entendi o que disseram. O que é que minha professora quis dizer quando falou que Jesus era feminista?[1]

---

[1] Originalmente, o uso dessa frase está em Leonard Swidler, "Jesus Was a Feminist", *Catholic World* (jan. 1971): 177-83.

Orientadora: Sua professora provavelmente estava destacando a nova vida em Deus que Jesus pregou durante a vida, e que estudamos nos evangelhos.

Aluna: Mas como é que Jesus poderia ser feminista? Sou cristã, não feminista!

Orientadora: A propósito, essas duas identificações não são tão contraditórias como você acha! Sua professora quer que você compreenda que Jesus incluía toda espécie de marginalizados em seu ministério, todos os excluídos da vida e da observância da religião judaica. Os teólogos da libertação às vezes chamam essa atitude de opção preferencial de Jesus pelos pobres. E as mulheres eram incluídas nessa categoria dos pobres.

Aluna: Continuo sem entender: você poderia me dar um exemplo?

Orientadora: Jesus admitia discípulas mulheres – é só analisar a história de Maria e Marta, em Lucas 10,38-42. Além disso, no judaísmo, são os homens que recebem o sinal da aliança por meio da circuncisão, e as mulheres não podem participar tão plenamente. Mas Jesus permite a plena participação das mulheres em sua comunidade. São Paulo declara que no amor cristão não existe judeu ou grego, escravo ou liberto, homem ou mulher (ver Gl 3,28).

Aluna: Agora eu entendi. Obrigada.

A aluna sai e, dando a volta pela divisória, surge uma especialista da secretaria de serviços acadêmicos que quer dar uma palavra com a orientadora.

Especialista: Acabei ouvindo sua conversa com a aluna, e como sou judia estou ofendida com o que você disse.

Orientadora: Desculpe, mas não entendo o que você quer dizer.

Especialista: Você está completamente errada em sua descrição do envolvimento das mulheres judias na vida sob a aliança. Jesus não pretendeu denegrir a fé judaica dessa maneira.

Orientadora: Não acho que a questão seja Jesus denegrir a fé judaica, mas as feministas cristãs salientarem a completa inclusão das mulheres no ministério de Jesus e nos primeiros tempos da Igreja.

Especialista: Você não deveria fazer isso depreciando as mulheres judias.

Orientadora: (gaguejando agora) Mas eu não pensei que estava fazendo isso; foi o que aprendi; foi como me ensinaram. Não sei o que dizer.

A especialista sai e a tutora se sente profundamente confusa e desnorteada. Os comentários da especialista lhe parecem ter um quê de verdade, mas que não entra imediatamente em sintonia com o que a orientadora compreende que é a perspectiva feminista católica.

Essa é uma história verídica. Eu era a orientadora; a aluna era uma pessoa que estava prestes a começar sua pesquisa para uma dissertação. Não importa que o diálogo registrado não seja literal. Mas recordo-me vividamente da raiva da especialista e da pontada de vergonha que senti por tê-la ofendido. Embora minha ofensa tivesse sido completamente inocente, aquele encontro revelou-me um conjunto de viseiras de que me havia apossado ao longo de minha educação teológica cristã.

Antijudaísmo: polêmica cristã repreensível

Minhas respostas de há tanto tempo para a aluna contêm codificadas uma história da teologia cristã antijudaica. Expressões como "nova vida", "mulheres como párias", "opção preferencial pelos pobres", "exclusão das mulheres da prática do judaísmo", e o bordão triunfal em Gálatas 3,28 são todos indicadores de uma visão teológica cristã que embute um entendimento truncado do judaísmo, na melhor das hipóteses, e uma visão imperialista do cristianismo, na pior. As especialistas Amy-Jill Levine e Paula Fredriksen, judias, frequentemente nos alertam para o fato de que uma história ruim não cria uma boa teologia. Portanto, cabe à teóloga feminista cristã ser capaz de reconhecer o antijudaísmo quando ele infecta o projeto bom e necessário de uma teologia feminista em todas as diferentes formulações. Jesus, o judeu, precisa ser libertado da teologia que denigre o judaísmo – seja ela feminista ou não – senão a cristologia será inapelavelmente antijudaica.[2]

---

[2] Ver Rosemary Radford Ruether, *Faith and Fratricide: The Theological Roots of Anti-Semitism* (New York: Seabury, 1974), no qual há um primeiro estudo de uma teóloga feminista católica sobre o desenvolvimento de uma teologia antijudaica e seus efeitos sobre a cristologia.

Definir o antijudaísmo é em si uma tarefa árdua.³ Alguns comentaristas não querem distinguir entre antijudaísmo e antissemitismo porque acham que, com isso, estão permitindo aos cristãos evitarem a responsabilidade pelas muitas atrocidades cometidas por supostos cristãos contra o povo judaico ao longo da História e, em especial, durante o holocausto (em hebraico, *shoah*). Cientes desse perigo, muitos estudiosos mantêm a distinção entre os dois termos porque isso nos permite identificar atitudes teológicas que atacam a fé judaica (antijudaísmo) de teorias racistas, sociais e pseudocientíficas que atacam os judeus como pessoas, independentemente de considerações religiosas (antissemitismo). Sem dúvida é comum que a linha divisória entre esses dois termos facilmente se perca, assim como é fato que motivos antijudaicos seguramente atiçaram as chamas do antissemitismo através da História.

Não obstante, é importante identificarmos os traços mais amplos da teologia antijudaica para conseguirmos localizá-la no âmbito da teologia feminista cristã. Antes do Concílio Vaticano Segundo (1962-1965), o historiador francês Jules Isaac (1877-1963) cunhou a expressão *ensino do desprezo* para se referir ao pensamento antijudaico. Ficou famoso quando a incluiu num livro com o mesmo título, por meio de uma série de dez proposições.⁴ Isaac perdeu a família no *shoah* e dedicou o restante de sua vida a pesquisar as origens do antissemitismo. Em suma, "ensino do desprezo" é uma expressão que busca se referir a toda manifestação em forma de texto, legislação e violência de cristãos contra judeus através da história cristã. Enquanto o papa João XXIII estava se preparando para o Vaticano II, ele convidou Isaac para ir ao Vaticano instruí-lo sobre a história da Igreja católica e o judaísmo. Isaac apresentou ao papa materiais que ajudou os sacerdotes em concílio a

---

³ Ver Mary Christine Athans, "Anti-Semitism? Or Anti-Judaism?" em *Introduction to Jewish-Christian Relations*, ed. Michael Shermis e Arthur E. Zannoni (New York: Paulist, 1991), 118-44, no qual consta uma introdução a esses termos, o relacionamento entre ambos e o relacionamento desses termos com o *Shoah* [holocausto].

⁴ Jules Isaac, *The Teachings of Contempt: Christian Roots of Anti-Semitism*, trad. Helen Weaver (New York: Hilt, Rinehart, & Winston, 1964).

escrever um documento oficial que, na sequência, revolucionou o relacionamento entre a Igreja católica e a religião judaica: *Nostra Aetate: Decreto sobre o Relacionamento da Igreja com as Religiões Não Cristãs.*

Com o passar do tempo, várias listas e dispositivos foram criados para resumir as constatações de Isaac e sua apresentação do ensino do desprezo. Um desses recursos é conhecido como os "cinco Ds", que ajudam a enquadrar os conceitos necessários para se identificar temas ou tendências antijudaicas na teologia feminista cristã (e em outras teologias liberacionistas). Os cinco Ds são identificados como dispersão, descarte, deicídio, degeneração, demoníaco. Neste momento, devemos ser absolutamente claros: os cinco Ds são alegações falsas e difamatórias sobre o judaísmo e o povo judeu propagadas pelos cristãos ao longo de séculos.

Uma importante e errônea alegação surgida logo no princípio do cristianismo era que os judeus foram *dispersados* da terra. No ano 70 d.C., os invasores romanos de Israel destruíram o Templo em Jerusalém, local onde se concentravam as práticas religiosas judaicas ancestrais, desde aproximadamente o século X a.C. até o ano 70. Os romanos arrasaram a cidade, assassinaram milhares e forçaram os judeus a sair de sua terra natal. A esmagadora vitória dos romanos e a subsequente *diáspora* dos judeus foi interpretada pelos cristãos como evidência de que Deus tinha rejeitado o povo judeu. Conforme a diáspora prosseguiu e o cristianismo se tornou a religião de estado do Império Romano (por volta do século IV d.C.), a percepção de que Deus tinha preterido os judeus como o povo escolhido recrudesceu entre os cristãos. De acordo com essa linha de pensamento, os judeus não poderiam mais reivindicar a posse da terra. Como a terra fora uma das três promessas de Deus a Abraão, e o povo judeu não reclamava mais a terra, a teologia cristã antijudaica ensinava que Deus havia revogado suas próprias promessas feitas ao povo judeu. A Igreja católica renunciou formalmente à desprezível teologia de que Deus revogou as promessas a Israel, quando *Nostra Aetate* se referiu à epístola de São Paulo aos romanos (11,29) e lembrou "os dons e a vocação de Deus são sem arrependimento".

A dispersão está intimamente ligada à crassamente falsa acusação seguinte: a de que os judeus foram *descartados* da revelação. Os cristãos adotaram uma lógica equivocada que dizia que, como Deus tinha rejeitado os judeus, os havia dispersado da terra, eles não tinham mais nenhum papel na revelação de Deus.

Com isso o povo judeu é relegado. A ideia de que o judaísmo é posto de lado consiste em sua suplantação pelo cristianismo nos planos de Deus para a salvação. Os judeus não participam da revelação. O interessante, porém, é que o povo judeu não é completamente repudiado. Em outras palavras, não foi um objetivo religioso erradicar o povo judeu. A teologia cristã criou condições perigosas para a vida judaica, em maior ou menor escala, em diferentes momentos da História, mas não foi genocida. Os cristãos reconheceram que os judeus deram ao mundo a palavra de Deus, o testamento de Deus (para os cristãos, o "Velho" testamento). Por esse feito, os cristãos concederam ao povo judeu um mínimo reconhecimento teológico (e ocasionais proteções civis e eclesiásticas). Ainda que a escritura judaica fosse "velha" e suplantada pelo "novo" testamento, Deus e a Palavra de Deus foram originalmente introduzidos no mundo pelos judeus. Sobretudo, os cristãos entenderam com base na epístola de São Paulo aos romanos (Rm 11) que Deus misteriosamente impede que os judeus reconheçam a salvação em Cristo para que "todos os gentios" possam usufruir da salvação. Assim, embora excluídos da revelação, os judeus têm um papel na salvação do mundo. E de fato São Paulo anuncia que "todo Israel será salvo" (Rm 11,26). Não obstante, serem descartados da revelação e dispersos de sua terra tornam-se dois ingredientes profundamente entranhados nos pressupostos cristãos antijudeus que infestam a história do relacionamento judaico-cristão.

Impondo-se contra o horizonte da difícil história do relacionamento entre judeus e cristãos está mais uma odiosa acusação contra os judeus, dizendo que são um povo *deicida*. A crença cristã antijudaica tradicional ensina que os judeus são amaldiçoados porque mataram Deus. Eles mataram Jesus e não o reconheciam como o Messias. Portanto, de acordo com o ensinamento do desprezo, está certo que toda espécie de mal se abata sobre os matadores de Cristo. A tradição cristã não faz distinções e acusa todos os judeus de todos os tempos e lugares de serem deicidas. Essa acusação sancionou toda sorte de ações odiosas contra a comunidade judaica. As acusações antijudaicas de matador de Cristo e deicida inflamaram um antissemitismo radical ao longo de séculos. Liturgias da Sexta-feira da Paixão, por exemplo, ocasionavam manifestações espontâneas de violência contra judeus. *Nostra Aetate* repudiou o ensinamento de deicídio.

Diante de um ensinamento que caracteriza os judeus como "povo deicida", "disperso" e "descartado", não surpreende que o judaísmo também fosse injustamente descrito pelo cristianismo como uma religião *degenerada*. A mais clara ilustração dessa acusação vem na forma da exagerada e errônea descrição polar do cristianismo como amor e do judaísmo como lei. Segundo essa perspectiva, os judeus são os guardiões de uma lei inútil, servos dela, e o judaísmo é visto como uma incômoda letra morta, uma fé inerte cujos seguidores devem ser libertados pelo evangelho. Pelo ensinamento do desprezo, o amor cristão supera uma religião degenerada e moribunda.

Finalmente, a acusação de que os judeus são *demoníacos* completa esse sumário do ensino do desprezo. A caracterização do povo judeu como demoníaco prontamente encontrou expressões artísticas. Basta que demos uma rápida olhada na arte medieval para encontrar diversos exemplos do povo judeu representado de formas bastante grotescas como diabos de chifres ou como criaturas meio humanas e meio porcos.[5] No período medieval, os cristãos desenvolveram o hediondo conceito de que as famílias judias iam à caça de bebês cristãos para matá-los. Muitas eram as razões citadas para explicar esse comportamento, mas uma explicação popular para essa caluniosa acusação era que o corpo morto era então usado para o jantar da Páscoa. Isto é conhecido como o Libelo de Sangue e contribuiu intensamente para o ensinamento de que os judeus são demoníacos.

De um jeito ou de outro, o ensinamento do desprezo resumido nos cinco Ds prega uma teologia de que os judeus são o alvo da justiça divina. Essa compilação de falsas acusações cria uma teologia antijudaica de exclusão que pode assumir muitas formas. A Igreja Católica Romana repudiou a abordagem antijudaica do judaísmo em *Nostra Aetate*, no Concílio Vaticano II e nos subsequentes documentos emitidos pela Comissão Vaticana sobre Relações Religiosas com os Judeus.[6] Somente as declarações oficiais, entretanto, não podem erradicar a

---

[5] Ver, por exemplo, Heinz Schreckenberg, *The Jew in Christian Art: An Illustrated History* (New York: Continuum, 1996).

[6] Ver *Guidelines on Implementing the Conciliar Document Nostra Aetate, 1974, Guidelines on Preaching and Catechesis in the Roman Catholic Church, 1985*, e *We Remember: A Reflection on the Shoah, 1998*. Esses documentos foram publicados pela Comissão de Relações Religiosas do Vaticano com os judeus e estão disponíveis em http://www.vatican.va/roman_curia/pontifical_councils/chrstuni/sub-index/index_relations-jews.htm.

longa história cristã de uma teologia antijudaica, caracterizada pelo pernicioso e persistente ensinamento do desprezo pelos judeus e pelo judaísmo.

> **Ensinando Respeito: 6Rs.**
>
> Mary C. Boys, professora de Teologia Prática no Union Theological Seminary, cátedra Skinner e McAlpin, na cidade de Nova Iorque, propõe que seis Rs decorrem do novo ensinamento do respeito no cristianismo que se desenvolveu entre as denominações após o Holocausto. O início da história documental do ensinamento do respeito costuma ser datado em 1947 por ocasião da Conferência Seelisberg, quando de sua declaração dos "Dez Pontos de Seelisberg". Professora extremamente talentosa, Mary Boys sintetizou 60 anos de retomada do pensamento cristão em seu relacionamento com o judaísmo nos seguintes seis aspectos:
>
> Refutação da acusação de deicídio
> Repúdio ao antissemitismo
> Remorso com respeito ao *shoah*
> Rejeição do proselitismo
> Revisão do ensinamento sobre judeus e o judaísmo
> Reconhecimento de Israel
>
> Esses seis Rs podem fazer os cristãos pararem de tratar o povo judeu com sua tradicional atitude triunfal e desumanizadora, visando descartá-los, para construírem um relacionamento renovado entre iguais baseado em respeito e reverência.
>
> Veja de Mary C. Boys, *Has God Only One Blessing? Judaism as a Source of Christian Self-Understanding* (Mahwah, N.J.: Paulist, 2000), especialmente o capítulo 14, que trata dos seis Rs.

Desentendendo Jesus na intersecção entre judaísmo e feminismo cristão

Não seria de se esperar que uma teologia desenhada conforme os parâmetros de uma teologia feminista, como a apresentada na introdução, incluísse temas antijudaicos. Na era pós-Vaticano II, a teologia do desprezo se imiscui na teologia feminista (e, de fato, em toda a teologia cristã) quando tenta expressar e validar uma identidade cristã em termos superlativos por meio de um contraste implícito ou explícito com o judaísmo. Jesus geralmente constitui o ponto focal desse tipo de contraste. Essas comparações são verdadeiras armadilhas e o judaísmo sempre perde.

Por exemplo, o episódio de minha infeliz explicação do significado de Jesus para as mulheres, dada para aquela aluna, era ostensivamente antijudaica porque deixava implícita ou explícita a superioridade de Jesus sobre a lei judaica que ele estaria revogando. Essa espécie de interpretação da atitude de Jesus para com a Torá (mais bem traduzida como instrução ou ensinamento do que como "lei") é simplesmente errada quanto a seus fatos e não é endossada por uma leitura sóbria dos textos disponíveis. Duas coisas relacionadas acontecem quando se defende essa visão equivocada da posição de Jesus com respeito ao ensinamento judaico ancestral: é criada a ilusória perspectiva de que Jesus, e o cristianismo por extensão, permitia a plena participação de mulheres na vida religiosa, ao passo que o judaísmo não o permitia; além disso, insinua-se que o cristianismo oferece vida, justiça e amor enquanto o judaísmo, ao contrário, não oferece. Em segundo lugar, estender incorretamente a limitada evidência disponível sobre a atitude de Jesus para com as mulheres cria uma caricatura das mulheres judias à época de Jesus. Minha resposta juvenil, deflagrada pela entusiasmada esperança de uma completa inclusão das mulheres na Igreja católica criou, ainda que inadvertidamente, justamente essa espécie de caricatura para minha orientanda. Tanto o cristianismo como o judaísmo estão equivocadamente entendidos, mas o problema é que o judaísmo tem sido injusta e desnecessariamente denegrido nessa comparação, ao passo que o cristianismo torna-se artificialmente elogiado.

Longe de explicar uma teologia baseada na relacionalidade, na igualdade, na comunidade e na diversidade, minhas respostas para aquela aluna reproduziram padrões milenares de dominação hierárquica (neste caso, do cristianismo sobre o judaísmo, e não dos homens sobre as mulheres). Além disso, criei uma falsa impressão do judaísmo ao não reconhecer a variedade na esfera do judaísmo posterior do Segundo Templo, e ao distingui-lo das muitas formas de judaísmo que existem hoje. E, do ponto de vista metodológico, minha retomada das fontes deixou a desejar, assim como minhas respostas, portanto, careceram de mais pesquisa histórica. Minha explicação para o relacionamento entre Jesus e as mulheres criou a impressão de que o judaísmo é uma religião degenerada e repressiva que Jesus estava rejeitando, assim como Deus descartou e rejeitou os judeus. Certamente essa abordagem parece aflitivamente similar às afirmações do antigo ensinamento do desprezo. A respeito desse tipo de explicação, a teóloga feminista judia Judith Plaskow declara: "As feministas deveriam ser mais esclarecidas!"[7] A ira na exclamação de Plaskow reflete a realidade de que as feministas – cristãs ou judias – nem sempre estão de acordo, mas a paixão dessa afirmação também implica que alguns equívocos são perfeitamente evitáveis. De fato, as feministas cristãs deveriam saber que não é correto desumanizar um povo a fim de definir outro – o seu, no caso. Essa metodologia é exatamente o oposto do critério feminista de que tudo que desumaniza qualquer grupo de pessoas não é de Deus, e interdita os esforços feministas para promover a mutualidade, a igualdade e a comunidade na diversidade.

Temas antijudaicos ocultos e não intencionais na teologia cristã feminista

Autoras como Amy-Jill Levine, Judith Plaskow, Susannah Heschel, Katharina von Kellenbach e Mary Boys, entre outras, identificaram alguns temas antijudaicos que costumam aparecer na literatura feminista.

---

[7] Judith Plaskow, "Christian Feminism and Anti-Judaism", *Cross Currents* (outono 1978): 306-9 (308).

Antes de passarmos ao exame de alguns dos tópicos principais, porém, devemos assinalar que a distinção entre antijudaísmo e antissemistismo se torna muito importante nesta altura da discussão. Especialistas católicas e judias que analisaram a dinâmica do antijudaísmo e do feminismo cristão não perdem tempo em salientar sua simpatia geral pelos objetivos da teologia feminista. Quando criticam uma parte do trabalho de alguém por ser antijudaico, não estão acusando o autor de antissemitismo, mas dele não reconhecer com que persistência elementos antijudaicos se insinuam em partes da teologia que está propondo. Mary Boys, por exemplo, explica: "Como o antijudaísmo se reproduziu em muitas dimensões do pensamento teológico cristão durante quase 2.000 anos, ele não será extirpado com facilidade nem com rapidez... Desse modo, quando critico as perspectivas teológicas de várias teólogas feministas, não as estou acusando de antissemitismo. No entanto, estou questionando se de fato fizeram justiça ao complexo relacionamento entre judaísmo e cristianismo".[8] Tendo em mente que analisar a teologia feminista em busca de temas antijudaicos não é o mesmo que repudiar a teologia feminista, mas que essa prática inclusive corresponde aos métodos e às normas da teologia feminista, passaremos então a discutir três áreas de interesse que costumam comparecer na teologia feminista cristã: a religião da Deusa e o patriarcado; a caracterização das mulheres judaicas na época de Jesus; a apropriação feminista cristã de Jesus.

As feministas judias, por exemplo, acusam as feministas cristãs por culpar erroneamente o judaísmo pela morte da Deusa. O argumento em favor da morte da Deusa começa com uma interpretação idílica dos primeiros milênios de história documentada ou pré-história. Deuses e deusas cooperavam numa partilha igualitária das responsabilidades pelo cuidado da terra e seus povos, seguindo um calendário estipulado pelos ciclos do mundo natural. Ser fêmea, ser macho, ser do corpo, ser do céu ou ser da terra eram condições todas dotadas do mesmo valor numa comunidade humana de

---

[8] Mary Boys, "Patriarchal Judaism, Liberating Jesus: A Feminist Misrepresentation", *Union Seminary Quarterly Review* 56:3-4 (2002): 50.

iguais que cultuavam e respeitavam seu ambiente natural. Em "Motherearth and the Megamachine", um ensaio que teve um impacto significativo sobre a primeira onda da teologia feminista católica e seus estudiosos, Rosemary Radford Ruether descreve um conjunto de dualidades que subjugam as mulheres aos homens. Na interpretação de Ruether,[9] identificar os homens com a mente e as mulheres com o corpo mutável (entenda-se: não confiável), opor a objetividade à subjetividade e o espírito contra a natureza são processos derivados da mistura feita pelo cristianismo de um Deus guerreiro judeu com uma preferência neoplatônica pelo espírito em detrimento da matéria.

Essa autora sustenta que a apropriação da terra dos cananeus nativos pelo antigo judaísmo envolveu um processo de negar a terra e de suprimir práticas religiosas baseadas nos ciclos da fertilidade. Também foi instituído um Deus masculino como único e supremo regente e, com isso, a Deusa morreu. Nas palavras de Ruether, "o jeovismo reprimiu o papel divino feminino".

Neste momento, para não confundir o leitor, devo explicitar ao máximo a explicação dada acima. Embora Rosemary Radford Ruether seja corretamente reverenciada como uma superforça pioneira da teologia feminista católica (e é reconhecida nessa competência em outras partes deste livro), sua explicação para a morte da Deusa demonstra a facilidade com que correntes ocultas de repúdio ao judaísmo podem se insinuar no discurso feminista. A bem da verdade, o importante estudo posterior de Ruether, *Faith and Fratricide,* deixa perfeitamente claro que ela está a par dos efeitos prejudiciais do antijudaísmo cristão. Entretanto, em termos básicos, o exemplo da morte da Deusa, tanto no trabalho de Ruethers como no de outras autoras, serve de ilustração de um antijudaísmo imiscuindo-se na teologia feminista cristã.

O princípio deicida é repetido na literatura feminista. Agora, em vez de matar Cristo, o judaísmo é acusado de matar a Deusa. Além disso, como

---

[9] Rosemary Radford Ruether, "Motherearth and the Megamachine: A Theology of Liberation in a Feminine, Somatic and Ecological Perspective", em *Womanspirit Rising: A Feminist Reader in Religion,* ed. Carol P. Christ e Judith Plaskow (São Francisco: Harper & Row, 1979), 43-52.

corolário necessário da acusação de matar a Deusa feita ao judaísmo, o feminismo cristão também o culpa pelo patriarcado. Os dualismos de mente e corpo, objetividade e subjetividade, espírito e natureza, que Ruether enumera, sustentam a hegemonia do masculino sobre o feminino e também uma história de teor escatológico governada por um Deus-pai que nega os ciclos da renovação natural.[10] Susannah Heschel aponta que, acusando o judaísmo de ser responsável pela ascendência do patriarcado, as feministas afirmam que "a religião masculina descrita na Bíblia hebraica parece legitimar a violência e a destruição".[11]

Trabalhando para demonstrar que o cristianismo não precisa ser irremediavelmente patriarcal e sexista, as feministas cristãs adotaram a perspectiva do antigo judaísmo como a origem do patriarcado e o assassino da Deusa. Embora não seja idêntico à tradicional e muito mais explícita balela de que "os judeus mataram Jesus e portanto foram renegados por Deus", as acusações de introduzir o patriarcado nas comunidades humanas e de matar a Deusa promovem uma atitude equivalente, negativa e de repúdio, para com judeus e o judaísmo. O patriarcado no cristianismo, conforme essa construção da história, é visto como uma nefasta importação do judaísmo e não como uma característica endêmica do cristianismo. As feministas então argumentam que o cristianismo pode ser reformado.

Outra maneira pela qual temas antijudaicos de desprezo se insinuam na teologia feminista cristã consiste na apresentação imprecisa da localização social das mulheres judias à época de Jesus. Em poucas palavras, as teólogas feministas caem na armadilha de descrever a situação das judias no tempo de Jesus como uma ida extremamente difícil, caracterizada por serem forçadas a se manter à margem da vida social e religiosa, quando não explicitamente excluídas dela. Mais uma vez, quando ocorrem erros desse tipo, os comentaristas em geral não imputam uma intenção antijudaica à autora.

---

[10] Ruether, "Motherearth and the Megamachine", ver esp. 43-52.
[11] Susannah Heschel, "Feminism and Jewish-Christian Dialogue", em *Introducing Jewish-Christian Relations*, ed. Michael Shermis e Arthur E. Zannoni (Mahwah, N.J.: Paulist, 1991), 233.

Algumas representações equivocadas, especialmente nos primeiros trabalhos de feministas nas décadas de 1970 e 1980, são compreendidas como resultado da pesquisa disponível, ou da falta de pesquisa, sobre mulheres no judaísmo do final do Segundo Templo.

Quando essas imprecisões acontecem, porém, elas costumam ser fortemente associadas a uma terceira área importante para esta conversa: a apresentação feminista de Jesus de Nazaré. Demonstrar que Jesus foi qualitativamente diferente de seu tempo, e que "seu tempo" era aberta e exageradamente hostil a mulheres, permite que as teólogas feministas apresentem Jesus e o cristianismo como um refúgio para as mulheres. O problema latente nessa abordagem é que devemos propor a seguinte pergunta: do que as mulheres precisam se refugiar? E a inevitável resposta é: do sexismo judeu e do patriarcado. Representar erroneamente a luta das mulheres judias e a relação de Jesus com as mulheres é uma tática que se correlaciona de perto com o ensinamento do desprezo para o qual o judaísmo é uma religião degenerada e corrupta.

Como é feita a apresentação das mulheres e de Jesus no período tardio do Segundo Templo? Para responder tal indagação, a seção seguinte recorrerá amplamente a "Lilies of the Field and Wandering Jews: Biblical Scholarship, Women's Roles, and Social Location", e a "Second Temple Judaism, Jesus, and Women: Yeast of Eden".[12] Nesses artigos, a especialista judia Amy-Jill Levine sintetiza com maestria um grande volume de pesquisas detalhadas sobre literatura feminista e antijudaísmo e os diversos erros, pressupostos ou explicações presentes na teologia feminista e que contribuem em maior ou menor medida para perpetuar pontos de vista antijudaicos.

Levine alerta-nos primeiramente para as declarações enganadoramente simples e concisas, muito fáceis de serem ignoradas, mas muitas vezes repetidas (como em meu diálogo citado no início deste ensaio). De uma tacada

---

[12] Amy-Jill Levine, "Lilies of the Field and Wandering Jews: Biblical Scholarship, Women's Roles, and Social Location", em *Transformative Encounters: Jesus and Women Re-Viewed*, ed. Ingrid R. Kitzberger (Leiden: Brill, 2000), 329-52. "Second Temple Judaism, Jesus, and Women: Yeast of Eden", *Biblical Interpretation* 2, n. 1 (1994), 8-33.

só, uma sentença aparentemente inócua como "Jesus libertou os párias de seu tempo, inclusive as mulheres", eleva Jesus a um patamar superior ao de seus correligionários contemporâneos e condena o status das mulheres. O judaísmo perde nessa comparação com Jesus. O que é mais *importante ainda* é que Jesus é habilmente afastado, pouco a pouco, de sua realidade judaica. Se ele "salvou" as mulheres das agruras que elas suportavam como judias, então ele está rejeitando sua própria religião. Uma sutil artimanha de repúdio está em ação.

Um dos aspectos da vida judaica do qual presume-se que Jesus tenha resgatado as mulheres diz respeito à obediência à assim chamada "opressora legislação da pureza" (uma segunda área de interesse para Levine). As teólogas feministas referem-se à presumida opressão das mulheres sob o jugo dessa legislação como uma maneira abreviada de descrever todas as dificuldades que sobrecarregavam a vida das mulheres na época de Jesus. Esse é um tema passível de grandes desentendimentos e, portanto, cabe fornecermos algumas informações básicas. A Torá estipulou conjuntos de regras para governar a pureza e a impureza ritual. O termo crítico aqui é *ritual*. Muitas atividades no templo em Jerusalém exigiam um estado de pureza ritual para qualificar a pessoa a participar delas. Entretanto, discutir a pureza ou a impureza ritual não é o mesmo que discutir moralidade e pecado. Naturalmente, eventos que ocorrem na vida afetam a pureza ou a impureza ritual da pessoa. Exemplos comumente citados de como a pessoa se torna ritualmente impura incluem ficar na presença de um cadáver, ejacular e menstruar. Para cada impureza ritual era prescrita uma "cura", variável conforme a impureza, mas que em geral consistia simplesmente em imersão em água e um período de espera: "lave e espere", como é descrito normalmente.[13]

Portanto, as mulheres não eram automaticamente marginalizadas nem excluídas da vida religiosa por causa de sua menstruação mensal ou de ou-

---

[13] Ver Paula Fredriksen, *Jesus of Nazareth King of the Jews: A Jewish Life and the Emergence of Christianity* (New York: Alfred A. Knopf, 1999), 197-207, no qual há uma versão acessível do significado da legislação da pureza no período final do Segundo Templo; ver também 104-10 e *passim*.

tras impurezas rituais. A pureza ritual era basicamente uma questão para o templo e não se aplicava a atividades na sinagoga nem a muitos aspectos da vida diária. Assim, se uma mulher não vivia em Jerusalém ou não estava fazendo uma peregrinação a Jerusalém para as celebrações, muitas das leis da pureza simplesmente, na prática, não afetavam sua vida diária (embora se aplicassem em teoria). Esse cenário contrasta agudamente com a atitude que supõe que a lei judaica denegria as mulheres e as impedia de participar da vida religiosa. Em "Lilies of the Field", Amy-Jill Levine reúne uma quantidade de exemplos que demonstram a prevalência entre feministas da noção de que a legislação da pureza oprimia as mulheres judias, assim como para expor seu argumento de que é amplo o desentendimento acerca do papel que essa legislação tinha na vida das judias dos tempos de Jesus.[14] De maneira significativa, Levine cita várias vezes um autor que explicitamente menciona a necessidade de evitarmos o antissemitismo cristão enquanto, ao mesmo tempo, salienta em mais de uma oportunidade que "as mulheres eram consideradas menos limpas do que os homens e constituíam uma perene ameaça à poluição dos homens".[15] Nesse exemplo, as mulheres são consideradas menos puras ou limpas do que os homens em geral (Levine observa que em geral não é feita nenhuma distinção entre limpeza, pureza ou poluição) e depois se tornam ainda mais impuras com base em circunstâncias que vão surgindo. Pouca ou nenhuma atenção é dada à dinâmica da impureza ritual em homens, o que causa a impressão de que as mulheres são oprimidas por um sistema patriarcal e arbitrário. Pouca ou nenhuma atenção é dada à ideia de que as mulheres judias podem sentir orgulho no cumprimento das tarefas que lhes foram prescritas pelas escrituras. Longe de impedir a participação das mulheres na vida religiosa, seguir o estilo de vida designado nas escrituras era uma maneira de mulheres – e homens também – participarem do relacionamento com Deus.

---

[14] Levine, "Lilies of the Field", 335-37.
[15] Levine recomenda aos leitores que confiram Joana Dewey, "The Gospel of Mark", em *Searching the Scriptures: A Feminist Commentary*, vol. II, ed. Elisabeth Schüssler Fiorenza, (New York: Crossroad, 1994), 481.

Os desentendimentos relativos à complexidade das regras de pureza no que tangem às mulheres levam diretamente a um terceiro e importante modo de antijudaísmo na teologia feminista. A avaliação feminista do tratamento dispensado por Jesus às mulheres é muito próxima da apresentação feminista do status das mulheres. Levine expõe bem esse problema: "O que quer que o judaísmo do Segundo Templo possa ter sido em termos de teologia, política, economia ou estética, ele foi – segundo este constructo – no geral ruim para as mulheres. E o que quer que tenha sido o movimento de Jesus, ele foi bom para as mulheres".[16] A cura da mulher com hemorragia e a história correlata da ressuscitação da filha morta de Jairo (Mc 5,21-43; Mt 9,18-26; Lc 8,40-56) são costumeiramente usadas para descrever o duplo status marginal das mulheres como mulheres e como impuras (por seu fluxo de sangue ou por outra razão) e para descrever como Jesus rejeita o sistema judaico de observância da pureza. Há uma autora que diz, acerca desses episódios do Novo Testamento: "O Jesus em Marcos cria uma comunidade judaica que entende o reino de Deus como uma totalidade que inclui e não tem fronteiras, e não como um reino exclusivo e separado, protegido pelas autoridades judaicas. Como as mulheres eram consideradas perigosamente impuras, sua inclusão é um exemplo basilar da inclusividade do Jesus em Marcos".[17] Outra autora assevera: "As mulheres não podem reivindicar nenhum direito. É Jesus quem soberanamente reconhece que elas têm direitos e isso é acompanhado por uma dramática e curativa modificação na vida delas".[18]

As duas avaliações continuam descrevendo uma visão negativa da vida da mulher judia na época de Jesus e uma atitude positiva com relação às mulheres, atribuída unicamente a Jesus. É impreciso representar as mulheres judias como pessoas sem nenhum direito social ou religioso, ou como pessoas marginalizadas porque sua impureza é perigosa para os homens. Os homens

---
[16] Levine, "Yeast of Eden", 11.
[17] Dewey, "The Gospel of Mark", 481.
[18] Turid Karlsen Seim, "The Gospel of Luke", em *Searching the Scripture*, ed. Schüssler Fiorenza, 739.

judeus também se tornam regularmente impuros do ponto de vista ritual em decorrência de suas próprias atividades. Enfatizar a imagem de Jesus como alguém liberto do confinamento de sua religião e como alguém que liberta os outros em sua nova visão do reino de Deus é mais fácil se as mulheres forem retratadas em uma condição de opressão desesperada por uma religião misógina. As feministas que querem reformar as estruturas patriarcais dentro do cristianismo buscam em Jesus o que é razoável: uma nova visão de cura, inclusão e libertação. A libertação conquistada para mulheres e homens por Jesus na cruz não tem, no entanto, de ser consolidada denegrindo-se o judaísmo. Quando esse tipo de exemplo é multiplicado, descobrimos um padrão que exagera tanto a situação das mulheres como a reação de Jesus a elas, padrão que transpira o repúdio triunfalista. De um lado, o judaísmo lentamente passa a estar associado apenas com as "autoridades judaicas" ou os "fariseus legalistas", desaparecendo então a rica diversidade das maneiras legítimas de ser judeu à época de Jesus. Por exemplo, os fariseus são rotineiramente caricaturados como legalistas, em vez de se aprofundar o exame de seu papel de reformadores que convocavam as pessoas a uma vida de santidade. Por outro lado, Jesus é representado como um reformador radical que se afasta de uma religião corrupta, incapaz de redimir, e assim inaugura uma nova comunidade de inclusão, em um amoroso relacionamento com Deus.

Em contrapartida, pesquisas recentes enfatizam detalhes no Novo Testamento que sustentam a interpretação de Jesus como filho de sua religião e judeu praticante naquela época. As feministas precisam levar em conta essa dimensão da pessoa de Jesus. Nos relatos de Lucas e de Mateus sobre a mulher com o fluxo de sangue, os autores dos evangelhos observam que a mulher tocou a "franja" da veste de Jesus. Paula Fredriksen, entre outras, chama nossa atenção para o fato de que essa "franja" refere-se ao traje ritual (*tzitzit*) exigido pela escritura (ver Nm 15,38-39).[19] Além disso, como os homens e as mulheres contraíam a impureza ritual regularmente, o contato de Jesus com

---

[19] Ver nota 13; Fredriksen orienta minhas ideias nesta seção, mas outros autores – como Levine e Boys – também argumentam a favor de se interpretar Jesus como judeu em sua época.

pessoas nesse estado de impureza ritual (quer fosse uma mulher menstruada ou um leproso, por exemplo) não causaria alarme. Como judeu praticante, Jesus simplesmente seguiria o procedimento de "lavar e esperar" antes de recuperar o estado de pureza ritual.

Fredriksen assinala outros detalhes que são ignorados quando examinamos os evangelhos em busca de endosso para nossos ideais liberacionistas modernos. Entre outros detalhes, ela explica que, quando Jesus diz ao leproso que se mostre ao sacerdote (Mc 1,44), ou quando Jesus entra no templo para orar, ou quando Jesus come a refeição da Páscoa com seus companheiros, o texto demonstra que Jesus é um judeu praticante e não alguém que renega de modo flagrante os mandatos da escritura judaica. Nesses três exemplos, é assumido um estado de pureza como parte da vida judaica (o leproso necessitava ser reconhecido como ritualmente puro pelo sacerdote, e a presença no templo para a refeição da Páscoa exigia pureza ritual). Perder Jesus, o judeu, em favor de Jesus o protocristão feminista não promove os elogiáveis objetivos do projeto feminista que fica enfraquecido quando desliza para um ensinamento do desprezo. Este não ilustra os valores feministas de uma radical igualdade e mutualidade e de uma diversidade na comunidade. Fredriksen lembra seus leitores que a ética e o ritual eram os dois lados da mesma moeda no antigo judaísmo. Por conseguinte, representar Jesus como alguém que repudia de maneira flagrante a legislação da pureza a fim de enfatizar a ética da inclusividade é uma manobra incoerente. Como diz Fredriksen

> "devemos começar da premissa de que Jesus foi verdadeiramente um judeu de seu tempo... Na ausência de instruções específicas sobre a pureza no que podemos reconstruir de seus ensinamentos, devemos supor *não* que Jesus ignorava os códigos de pureza ou que se opunha a eles, mas sim que ele nem os questionava e entendia que eram fundamentais para a adoração a Deus que os havia revelado unicamente a Israel".[20]

---

[20] Fredricksen, *Jesus of Nazareth*, 203.

Consequências para a cristologia

Várias autoras rotularam incisivamente os fracassos da tentativa do feminismo cristão de evitar as armadilhas antijudaicas como uma repetição dos erros das antigas heresias marcionita e docética. Marcião, que morreu na segunda metade do século II d.C., rejeitava os livros que os cristãos entendiam como o Velho Testamento e defendia um Novo Testamento truncado. Marcião estipulou um dualismo entre o Deus do Velho Testamento e o Deus de Jesus no Novo Testamento. De acordo com Marcião, o Deus do Velho Testamento era um Deus de violência e guerra, em contraste com o Deus de paz de Jesus. Embora as opiniões de Marcião fossem condenadas como heréticas, o ensinamento do desprezo manteve-as vivas uma vez que desposava as antíteses entre lei e amor, letra e espírito, velha aliança e nova aliança. A teologia feminista cristã retoma esses dualismo ofensivos e enganadores "ao assumir uma antiga caracterização do judaísmo como uma religião da lei e rotulá-la como masculina, em oposição ao cristianismo, uma religião do amor, rotulada como feminina".[21] Podemos reconhecer a acusação deicida no paralelo entre o Deus de Jesus, defendido por Marcião, derrotando o Deus do Velho Testamento, em que Jesus, o feminista amoroso, suplanta o Deus da lei.

O docetismo, também uma corrente intelectual do final do século II d.C., rejeita a plena humanidade de Jesus. De acordo com essa heresia, Jesus era apenas aparentemente humano e, por isso, não teve de fato uma morte humana porque era verdadeiramente espírito e Deus, divino e não carne. Naturalmente, o cristianismo oficial rejeitava o docetismo porque essa doutrina contradizia a crença na Encarnação e questionava o valor do mundo material. O feminismo cristão, contudo, pode assumir um viés docético quando negligencia, distorce ou rejeita o contexto judaico de Jesus. Livre de suas amarras na cultura do final do período do Segundo Templo, Jesus pode ser o espírito puro dos anseios feministas por igualdade e relações mútuas, desvencilhado das confusões históricas de ser um homem judeu. O problema é que a ver-

---

[21] Heschel, "Feminism and Jewish-Christian Relations", 241.

são feminista da cristologia docética reproduz vários aspectos do ensinamento do desprezo. Como aconteceu com os dualismos marcionitas, essa cristologia configura um Deus forasteiro em relação ao judaísmo histórico de Jesus, o que reproduz a suposta dispersão dos judeus por Deus que os retirou de sua terra e os alijou da revelação. Uma cristologia feminista docética facilmente enxerga o antigo sistema judaico das observâncias sacrificiais e de pureza como protocolos degenerados e demoníacos. Levine aponta que se dá pouca atenção "à ideia de que a missão de Jesus, propriamente dita, está embutida no judaísmo formativo em vez de ser externa a ele".[22]

A cristologia feminista deve evitar conscientemente as armadilhas do antijudaísmo a fim de libertar Jesus Cristo e permitir-lhe ser uma fonte de renovação da vida que alenta comunidades de iguais vivendo em relações mútuas e celebrando diversas dádivas do Senhor do universo.

Reivindicando identidade e resolvendo o antijudaísmo no feminismo cristão

Acusar o judaísmo de matar a deusa e de introduzir o patriarcado na cultura humana, representar a luta das mulheres judias do Segundo Templo como pior do que realmente foi e representar Jesus como criatura desligada de seu ambiente judeu enfraquece o projeto feminista. Judith Plaskow especifica o aborto medular do feminismo cristão no sentido de repetir aquele erro do patriarcado que o feminismo supostamente teria sanado: projetar uma identidade indevida no outro vilipendiado.[23] O assim chamado lado "feminino" dos dualismos macho/fêmea, mente/corpo, objetividade/subjetividade, racionalidade/emotividade, que mencionamos anteriormente neste ensaio, é rejeitado e projetado nas mulheres pelos sistemas patriarcais. Nesse mesmo sentido, Plaskow declara que as feministas cristãs projetaram as partes de sua identidade que elas não queriam assumir – estruturas do-

---

[22] Levine, "Lilies of the Field", 332.
[23] Ver nota 14 e Judith Plaskow, "Blaming Jews for Inventing Patriarchy", *Lilith* 7 (1980): 11-12, 14-17.

minadas pelos homens, papéis limitados para as mulheres – no outro demonizado: o judaísmo. Segundo Plaskow, "a pesquisa feminista projeta no judaísmo o fracasso da tradição cristã sem ambiguidades para renunciar ao sexismo".[24] Agir com base num projeto alienante interdita a possibilidade de implantar com algum sucesso uma visão de mundo feminista marcada pela igualdade, pela mutualidade e pela comunidade na diversidade.

A resolução das tendências antijudaicas no feminismo cristão, portanto, requer que as feministas cristãs parem de projetar os fracassos do cristianismo institucional em encarnar a visão de libertação da totalidade, que enxergam em Jesus, numa visão distorcida e rasa do judaísmo em decorrência dessa projeção. O ponto de criticar o feminismo cristão pela lente do antijudaísmo não é vilipendiar as teólogas feministas cristãs e menos ainda defender o judaísmo do Segundo Templo, nem o judaísmo rabínico subsequente, mais sensível aos interesses feministas. Em vez disso, assim que se dão conta das armadilhas, as feministas cristãs prontamente descobrirão que elas podem e devem se aliar às feministas judias, com benefício para ambos os grupos.

Uma breve retomada das três áreas principais discutidas neste artigo começará a revelar a dinâmica potencialmente produtiva de uma aliança entre feministas cristãs e judias. Em seu diálogo, elas podem criticar o patriarcado no paganismo antigo, a cultura greco-romana, o judaísmo formativo e o início do cristianismo, em vez de projetar a responsabilidade pelo patriarcado em uma ou outra tradição, assumindo que o culto à deusa eliminará a violência. O judaísmo não tem de ser o contratempo contra o qual o feminismo cristão tem sucesso na função de uma iniciativa nobre e mais igualitária. O feminismo cristão não deverá reenquadrar a acusação de deicida/matador de Cristo. Em vez disso, como sugere Susannah Heschel, as feministas judias e cristãs podem abordar juntas o sentimento de uma identidade conflituosa que advém de estarem todas alienadas de uma tradição religiosa que é opressivamente patriarcal e hierárquica e, ao mesmo tempo,

---

[24] Ibid., 12.

atraídas para a beleza e as verdades mais profundas que existem na tradição. Nesse mesmo sentido, Plaskow sugere que o feminismo cristão "deva fornecer a oportunidade de transcender diferenças ancestrais na batalha comum contra o sexismo".[25]

Em segundo lugar, quando o patriarcado é abordado como o inimigo comum, as feministas podem abdicar da necessidade – por mais inconsciente que seja – de vilipendiar as práticas religiosas judaicas como protocolos que degeneram e depreciam as mulheres. As feministas cristãs podem utilizar a fartura de estudos atualmente disponíveis para explorar toda complexidade e diversidade de vida das mulheres judias na antiguidade, desde as camponesas até as benfeitoras de sinagogas.[26] Em vez de descrever as práticas religiosas judaicas (especialmente as relativas à pureza ritual) como opressivas, degeneradas e demoníacas, o feminismo cristão pode enfim compreender e celebrar a fidelidade das mulheres judias à aliança com Deus. Essa compreensão deve transformar-se num diálogo com as feministas judias, capazes de descrever as ambiguidades que cercam a vida das mulheres judias na aliança.[27] As feministas cristãs com ouvidos cordiais deveriam poder receber essas ambiguidades num espírito de solidariedade e compaixão.

Em terceiro lugar, as feministas judias podem ajudar as feministas cristãs a localizar Jesus no tempo em que ele viveu como um judeu praticante. Somente depois de aceitarmos Jesus como um judeu praticante é que podemos enfrentar, juntas, as implicações dessa realidade para o cristianismo em geral, e para o feminismo e a cristologia em particular. A rejeição da dimensão judaica em Jesus (evidenciada, por exemplo, nas leituras feministas dos evangelhos que interpretam Jesus como alguém que se desvencilha das leis

---

[25] Ibid., 12.
[26] Ver, por exemplo, Amy-Jill Levine, "Women Like This", em New Perspectives on Jewish Women in the Greco-roman World (Atlanta: Scholars, 1991), e Ross Shepard Kraemer, Her Share of the Blessings Women's Religions among Pagans, Jews, and Christians in the Greco-Roman World (New York: Oxford University Press, 1992).
[27] Para um tratamento clássico e sistemático da dinâmica do feminismo judaico, ver Judith Plaskow, *Standing Again at Sinai: Judaism from a Feminist Perspective* (New York: HarperCollins, 1990), esp. cap. 2: "Torah: Reshaping Jewish Memory".

da pureza ritual) é uma forma de repúdio. Rejeitar o contexto judeu de Jesus é equivalente ao ensinamento do desprezo segundo o qual Deus rejeitou os judeus e os expulsou da terra por sua falta de fidelidade à aliança. Enxergar Jesus como o criador de uma nova religião, mais igualitária, na qual as mulheres serão bem-vindas e inteiras, à custa do judaísmo de Jesus, e um entendimento justo dos papéis das mulheres no judaísmo é uma violência contra os esforços feministas de gerar comunidades de igualdade e diversidade. Permitir que as atitudes de Jesus para com mulheres sejam interpretadas dentro das categorias sociais e religiosas de seu tempo é abrir a porta a um relacionamento genuíno entre feministas cristãs e judias.

A resolução das tendências antijudaicas na teologia feminista cristã libertará Jesus para cristologias de relação construtivas, as quais nos aproximarão do divino. Por fim, permitir que Jesus seja Jesus em vez de uma projeção de nossos atuais ideais nos permitirá, como feministas cristãs, ser autenticamente responsáveis pela esperança que existe em nós.[28]

---
[28] Ver 1Pd 3,15.

VI

Redimindo Cristo: imitação ou (re)citação?

Laura M. Taylor

Há vários anos, recebi de uma amiga um desenho emoldurado, que era uma sequência de quadrinhos. À primeira vista, a imagem lembrava uma cena tradicional da natividade: Maria, José e os três reis magos, reunidos em volta da manjedoura, admirando o menino Jesus. Porém, diferentemente de imagens mais tradicionais, esta vinha com um balãozinho em cima da cabeça de um dos magos, que maliciosamente anunciava: "É uma menina!"

Essa proclamação provocativa contém um poderoso golpe teológico. Ao apresentar a imagem de um bebê Jesus do sexo feminino, o artista choca, de forma lúdica, a propensão do leitor a enxergar o Cristo como uma criança do sexo masculino. Essa percepção tem sido fundamental para as discussões teológicas androcêntricas que identificam a masculinidade de Jesus como um elemento central de sua pessoa e de seu mister como salvador. Como essas discussões marginalizaram os papéis e as experiências das mulheres na Igreja,[1] as imagens dos quadrinhos com o Jesus recém-nascido como

---

[1] Aqui, é importante reconhecer que a opressão das mulheres não é simétrica. Como as pensadoras feministas ilustraram, a identidade da mulher é simultaneamente construída pelas múltiplas categorias de raça, classe, sexualidade, idade, nacionalidade, habilidade física, e assim

menina desmascara a estreiteza das perspectivas cristológicas que focalizam exclusivamente o *homem*, Jesus Cristo. Mas será que essa hilária mudança de sexo cristológica é poderosa o suficiente para desafiar a situação negativa do patriarcado na Igreja?

Este ensaio discute a tensão entre a teologia feminista – que leva a sério as experiências das mulheres e o desenvolvimento de todas as pessoas – e as interpretações androcêntricas de Cristo, que contribuíram para as indignidades humanas no globo todo. Focando as experiências marginais das mulheres na Igreja, considero as maneiras pelas quais a fé em Jesus Cristo foi problemática para as teólogas feministas, especialmente as questões inter-relacionadas da encarnação, da ordenação e da salvação. Embora uma questão norteadora neste artigo seja o que a doutrina de Cristo deve conquistar para as teólogas feministas, também discuto as maneiras pelas quais as respostas feministas a essa questão têm sido problemáticas. Por fim, abrindo espaço para uma crença feminista em Cristo, desafio as pensadoras feministas a ir mais além de cristologias de imitação e partir para cristologias mais performáticas, como o que propõe o trabalho de Karen Trimble Alliaume.

Cristologia feminista: o problema masculino

Aproximadamente há dois mil anos, Jesus perguntou a seus discípulos: "E vós, quem dizeis que eu sou?" (Mt 16,15). Essa questão continua viva ainda hoje, no cerne da cristologia. Desde a confissão de Simão Pedro, antes da Páscoa – "Tu és o Cristo, o Filho do Deus vivo" (Mt 16,16) – passando pelo entendimento dos primeiros padres da Igreja sobre a morte de Cristo como resgate pago pela dívida do pecado humano, até a recente descrição de Mercy

---

por diante. Como as mulheres não são um grupo homogêneo, as feministas são chamadas a reconhecer essa mistura particular de identidades, assim como as experiências múltiplas e desproporcionais de opressão resultantes dessa mistura. Para leituras adicionais sobre "interseccionalidade", ver Kimberlé Crenshaw, "Mappint the Margins: Intersectionality, Identity Politics, and Violence against Women of Color", em *Identities: Race, Class, Gender and Nationality*, ed. Linda Martín Alcoff e Eduardo Mendieta (Malden, Mass.: Blackwell, 2003), 175-200.

Amba Oduyoye, para quem Cristo é uma parteira africada que traz a vida à luz extraindo-a da morte, existiu um número incontável de respostas à pergunta que Jesus lançou. As respostas – múltiplas e geralmente conflitantes – ilustram os diversos contextos políticos, históricos e culturais que moldaram o pensamento cristológico. Além disso, essa ambiguidade aponta para experiências de Deus que, embora tenha tornado-se carne, continua um mistério ainda assim.

O encontro de Deus em Jesus de Nazaré e através dele, Jesus que foi crucificado, que ressuscitou e professou como o Cristo, é um elemento central à cristologia feminista. Enquanto as primeiras teólogas feministas buscavam entender a marginalização das mulheres na prática da Igreja e na reflexão teológica, elas compreenderam que as interpretações distorcidas sobre Jesus Cristo tinham um papel crucial nessa exclusão. Elas afirmavam que a leitura sexista das narrativas, dos símbolos e das doutrinas de Jesus desviava das mulheres a mensagem libertária do evangelho, e era cúmplice no processo de lhes reservar um status marginal tanto na Igreja como na sociedade.

Para as teólogas católicas feministas, um dos maiores obstáculos tem sido a antiga ênfase eclesiástica na masculinidade de Jesus. Ao associar masculinidade com divindade, o *magisterium* vem cada vez mais relegando as mulheres a uma cidadania subalterna e as impede de se entender como entes criados à imagem de Deus. Como observa Elizabeth Johnson, a questão para as pensadoras feministas *não* é que Jesus nasceu homem, mas sim a maneira como essa masculinidade foi construída pela linguagem oficial, pela teologia e pelas práticas da Igreja[2]. Aqui estão em jogo três questões inter-relacionadas: encarnação, ordenação e salvação.

Encarnação

A encarnação, ou o Verbo feito carne, é o evento que traz a salvação ao mundo, para os cristãos. Entretanto, para muitas teólogas feministas, esse evento é o escândalo do evangelho na medida em que a lógica androcêntrica

---

[2] Elizabeth Johnson, "The Maleness of Christ", em *The Power of Naming: A Concilium Reader in Feminist Liberation Theology*, ed. Elisabeth SChüsser Fiorenza (Maryknoll, N.Y.: Concilium 1996), 307.

tem consistentemente privilegiado a maneira como ocorreu a encarnação, ou seja, por meio do corpo masculino de Jesus de Nazaré. O resultado desse androcentrismo é duplo. Em primeiro lugar, porque Jesus é proclamado pelos cristãos como a revelação de Deus, a ideia de que Deus se tornou homem (e não mulher) é entendida como um indicador de que a masculinidade é uma característica essencial do ser divino. Em segundo lugar, um aspecto correlacionado ao primeiro, como o corpo masculino de Jesus Cristo tem sido interpretado como o sítio privilegiado da revelação de Deus, a masculinidade tem sido considerada o padrão tanto da humanidade como da divindade. De acordo com Sandra Schneiders, "se alguma dessas ideias é verdadeira, a encarnação só pode ser vista como um desastre exasperante para as mulheres".[3]

As histórias feministas da teologia demonstraram que essa linha androcêntrica de raciocínio pode ser recuperada até os próprios primórdios da Igreja, quando o termo grego "logos" ou "verbo" foi usado para descrever a presença histórica de Deus em Jesus. Por exemplo, o prólogo ao evangelho de João começa assim: "No princípio era o Verbo e o Verbo estava com Deus e o Verbo era Deus" (Jo 1,1); "E o Verbo se fez carne, e habitou entre nós" (Jo 1,14). Essa terminologia, encontrada na filosofia grega, estava intimamente relacionada com o princípio masculino e, em particular, com qualidades como racionalidade, soberania e divindade, associadas exclusivamente com o gênero masculino. Rosemary Radford Ruether julga que o pareamento de uma cristologia dominada pelo princípio do logos, do masculino, com o homem Jesus de Nazaré engendra a indesejável ideia de uma conexão necessária entre a masculinidade de Jesus de Nazaré, a encarnação do Logos masculino, e a revelação de um Deus masculino. Em outras palavras, essa correlação sugere que o Cristo humano deve ter sido homem para poder revelar o Deus masculino.[4]

---

[3] Sandra M. Schneiders, *Women and the World: The Gender of God in the New Testament and the Spirituality of Women* (New York: Paulist Press, 1986), 50.
[4] Rosemary Radford Ruether, *Sexism and God-Talk: Toward a Feminist Theology* (Boston: Beacon, 1983), 117.

Com o tempo, esse referencial patriarcal tem sido naturalizado pela repetição das metáforas Pai/Filho usadas para interpretar o relacionamento entre Jesus e Deus. Como resultado, a encarnação, embora um evento decisivo para os cristãos, tem funcionado em detrimento das mulheres. A encarnação tem sido usada como alfinete de segurança em argumentos que defendem a essencial masculinidade de Deus e a necessária masculinidade de Jesus e, com isso, tem configurado o gênero masculino como normativo tanto da humanidade como da divindade. Além disso, essas interpretações androcêntricas da encarnação têm sugerido que as mulheres são incapazes de ser a imagem do Divino, o que portanto vem sancionando o status e o papel desigual das mulheres dentro da Igreja.

Ordenação

Uma segunda maneira pela qual a masculinidade de Jesus tem sido um obstáculo para as teólogas feministas encontra-se nas discussões do sacramento da ordenação de sacerdotes dentro do catolicismo romano. Segundo os ensinamentos do Vaticano, as mulheres não podem ser aceitas no sacerdócio. As razões do *magisterium* para isso incluem a crença de que Jesus só escolheu homens para participar da roda dos doze apóstolos, que ele estabeleceu como o alicerce de sua Igreja, assim como a noção de que os apóstolos não ordenaram mulheres para sucedê-los em seu ministério movidos pela lealdade ao exemplo estabelecido por Jesus Cristo; além disso, há a necessidade percebida de proteger a tradição da Igreja, de reservar o sacerdócio apenas para os homens a fim de, teoricamente, agir de acordo com o plano de Deus para a Igreja, e ainda a premissa de que o sacramento do ministério sacerdotal não pode refletir adequadamente o mistério de Cristo a menos que seja assumido por um homem, uma vez que o próprio Cristo era homem.[5]

---

[5] Sagrada Congregação para a Doutrina da Fé, "Declaration on the Question of the Admission of Women to the Ministerial Pristehood", escrito e publicado por solicitação do papa Paulo VI, em 15 de outubro de 1976; disponível em http:// www.newadvent.org/library/docs_df76ii.htm.

Em cada um desses argumentos contra a ordenação de mulheres, a "masculinidade" (ou sua ausência) desempenha um papel central. Embora o *magisterium* proclame que as mulheres são "necessárias" e "insubstituíveis" na vida e na missão da Igreja, ele também insiste que as mulheres são impróprias para o ministério sacerdotal devido a sua feminilidade, entendida como não masculinidade. É a identificação teológica que o *magisterium* defende da masculinidade com o mistério de Cristo, porém, que determina em última instância, o papel marginal das mulheres na Igreja. Essa identificação tem reforçado a ideia de que a encarnação de Jesus como homem (e não como mulher) não foi uma questão de escolha, mas sim um momento decisivo na vida da Igreja. Por exemplo, *Inter Insigniores*, ou a "Declaração sobre a Questão da Admissão de Mulheres no Sacerdócio Ministerial", escrita pela Sagrada Congregação para a Doutrina da Fé (CDF), em 1976, declara que a masculinidade de Cristo foi fundamental com parte do plano de Deus. O documento afirma:

> A encarnação do Verbo ocorreu de acordo com o gênero masculino. Realmente, é uma questão de fato, e esse fato, embora não implique uma suposta superioridade natural do homem perante a mulher, não pode ser dissociado da economia da salvação. Realmente está em harmonia com a totalidade do plano de Deus como ele mesmo o revelou, do qual o mistério da Aliança compõe o núcleo.[6]

Essa passagem recorre aos ensinamentos da Igreja e às imagens das escrituras que interpretam a salvação oferecida por Deus à humanidade como um mistério nupcial ou aliança. Aqui, Deus é descrito como o Noivo divino e a Igreja como sua bem-amada noiva. O mistério nupcial é consumado quando o Verbo se faz carne a fim de selar e estabelecer a nova e eterna aliança, ao verter seu sangue para o perdão dos pecados.

---

[6] Ibid.

Como foi declarado pela CDF, essa linguagem das escrituras e seu simbolismo revelam o mistério final de Deus e Cristo. Como Cristo é entendido como o Noivo, e portanto o líder da Igreja (a noiva), a CDF afirma que não podemos ignorar o fato de Cristo ser um homem. Ignorá-lo, argumenta ela, seria contradizer a importância desse simbolismo para a economia da salvação, assim como as diferenças sexuais criadas por Deus para a comunhão das pessoas e a geração de seres humanos. De fato, o *magisterium* defende que o casamento sempre deve ocorrer entre um homem e uma mulher, inclusive nas analogias da fé.

Ao criar uma associação teológica entre a masculinidade de Jesus e o mistério de Cristo, o *magisterium* é capaz de restringir o sacerdócio aos homens. Da mesma maneira como se pensa que Cristo necessariamente se tornou homem, eles também afirmam que somente os homens podem representar Jesus. Segundo os ensinamentos da Igreja, o sacerdote não age em seu próprio nome (*in persona própria*), durante o exercício de seu ministério, mas sim representando Cristo (*in persona Christi*), que age por meio dele. Essa representação encontra sua expressão suprema na celebração da eucaristia quando o sacerdote assume a imagem e o papel de Cristo, que concretiza o sacrifício da aliança. Como a Igreja ensina que os símbolos sacramentais devem naturalmente se assemelhar àquilo que significam, a CDF especifica que o papel de Cristo deve ser interpretado por um homem, senão a semelhança natural entre o ministro e Cristo poderia não ocorrer.[7]

Como observaram as teólogas feministas, o foco do *magisterium* na masculinidade de Cristo é mais do que apenas uma questão de diferença entre gêneros; trata-se de um caso de exclusão radical e de hiperseparação que tem funcionado para garantir e conservar o poder eclesiástico elitista do gênero masculino. Aqui, a linha divisória entre os que são capazes de agir *in persona Christi* e os que não são é uma característica física possuída por apenas um grupo e não pelo outro: os genitais masculinos. Por causa dessa categorização essencial dos gêneros, os homens são entendidos em sua função de uma identificação mais próxima com Cristo dada sua natural similitude corporal, e as mulheres são excluídas dos

---

[7] Ibid.

papéis de liderança na Igreja. Essa intensa noção de naturezas separadas é usada para justificar não apenas os privilégios radicalmente diferentes de homens e mulheres no contexto da Igreja, como também – aspecto detalhado na próxima seção – seus destinos prejudicialmente distintos.

Salvação

Uma terceira área em que a masculinidade de Jesus tem sido uma pedra no sapato das teólogas feministas é a doutrina da salvação. Em seu trabalho de 1983 intitulado *Sexism and God-Talk*, Rosemary Radford Ruether propõe uma questão que tem influenciado o campo da cristologia feminista há várias décadas. Notando as maneiras pelas quais as interpretações androcêntricas de Cristo tinham marginalizado as vozes e as experiências das mulheres na Igreja, ela pergunta: "Será que um Salvador homem pode salvar as mulheres?"[8]

Para Ruether, a ênfase eclesiástica na masculinidade de Cristo coloca em risco a salvação das mulheres. Para esclarecer esse ponto, ela menciona o trabalho de Gregório de Nazianzo. Como bispo de Constantinopla entre 379 e 381, Gregório foi forçado a lidar com as várias interpretações de Cristo que dividiam a comunidade. Era especialmente espinhosa a crença defendida por Apolinário e seus seguidores, segundo os quais a divindade de Cristo eclipsava sua humanidade na encarnação. Embora Apolinário acreditasse que o Logos se tornara carne, ele negava que Jesus tivesse intelecto humano ou uma alma racional, temendo que a aquisição desses aspectos prejudicasse ou maculasse a verdadeira encarnação direta do Verbo.

Gregório, porém, dizia que a tentativa de Apolinário de preservar a dignidade de Cristo à custa de sua humanidade debilitava o ato salvífico da encarnação. Como o Verbo se tornou humano para poder salvar a humanidade perdida, Gregório dizia que Cristo tinha de se tornar como nós em todas as coisas menos no pecado, o que incluía assumir a mente, a vontade e

---

[8] Ruether, *Sexism and God-Talk*, 116-38.

a alma de um homem. Se isso não tivesse acontecido, ele raciocinava, então a Aliança iniciada por Deus não poderia ser concretizada. Numa carta contra Apolinário, Gregório escreveu: "Pois, aquilo que [Cristo] não assumiu Ele não curou; mas aquilo que está unido com a Divindade também está salvo".[9] Dito de outro modo, aquilo que não foi assumido por Jesus na encarnação não pode ser salvo por Jesus porque permanece separado de Deus.

A questão levantada por Ruether se baseia nessa lógica. Ela aponta que, se o que não é assumido não é salvo, então a salvação das mulheres está teoricamente em risco. Pelos ensinamentos da Igreja, a encarnação do Verbo necessariamente ocorreu conforme o gênero masculino e, por isso, as mulheres são consideradas incapazes de se assemelhar a Cristo. Com isso, Ruether supõe que a pessoa possa logicamente indagar em que medida (desde que haja tal medida) pode um Salvador homem representar as mulheres no evento salvífico.

A astuta indagação de Ruether ilustra a maneira como a masculinidade de Jesus tem sido naturalizada no discurso e na práxis teológica oficial. O gênero de Jesus tem sido interpretado como traço essencial tanto em sua identidade como em seu trabalho de salvação e isso, ao lado do referencial dualista da Igreja que propõe homens e mulheres como opostos polares, tem marginalizado as mulheres inclusive em termos de salvação. Consciente ou inconscientemente, a Igreja, que declara que as mulheres são membros iguais no Corpo de Cristo, tem impedido que as mulheres participem da plenitude dessa imagem em virtude da constituição sexual diferente de seu corpo. Como assinala Lisa Isherwood,

"quando as feministas consideram se um salvador homem pode ou não salvar as mulheres, a questão vai além da masculinidade do homem e engloba o masculino que tem sido criado por gerações sucessivas de pais e filhos, na tentativa de conquistar um poder mais firme no mundo".[10]

---

[9] Gregório de Nazianzo, *Letter to Cleodonius*.
[10] Lisa Isherwood, *Introducing Feminist Christologies* (Cleveland: Pilgrim, 2002), 28.

Impasse na cristologia feminista

Dadas as maneiras pelas quais a masculinidade de Cristo tem sido usada para legitimar o poder eclesiástico masculino e para impedir o desenvolvimento das mulheres na Igreja, algumas pensadoras feministas têm considerado Cristo um símbolo irrevogavelmente patriarcal. Daphne Hampson, por exemplo, afirma que a cristologia e o feminismo são irreconciliáveis. Portanto, ela abandonou o cristianismo por ser uma religião masculinista.[11] Nesse mesmo sentido, Mary Daly e Naomie Goldenberg disseram que, a fim de desenvolver uma verdadeira teologia da libertação das mulheres, as feministas devem deixar para trás símbolos dominados pelo masculino, como Cristo e a Bíblia.[12]

Entretanto, para a maioria das teólogas feministas, a afirmação de que a cristologia é inerentemente sexista representa desfazer o que tem sido tradicionalmente alegado a respeito de Cristo. Nesse sentido, elas têm tentado desentranhar do controle patriarcal os aspectos libertários e inclusivos da vida e da mensagem de Jesus. Os esforços iniciais do feminismo para reconstruir o símbolo de Cristo para as mulheres podem ser geralmente divididos em dois campos: os que estão focados no Jesus histórico como líder de um movimento sociopolítico igualitário e na corporificação de traços identificados com o feminino, como a relacionalidade e a conectividade, e os que estão focados no Cristo-símbolo como Sofia, ou a personificação feminina da sabedoria divina. Além das imagens de Jesus como profeta libertador e como Cristo-Sofia, as várias décadas seguintes da cristologia feminista testemunharam o aparecimento do Cristo corporificado, do Cristo homossexual, do Cristo ecológico, do Cristo negro, do Cristo sofredor, do Cristo *mujerista* e de outras imagens decorrentes das diversas experiências das mulheres em todo o mundo.[13]

---

[11] Daphne Hampson. *Theology and Feminism* (Cambridge, Mass.: Blakwell, 1990), 50-81.
[12] Ver Mary Daly, Beyond God the Father: Toward a Philosophy of Women's Liberation (1973; repr., Boston: Beacon, 1985), e Naomie Goldenberg, The Changing of the Gods: Feminism and the End of Traditional Religions (Boston: Beacon, 1979).
[13] Para um panorama dessas cristologias, ver Ishwerwood, *Introducing Feminist Christologies*.

Apesar de toda a riqueza das novas imagens, para mim o campo da cristologia feminista está num impasse. Como venho ilustrando ao longo deste capítulo, sexo e gênero são questões relevantes para a cristologia, especialmente do ponto de vista do *magisterium*. Contudo, em sua maior parte, as cristologias feministas foram incapazes de desafiar com eficiência esse essencialismo de gênero. O impasse, em parte, é devido ao que me refiro como o "corpo político" do Vaticano. A expressão "corpo político", comum no pensamento político, refere-se à relação análoga entre uma estrutura corporativa (ou seja, a sociedade ou o Estado) e o cidadão, em que o corpo estrutural é considerado representante do corpo humano em termos de organização e de política. Nos ensinamentos católicos, essa correspondência funciona para denotar a Igreja como o Corpo de Cristo. Uma das instâncias mais reconhecidas disso pode ser encontrada na primeira epístola de Paulo aos coríntios, quando ele descreve a Igreja como um corpo humano que integra diferentes partes:

> "Assim como o corpo é um só e tem muitos membros, e todos os membros do corpo, embora muitos, formam um corpo só. Assim também acontece com Cristo... Ora, vós sois o corpo de Cristo e sois os seus membros, cada um por sua parte" (1Cor 12,12-27).

Não obstante, como as teólogas feministas demonstraram, quando o *magisterium* se refere ao Corpo de Cristo, física ou metaforicamente, é ao corpo masculino. Consequentemente, ao corpo que naturalmente se assemelha ao corpo de Jesus é concedido poder no âmbito da política semidivina, ao passo que o corpo incapaz dessa similitude (por exemplo, o feminino) é marcado como análogo impróprio e, por conseguinte, excluído da participação política (como é o caso do sacramento do ministério sacerdotal). Essa noção de cidadania diferenciada por gênero classifica os membros da Igreja de acordo com o sexo e os reveste de valores e papéis fundamentalmente diferentes, considerados decorrências dessa base do seu ser.

Como ilustra o papa João Paulo II em sua carta apostólica *Mulieris Dignitatem*, "Sobre a dignidade e a vocação das mulheres", a Igreja afirma que a natureza humana é corporificada de duas formas distintas mas iguais: o macho e a fêmea.[14] Por sua vez, o macho e a fêmea são chamados a integrar o que é masculino e o que é feminino num relacionamento de complementaridade. Essa ideia pode ser vista no ensinamento da Igreja sobre o casamento, que sustenta que a estrutura inata da sexualidade humana faz do homem e da mulher parceiros "naturais" para a criação de uma nova vida. No sacramento do sagrado matrimônio, a mulher e o homem devem dar-se totalmente um ao outro em sua feminilidade e em sua masculinidade. Como seres humanos são iguais, mas como homem e mulher são diferentes (§ 7). Nesse mesmo sentido, a Igreja ensina que a mulher alcança a plenitude e a originalidade pretendidas por Deus por meio de seus papéis de gênero complementares como mãe e como virgem, nos quais a mulher se dá ao marido e a Deus por meio das características femininas da relacionalidade, da empatia, da generatividade e da intuição (§ 17-21).

Esse essencialismo de gênero, defendido pelo Vaticano, torna literalmente impensável a igualdade das mulheres dentro da Igreja. Como as mulheres são incapazes de se assemelhar ao corpo físico de Cristo, elas não têm lugar dentro do Corpo corporativo de Cristo, exceto para servir em seus níveis maternal e generativo mais básicos. Além disso, os ensinamentos do Vaticano declaram que os papéis díspares atribuídos a homens e a mulheres advêm do mistério de Cristo em relação à Igreja e, portanto, são imunes à igualdade de oportunidades oferecida aos indivíduos nas democracias modernas. Com isso, não é que as mulheres sejam biologicamente inaptas para uma plena participação eclesiástica, mas sim que a política do Vaticano para o corpo é estruturada e definida de tal maneira que somente inclui as mulheres de maneiras muito específicas. Se isso é verdade, então lutar para

---

[14] Papa João Paulo II, "On the Dignity and Vocation of Women: *Mulieris Dignitatem*", 15 de agosto de 1988; disponível em http:// www.vatican.va/holy_father/john_paul_ii/apost_letters/documents/hf_jp_ii_apl_15081988_mulieris-dignitatem_en.html.

incluir as mulheres na política presente é contraprodutivo a menos que seja repensada a oposição entre a política do corpo e o corpo da mulher.

Karen Trimble Alliaume afirma que, enquanto as teólogas feministas continuarem afirmando que as mulheres devem assemelhar-se a Cristo para poderem ser salvas, continuam em dívida para com a política do corpo do Vaticano, que ela chama de "economia de imitação". Esse sistema declara que Jesus é a norma que os indivíduos devem imitar para poderem alcançar a salvação. Embora as mulheres sejam capazes de se assemelhar a Jesus em termos de sua conduta ética diária, ela aponta que são impedidas de imitá-lo nas funções atinentes à divindade dele, como a ministração de sacramentos. Em consequência, ela sustenta que as cristologias feministas, focadas nos aspectos mais destacados da vida e da mensagem de Jesus como os aspectos nucleares que as mulheres reproduzem, continuam devedoras da economia imitativa do Vaticano. Ao focar exclusivamente a humanidade de Jesus, diz Alliaume, essas cristologias são incapazes de romper o elo entre a masculinidade de Jesus e os poderes redentores associados pelo *magisterium* com a divindade dele.[15]

Para ilustrar seu ponto, Alliaume aborda principalmente a cristologia feminista desenvolvida por Ruether em *Sexism and God-Talk*. Nesse trabalho, Ruether apresenta Jesus como o paradigma da humanidade liberta, cujo poder redentor decorre não da masculinidade, mas de um chamado profético para agir, que desafia os outros a participar da luta contra a injustiça. Em sua interpretação, Jesus inicia uma nova comunidade comprometida com a ação sociopolítica e com corretas relações que levam a pessoa a Cristo. Nesse sentido, é a comunidade que imita a humanidade redentora de Cristo, e não indivíduos específicos, e a masculinidade de Jesus é significativa somente na medida em que ele renuncia ao patriarcado como uma situação equivocada e que deve ser repensada.[16]

---

[15] Karen Trimble Alliaume, "Disturbingly Catholic: Thinking the Inordinate Body", em *Bodily Citations: Religio and Judith Butler*, ed. Ellen T. Armour e Susan M. St. Ville (New York: Columbia University Press, 2006), 97-102.

[16] Ibid., 100.

Para Alliaume, a tentativa de Ruether de minimizar o significado da masculinidade de Jesus salientando sua humanidade exemplar é um tiro que inevitavelmente sai pela culatra. Em primeiro lugar, para que a rejeição de Jesus dos privilégios associados ao masculino seja eficaz para que sua mensagem seja recebida pelos indivíduos contemporâneos ele tem de ser um homem. Portanto, Alliaume ressalta que a tese de Ruether inadvertidamente reinsere a masculinidade de Jesus como um dado teologicamente necessário para a conclusão libertária dessa autora. Em segundo lugar, Alliaume afirma que, apesar de todo o esforço de Ruether para desautorizar a ênfase do *magisterium* na masculinidade de Jesus, a cristologia que ela propõe continua, essencialmente, devedora dessa economia de imitação. Ao redefinir a humanidade liberta de Jesus como a relação correta, Alliaume observa que Ruether essencializa as mulheres como "seres relacionais" e, portanto, em melhor condição de "se assemelhar" a Jesus. Como a relacionalidade é um dos marcadores estereotipados do feminino que o Vaticano associa com mulheres, Alliaume argumenta que a cristologia de Ruether reforça – em vez de combater – o essencialismo de gênero do *magisterium*. Em outras palavras, a cristologia de Ruether sugere que as mulheres são capazes de assemelhar-se a Jesus de acordo com os dons femininos sancionados pelo Vaticano da correta relação, ao passo que os homens mantêm inexoravelmente seu domínio sobre as representações da natureza divina de Jesus. Por fim, Alliaume conclui que a versão de Ruether para as maneiras pelas quais Jesus é mais parecido com a mulher do que com o homem coloca em prática, potencialmente, mais uma forma de essencialismo nas quais as mulheres, e não os homens, são capazes de assemelhar a Jesus.[17]

Assim como Alliaume, discordo que a política do corpo imitativo construída pelos ensinamentos e pelas práticas oficiais da Igreja represente um sério obstáculo às cristologias feministas. Seu entendimento do corpo e da identidade como fenômenos de gênero torna praticamente impossível levantar questões cristológicas sobre diferenças corporais. De fato, a Igreja exclui

---

[17] Ibid., 100-102.

uma realidade criada que, em última instância, traga o selo do divino. Ela estabelece as mulheres como membros *do*, mas não como plenas partícipes *no* Corpo de Cristo. Por conseguinte, as mulheres que são incapazes de representar Cristo no ministério sacerdotal e que não desejam se confinar aos papéis de mãe e virgem precisam de mais alternativas.[18] Mas quais são essas alternativas? E como as cristologias feministas podem sair desse impasse?

O que uma "menina" pode fazer?

Nessas questões, o que está em jogo é um entendimento inclusivo de Cristo, entendimento capaz de superar o essencialismo de gênero do Vaticano e assumir *toda* humanidade. A fim de combater a ligação que o Vaticano faz entre a masculinidade e a cristologia, parece-me que as pensadoras feministas precisam de uma nova perspectiva com base na qual pensar em representações libertárias de Cristo e vivê-las. Citando a leitura que Alliaume faz de Judith Butler, sugiro um referencial performático para servir como alternativa. Esse referencial não reduz as identidades a categorias reificadas, medidas por marcadores como 'macho" e "fêmea", mas, em vez disso, assume que a identidade da pessoa é ambivalente, está em processo e aberta a reinserções. Espero que uma abordagem nesses termos permita que as feministas desarticulem o monopólio do *magisterium* sobre a salvação e crie espaço para a crença feminista em Cristo.

O ensaio de Alliaume, "Disturbingly Catholic: Thinking the Inordinate Body", usa o trabalho de Butler para combater a construção do gênero encontrada nos ensinamentos e nas práticas oficiais da Igreja. Butler, que é uma teórica do feminismo, é conhecida por sua leitura revolucionária da identidade, segundo a qual as categorias de sexo e gênero são constituídas por meio da linguagem e do discurso e, portanto, não são relações "naturais" nem tampouco "causais". Ela afirma que as pessoas comumente tidas como biologicamente fêmeas não nascem com traços identificados como femini-

---

[18] Ibid., 97.

nos, mas com o tempo assumem esse gênero ao colocar seguidamente em prática um conjunto de normas prescritas sobre como as mulheres devem ou não devem se comportar. De acordo com Butler, esse processo começa no nascimento (ou durante o ultrassom), quando o médico anuncia "É uma menina!". Ao atribuir ao bebê um sexo e um gênero, a declaração performática do médico configura o bebê como um tipo específico de sujeito. Em outras palavras, ninguém nasce menina, mas é "meninificada" pelos discursos que associam um determinado conjunto de significados com os genitais femininos. Ao longo de sua existência, esses discursos irão compelindo a "menina" a citar e recitar (leia-se: executar e reexecutar) as normas de gênero associadas com seu sexo, tais como brincar com bonecas, usar vestidos, e assim por diante. Essa sequência de atos repetidos acaba enfim produzindo a aparência do sexo e do gênero como coisas naturais ou dadas por Deus.[19]

Entretanto, Butler assinala que, se a aparência de uma "naturalidade" somente é sustentada pela zelosa repetição de normas de gênero específicas, então as categorias de sexo e gênero estão sujeitas a alterações se essas normas forem repetidas de modo diferente (ou não forem repetidas). Como ela salienta em seu trabalho *Gender Trouble*, a instabilidade de gênero e de outras categorias identitárias significa que o desempenho das normas associadas exibido pela pessoa nunca pode ser exato e, por isso, mais bem compreendido como uma paródia. Como todas as citações, atos de paródia nunca executam exatamente aquilo que denominam. Sendo assim, sofrem processos de ressignificação, ou se prestam a respostas que debilitam a categoria original que está sendo praticada. Por exemplo, veja-se o caso de uma pessoa vestir roupas do outro sexo, ou o caso das drag queens. Butler ilustra como esse ato envolve a apropriação de uma norma de gênero tradicionalmente associada com um sexo por um membro do sexo oposto.[20] Um homem usando trajes de uma drag queen inevitavelmente chama atenção para a disjunção entre seu corpo "macho" e o gênero "fêmea" que ele está

---

[19] Ver Judith Butler, *Gender Trouble: Feminism and the Subversion of Identity* (New York: Rutledge, 1990).
[20] Ibid., 137-40.

desempenhando, especialmente quando "ele" faz uma "ela" melhor do que a maioria das fêmeas biologicamente identificadas como tal.[21] O choque associado a tais constatações lança luz sobre as maneiras pelas quais as relações entre sexo, gênero e desejo são naturalizadas nas sociedades orientadas heterossexualmente. A sociedade heterossexista, como a que é autorizada nos ensinamentos da Igreja, estabelece uma conexão linear entre o sexo, o gênero e a sexualidade do indivíduo. De acordo com esse sistema, a condição biológica da fêmea é pensada como a origem da feminilidade que, por sua vez, é "naturalmente" expressa por meio do desejo sexual por homens, e vice-versa. Ao subverter e "desnaturalizar" essas conexões, o travestismo explora a instabilidade das identidades de gênero e questiona os próprios pressupostos com base nos quais essa sociedade funciona.

Partindo da noção proposta por Butler de identidade de gênero como processo performático, Alliaume explica que a identidade cristã também se materializa por meio da repetição de certas normas culturalmente inteligíveis. Assim como se tornar mulher implica a citação de normas particulares da condição feminina, tornar-se cristão envolve a citação de normas cristãs específicas aceitas pela comunidade cristã, a saber, Jesus Cristo. Ainda assim, como observa Alliaume, o corpo canônico de Jesus tem sido o sítio de reificações patriarcais da masculinidade. O discurso do *magisterium* tem repetidamente investido no corpo de Cristo determinados significados, associando-o com algumas práticas baseadas na ligação naturalizada entre a masculinidade de Jesus e o sacramento da ordenação sacerdotal. Como a citação de Jesus constitui a identidade cristã, e como o Jesus homem é o padrão constelado pelo Vaticano, o corpo da mulher é inapto para corresponder aos parâmetros anatomicamente normativos e, portanto, incapaz de imitar Cristo. Enquanto o corpo do homem é considerado um veículo "natural" para a salvação e um recipiente culturalmente inteligível para a salvação, o corpo da mulher é de-

---

[21] Em seu trabalho, *Undoing Gender*, Butler se lembra de ter ido a um show de *drag queens*, e compreendido que "alguns desses assim chamados homens podiam tratar da feminilidade muito melhor do que [ela mesma] jamais conseguiria, quereria ou poderia". Ver Judith Butler, *Undoing Gender* (New York: Routledge, 2004), 213.

clarado irregular e não se materializa dentro do Corpo de Cristo, exceto como beneficiário salvífico, e até mesmo isso está aberto a debate. Se é este o caso, então as categorias identitárias de "católico" e "mulher" parecem mutuamente excludentes.[22] Sendo assim, o que as católicas podem fazer?

É nessa altura que acredito que a leitura teológica feita por Alliaume do trabalho de Butler realiza uma contribuição significativa para o campo da cristologia feminista. Aplicando o entendimento de Butler a respeito de corpos e identidades em suas citações para as conversas sobre cristologia, Alliaume retira as "mulheres" e "Jesus" das relações de imitação e conduz o discurso para mais além da ameaça do impasse, em vários sentidos importantes. O primeiro deles, partindo da desconstrução do corpo por Butler, é aquele em que Alliaume revela a natureza "fictícia" da masculinidade como categoria fundacional para o corpo (e o Corpo) de Cristo. Seu argumento sustenta que a masculinidade, como todas as categorias de identidade, não existe antes dos pronunciamentos do *magisterium*, mas é um produto performático delas. Em segundo lugar, a noção de inteligibilidade cultural proposta por Butler permite que Alliaume demonstre que o alvo dos protestos das cristologias feministas não é a ideia de que Jesus era homem, mas sim a maneira como essa "masculinidade" tem sido usada para construir um entendimento da identidade que exclui todas as identidades fundadas em sexo e gênero. Alliaume argumenta que essa impossibilidade de o corpo feminino importar não resulta de textos ou doutrinas mal compreendidas, como alegam tradicionalmente as cristologias feministas, mas sim da incapacidade da comunidade para reconstruir as regras de reconhecimento de maneiras que possibilitem a todos os corpos no Corpo de Cristo terem importância.[23]

Por essa razão, Alliaume sugere que a noção de performatividade defendida por Butler seja um referencial importante para interpretarmos as cristologias feministas. Se imitar quer dizer assemelhar-se ou produzir uma cópia exata, então as mulheres estão fadadas ao fracasso quando tentam reproduzir uma figura

---

[22] Ibid., 105-6.
[23] Ibid., 104-6.

masculina como Jesus, por exemplo. Se, por outro lado, desempenhar significa agir ou oferecer uma versão, então as mulheres são capazes de citar o corpo de Cristo sem ter de duplicá-lo de maneira cabal ou perfeita.[24] Alliaume explica:

> Uma leitura performática ou de citação é mais capaz de explicar as maneiras pelas quais as mulheres de fato já "se (re)assemelham" a Jesus. O (re)assemelhar-se conota uma alternativa à similitude já que esta é entendida como uma imitação ou uma representação de Jesus, uma representação em relação à qual as mulheres são propensas a serem desqualificadas. (Re)assemelhar-se a Cristo denota performances comunais de Jesus em vez de representações por mulheres individuais.[25]

Enquanto as cristologias feministas têm tradicionalmente permanecido excluídas do mandato do Vaticano de que homens e mulheres devem "corresponder" a um aspecto pré-existente de Jesus (ou seja, sua correta relacionalidade ou sua humanidade libertária), ela afirma que as cristologias interpretadas como performances de Jesus são capazes de ilustrar a maneira como os corpos terminam compondo os processos comunais de citação.[26] A agência para (re)assemelhar-se, diz ela, não está localizada nem na hierarquia da Igreja, nem em feministas resistentes, mas

> "na interação entre elas, no momento em que as próprias limitações das 'normas' não podem deixar de ser citadas (como a masculinidade de Jesus) e isso permite que as citemos de maneira diferente e, assim, as reconfiguremos".[27]

---

[24] Ibid., 102.
[25] Ibid., 102.
[26] Ibid., 100-102. O ensaio de Alliaume oferece duas leituras performáticas das cristologias feministas: o movimento pelo sacerdócio feminino entre católicas romanas que ordenou "ilicitamente" várias mulheres como sacerdotes, e o ensaio de Eleanor McLaughlin, "Feminist Christológies: Redressing the Tradition", que equipara Jesus a um travesti. Para Alliaume, essas citações cristológicas "recontextualizam" o corpo de Cristo ao incitar o reconhecimento simultâneo de duas coisas supostamente incompatíveis, a saber, ser mulher e ser sacerdote. Ver 108, 109-16.
[27] Butler, *Undoing Gender*, 109.

Com isso, Alliaume modifica a noção do poder redentor, de uma mera similitude corporal para aquele que existe nos e por meio dos relacionamentos interpessoais conforme emergem de nossas citações de Jesus.[28]

Em suma, o entendimento de Jesus por Alliaume, conforme suas citações, tem implicações libertárias para as cristologias feministas que ajudam a superar o impasse ao fazer com que o corpo das mulheres importe. Assim se desarticula o Corpo de Cristo delineado pelo *magisterium* e, com isso, cresce o poder das mulheres que, de algum modo, veem-se implicadas na tradição católica ou a ela se reportam, quando se trata de (re)assemelhar as normas de Jesus de maneiras que enfraqueçam esse paradigma hegemônico. Essas (re)citações, como afirma Alliaume, não deveriam ser lidas como revelações da similitude essencial das mulheres com Jesus sob o verniz do patriarcado, mas sim como alegações performáticas feitas pelas mulheres para (re)apresentar Jesus. Ela diz: "'Citar' Jesus com o próprio corpo refere-se ao que parece ser um relacionamento preexistente de congruência entre Jesus e as mulheres, um relacionamento que, na realidade, é *criado* na citação".[29] Vejamos um exemplo disso.

Reproduzindo Cristo: uma narrativa comunitária

Se, como sugere Alliaume, a citação do corpo de Jesus é constitutiva da identidade cristã, então esse corpo inclui as histórias e os ditos de Jesus, além da repetição dessas informações.[30] O artigo de Elizabeth Conde-Frazier, "Latina Women and Immigration", analisa *testimonios* [testemunhos], ou depoimentos de fé de mulheres latinas, que entrelaçam narrativas bíblicas com as narrativas da vida cotidiana de mulheres.[31] Como Alliaume, Conde-Frazier enfatiza que essas histórias, quando narradas em público, tanto criam como mantêm comunidades. Além disso, ela salienta que para

---

[28] Ibid., 102.
[29] Karen Trimble Alliaume, "The Risks of Repeating Ourselves: Rading Feminist/Womanist Figures of Jesus", *Cross Currents* 48, n. 2 (verão de 1998): 198-217.
[30] Alliaume, "Disturbingly Catholic", 98.
[31] Elizabeth Conde-Frazier, "Latina Women and Immigration", *Journal of Latin American Theology* 3, n. 2 (2008): 54-75.

pessoas latinas de ambos os sexos, os testemunhos são uma forma de "fazer teologia". Incluem as vozes e as experiências dos que foram marginalizados pela teologia "acadêmica" tradicional e que, portanto, são narrativas transformadoras e germinativas.[32]

Para ilustrar esse ponto, Conde-Frazier relata um depoimento compartilhado por um grupo de mulheres durante um retiro. Essa narrativa tece numa trama única a luta diária pela justiça de mulheres que foram vítimas de abuso sexual e o episódio da mulher com sangramento (Mc 5,21-34). Depois de resumir brevemente essa história, concluo que ela serve de poderoso exemplo de mulheres (re)citando Cristo.

Conforme o relato de Conde-Frazier, a história das mulheres começa num banheiro da igreja, num domingo após o serviço matinal.[33] Esse banheiro tinha sido durante muitos anos o local de encontro do grupo, pois era um dos poucos locais em que as mulheres não se sentiam pressionadas pelo pastor – um homem – e podiam sentir-se livres para interpretar as escrituras do jeito que o texto sagrado falava a elas, mulheres. Nesse domingo em particular, as mulheres estavam discutindo a história do evangelho sobre a mulher com hemorragia. De acordo com a escritura, a mulher vinha sangrando há mais de doze anos e os médicos apenas tinham tornado seu problema pior. Depois de ficar sabendo dos milagres operados por Jesus, a mulher acreditou que ele tinha o poder de curá-la. Um dia, ela o viu no meio da multidão e aproximou-se dele por trás, tocando a beirada de seu manto. Imediatamente, sua hemorragia cessou. Jesus sentiu o poder que fluía dele e virou-se para olhar a sua volta e descobrir quem o havia tocado. A mulher então se ajoelhou diante dele, amedrontada. Ele disse a ela: "Minha filha, a tua fé te salvou; vai em paz e estejas curada desse teu mal" (Mc 5,34).

Naquela manhã, na segurança do banheiro, as mulheres formularam uma série de questões: qual seria a sensação de ter uma menstruação incessante durante doze anos? O que poderia fazer uma mulher sangrar desse

---

[32] Ibid., 58.
[33] O que segue é o meu resumo da história narrada por Conde-Frazier, em ibid., 67-74.

jeito? Que sensação daria ser julgada impura? Juntas, as mulheres consideraram esse episódio de diversos ângulos. Ainda assim, duas integrantes, Minerva e Ana, permaneceram caladas. Depois de algum tempo, o silêncio das duas encheu o recinto e Minerva então falou. Ela disse que sabia por que a mulher tinha sangrado.

Para Minerva, o "tocar" era o ponto central da história. Ela começou (re)citando a narrativa da perspectiva de uma moça que tinha sofrido abuso sexual. Ela falou do corpo da menina que começava a se desenvolver, dos homens começando a reparar, e de um deles, em particular, que costumava tocar a menina de maneira inapropriada. Entre lágrimas, Minerva relembrou as "infecções" provocadas pelo toque daquele homem: vergonha, medo, ódio por si mesma, paralisia. "Aquela mulher sangrava para se proteger", Minerva disse. "Ele não a tocaria se ela estivesse impura. Ela sangrava toda vez que lembrava do que ele tinha feito a ela." Minerva recordou das muitas idas da mulher ao médico, o que apenas a fazia se sentir pior. Era alvo de zombarias por ser virgem aos 24 anos de idade e o médico lhe disse que bastava casar-se e ter sexo.

Minerva continuou: "Um dia, a mulher ouviu falar de um homem que não tinha um toque infeccioso. Em vez disso, ele tinha uma luz de cura. Mas a mulher não podia suportar a ideia de ser tocada por um homem, mesmo por esse de intenções puras". Ao ouvir essas palavras, Ana caiu no chão, tomada por um choro convulsivo. Betsaida tentou consolá-la, mas Ana gritava: "Não me toque! Não me toque!" Minerva então respondeu: "Mas e se eu for tocá-lo? E se eu tocá-lo até que a praga que foi lançada contra mim estiver curada?" Tirando o lenço de sua Bíblia, Minerva amarrou-o na beirada da saia. Ela se aproximou de Ana, mas deu-lhe as costas. "Quando a mulher tocou a veste de Jesus, sua vergonha cedeu", Minerva recitou. "Ela foi capaz de fechar os olhos e enxergar uma linda moça que a olhava. Então ela finalmente conseguiu tocar seus seios sem sentir medo." Enquanto Minerva continuava a encenação, Ana estendeu a mão na direção do lenço amarrado na saia de Minerva. Ela o pegou e seu choro ficou mais manso. Minerva virou-se e, ainda dentro do personagem, perguntou quem a havia tocado. Ana ajoelhou-se diante dela e disse que era ela. Minerva então disse a Ana que ela havia sido sexualmente molestada por seu tio, e Ana contou a Minerva a história de seu estupro. Enquanto elas contavam seus segredos uma para a outra, as demais mulheres formaram uma roda em torno das duas e rezaram em silêncio.

Subitamente, Ana exclamou: "Dê-me água para me limpar!" Ana aproximou-se da pia e tirou a blusa. Colocando as mãos debaixo da água corrente, ela se molhou. Minerva fez o mesmo. Quando as duas acabaram, as outras mulheres pegaram água e, sem tocar em Minerva nem em Ana, lançaram a água sobre si mesmas, em todas as direções. Quando o ritual chegou ao fim, Minerva proclamou: "A mulher ajoelhou-se diante de Jesus e contou-lhe a verdade. Ela contou seu segredo para ele e ele trouxe à tona a fé da mulher em si mesma: ela não era uma praga ambulante. Podia ter fé em seu corpo novamente, em seu próprio espírito, em sua feminilidade".

Esse poderoso testemunho, narrado por Conde-Frazier, exemplifica a teologia vivida entre os despossuídos. Por meio de sua (re)citação do texto do evangelho e do sacramento do batismo, as mulheres desse episódio reencarnaram Cristo umas para as outras. Esse ato performático desbrava um caminho para a luta das mulheres por justiça, e converte identidades não sancionadas sexuadas/generificadas em agentes políticos. Mais do que isso, esse ato ilustra a fluidez e a vulnerabilidade de *todas* as nossas representações de Cristo, e demonstra que (re)citar Jesus não é simplesmente sobre mudanças ordenadas, ontológicas, mas também sobre retomar o ministério de Jesus e reproduzir Deus conosco.

Os temas da performatividade e da instabilidade são bem conhecidos no pensamento cristológico. Como observa Lisa Isherwood, o cristianismo conta inerentemente histórias "de transformações travestidas, de categorias instáveis e de corpos, todas representadas por meio do corpo de um homem que proclamou 'Deus está conosco'".[34] Michael Himes nota que esse evento encarnacional *não* é antes de tudo e principalmente a revelação de quem Deus é, mas sim a revelação de quem nós somos. Citando Irineu de Lion, um padre do século II, Himes argumenta: "A glória de Deus é um ser humano plenamente vivo".[35] E eu afirmo que, para ser plenamente humano, é preciso contestar os termos que atribuem valor a certos grupos ou indivíduos e não a todos. É preciso indagar por que determinados corpos deixam de importar, e retomar a prática do ministério do Jesus a fim de se reivindicar direitos políticos em nome desses corpos.

O referencial performático esboçado durante este artigo desafia as mulheres para que tornem a habitar seu lugar *no*, e não *do*, Corpo (e no corpo) de Cristo. Em vez de nos permitir sermos enfiadas em recipientes destinados a categorizar e repudiar, podemos usar as complexidades de nossas vidas para desafiar a crença de que alguma pessoa ou grupo é mais correta ou mais merecedora de identificação com Jesus. Embora as mulheres nunca venham a ser incluídas na política corporal do Vaticano, tal como se encontra atualmente estruturado, elas certamente podem afrouxar as rédeas com as quais se controlam o corpo da mulher, mudando as fronteiras de sua comunidade e criando um espaço a partir do qual sujeitos de outro gênero podem falar e agir.

Retomando minha questão inicial, concluo que o anúncio do mago – "É uma menina!" – constitui um desafio à situação negativa do patriarcado na Igreja, quando entendido de uma perspectiva performática. Em vez de inserir uma "menina" num papel dominado pelo masculino, ou de alterar o gênero de Jesus sem desafiar as normas hegemônicas da participação e do pertencimento, a perspectiva performática expande a doutrina de Cristo de uma maneira favorável ao incremento do Corpo

---

[34] Lisa Isherwood, "The Embodiment of Feminist Liberation Theology: The Spiralling of Incarnation", *Feminist Theology* 12, n. 2 (2004): 145.
[35] Michael J. Himes, *The Mistery of Faith: An Introduction to Catholicism* (Cincinnati: St. Anthony Messenger, 2003), 19-28.

que realiza Cristo na prática. Isso posto, proponho que as cristologias devam ser compreendidas não como entidades hermeticamente seladas, mas sim como formações historicamente construídas, citadas, recitadas, transformadas e realizadas na prática de identidades pluralizadas de pessoas cristãs.

Mesa-redonda sobre cristologia
Michele Saracino, LaReine-Marie Mosely, Teresa Delgado

Conforme a cristologia feminista continua evoluindo, surgem novas questões e metáforas, algumas das quais buscam ser fiéis a questões e promessas passadas, enquanto outras abalam intensamente o terreno teológico. Cada uma das contribuições a esta seção equilibra lindamente esses dois desafios trançando três fios interligados: a não masculinidade de Cristo, a relacionalidade e o pluralismo religioso. Além disso, cada um dos ensaios destaca como a tarefa de colaborar com estudiosos, num veículo dialogal como este volume, leva a outras implicações teológicas dignas de consideração.

Não é um argumento novo teologizar com base na não masculinidade de Cristo. Poucos podem esquecer o momento em que Rosemary Radford Ruether formulou sua pergunta radical, indagando se um salvador homem pode mesmo salvar as mulheres, e com isso rompeu a lógica eclesiástica padrão de que a masculinidade de Cristo é a dimensão salvífica de Cristo. O trabalho de Ruether libera as autoras dessa antologia para imaginarem e construírem a cristologia de uma maneira que se liberte não somente de um Cristo masculino, mas também de uma posição binária entre um Cristo masculino e um Cristo feminino, consequentemente desarticulando outros processos binários que colocam a vida em risco, inclusive cristãos contra judeus. O auge desta seção não é Cristo não ser homem, mas sim o fato de, enquanto o gênero construído para Cristo puder ser interpretado como uma metáfora para se entender a pessoa e o trabalho de Jesus Cristo, esse gênero sempre está aberto a negociação. Nenhuma das "histórias" sobre Cristo, incluindo a de sua "masculinidade", deveria dominar a cristologia, e com isso se abre espaço para o Cristo que amamenta, proposto por Jeannine Hill Fletcher, e o Cristo performático de Laura Taylor. Embora questionar a masculinidade de Cristo tenha sido uma trajetória libertária, nesta altura da história essa réplica tem a capacidade de aprisionar mulheres e homens dentro e fora da igreja em configurações binárias, o que limita seu âmbito de atuação e sua voz. Resistir a toda forma binária de pensar sobre Jesus também identifica o trabalho de Elena Procario-Foley, quando ela pede aos leitores que a acompanhem em sua experiência de violência contra mulheres judias, implorando implicitamente a cada cristão que interrogue como as categorias "judeu" e "cristão" foram formuladas de maneira dicotômica, à custa da construção de uma solidariedade genuína e germinativa com todos.

Quando passamos a abordar dicotomias problemáticas em qualquer contexto, desponta o fio de um senso mais complicado de relacionalidade. Uma das partes do artigo de Hill Fletcher se intitula "Cristologia e relacionalidade", mas antes ainda de se dedicar a essa seção, ela escreve sobre nosso mundo globalizado atual, que recebe a subdisciplina cristologia de maneiras peculiares devido ao contexto mutante em vigor. Esse contexto foi influenciado pela tecnologia, a economia e outros fatores a tal ponto que, realmente, hoje somos um mundo só; estamos todos relacionados. Refletindo sobre as opiniões de Hill Fletcher, devemos tomar cuidado para não romancear as noções "lugar único" ou "aldeia global", ao preço de não reconhecer, nem identificar as flagrantes diferenças que caracterizam os estilos de vida dos mundos com um terço e com dois terços da população, e nossa cumplicidade na manutenção desses mundos distintos. A salvação pode transcender essas diferenças, mas que papel os indivíduos e os grupos podem desempenhar para promover essa salvação ou esse bem-estar?

Hill Fletcher fala de maneira incisiva sobre como "aprendemos nossos primeiros padrões de relacionalidade" com nossas mães ou com outras mães. Esse primeiro relacionamento com a mãe ou outra figura materna tem um tremendo impacto formativo. Podemos deduzir que esse foi também o caso com a relação entre mãe e filho estabelecida entre Maria e Jesus. Talvez essa constatação nos permita retirar Maria de Nazaré das representações fracas e tépidas que têm assolado o cristianismo. Maria não foi somente "o caniço de Deus": ela foi uma pessoa com substância própria. Isso lhe permitiu revelar o melhor e o mais verdadeiro de seu filho Jesus.

Além do relacionamento de Maria com seu filho bem-amado, é mesmo intrigante saber da devoção medieval a Jesus, nossa mãe! Essa imagem some diante do essencialismo de gênero e sugere fluidez a respeito de identidades fundadas no gênero, concretizando um complicado senso de relacionalidade. Esse ponto nos traz à mente o esforço de Taylor para ir além do que ela entende ser o impasse da cristologia feminista. Para ela, desempenhar derruba imitar e o Jesus dessa devoção medieval desempenha o papel de provedora maternal a tal ponto que os seios *dele* fornecem o "leite da cura". Talvez nossos irmãos e irmãs transgêneros e bissexuais sejam capazes de nos ajudar a lidar com essa proposta. A inclusão dessa devoção por Hill Fletcher tem possibilidade de instigar a imaginação acerca da radical abnegação que caracteriza o aleitamento. Não surpreende que sejam os seios do Crucificado que devam ser sugados.

Por mais espantosa e antinatural que essa imagem possa parecer, seria de fato mais espantosa do que a tentativa de reunir as categorias ontologicamente diferentes de criador e criatura, quer dizer, de divindade e humanidade? Falar de encarnação é falar de hibridade. Hibridade foi o que caracterizou Jesus e que, de diversas maneiras, caracteriza-nos. Estamos imersos num mundo de graça e somos feitos à imagem e semelhança de Deus. Isso significa alguma coisa e, não obstante, nossa corporificação como fêmeas é um déficit para nós, cristãs católicas, abrindo espaço para a distinção feita por Ruether entre a antropologia igualitária e a antropologia patriarcal, por meio da qual aquela é largamente valorizada na sociedade secular e esta, na hierarquia da Igreja.[36] A antropolo-

---

[36] Rosemary Radford Ruether, "Christology and Patriarchy", em *Thinking of Christ: Proclamation, Explanation, Meaning*, ed. Tatha Wiley (New York: Continuum, 2003).

gia patriarcal alimenta o entendimento da Igreja de que, porque as mulheres não têm corpos masculinos, elas não podem reproduzir a imagem de Cristo. Isso é uma falácia porque tanto mulheres como homens foram feitos à imagem e semelhança de Deus. As particularidades históricas do gênero, da raça e da étnica de Jesus de Nazaré não o impedira de tornar-se paradigmático para toda a humanidade.

Como as feministas antes de nós, Taylor identifica o "x" de muitos problemas cristológicos: o poder. É aí que esses ensaios cristológicos complicam as noções comuns de relacionalidade. A citação de Taylor da teóloga feminista Lisa Isherwood expressa bem a questão:

> "Quando as feministas consideram se um salvador homem pode ou não salvar as mulheres, essa questão ultrapassa a masculinidade do homem e engloba o masculino que foi criado por gerações de pais e filhos na tentativa de consolidar o poder por eles detido no mundo".

Nesse sentido, a Igreja é claramente uma instituição de dominação. Essa dimensão deve ser desarticulada. O que é preciso aqui é uma crítica ideológica que funcione como um fórum para lançar luz sobre as maneiras problemáticas pelas quais a superioridade masculina é mantida a qualquer preço – uma crítica que almeje uma relacionalidade mais complicada.

A colaboração com quem consideramos "os outros" e diálogo sobre questões complexas de poder e identidade são práticas importantes quando nos movemos na direção de um conceito mais complicado e portanto mais germinativo de relacionalidade. Não seria de fato um grande tópico para colaboração e diálogo as especialistas feministas judias e cristãs discutirem Jesus? Procario-Foley coloca a bola em jogo mostrando para nós como Jesus precisa ser libertado de nosso antijudaísmo inadvertido ("nosso", quer dizer, das feministas cristãs). Precisamos de um curso-relâmpago em judaísmo do Segundo Templo! Como agora as pesquisas estão disponíveis, não há desculpa. Não obstante, a cristologia feminista deve negociar um difícil equilíbrio entre o dado histórico da realidade judaica de Jesus e a afirmação teológica de que Jesus é constitutivamente diferente para os cristãos. Configurar uma cristologia que honre a experiência religiosa real de Jesus, assim como a experiência cristã de quem foi Jesus, é um empenho necessário se nos comprometemos com relações genuínas de solidariedade com nossas irmãs e irmãos judeus.

Como decorrência de uma relacionalidade complicada, advém o argumento de que hoje em dia a pessoa é forçada a teologizar sobre quem foi Jesus Cristo e qual foi seu trabalho de uma maneira que recusa a abertura genuína a outras religiões. Portanto, o pluralismo religioso é o terceiro fio que emerge desses três ensaios. Procario-Foley descentraliza as respostas cristãs feministas tradicionais à pessoa e ao trabalho de Jesus para dar espaço para o que as especialistas judias argumentam em relação ao Novo Testamento e, especificamente, a Jesus. Isso não é feito para que ela se mostre politicamente correta, mas motivado por uma postura de hospitalidade em relação aos outros que vai além de tolerar essa pessoa e sua perspectiva e acolher ambas de modo a transformar sua própria natureza e perspectivas. Sua vivência acadêmica, quando ofendeu uma mulher judia, foi um momento decisivo em sua vida, em sua conversão. Quando encontramos cara a cara alguém que nos desafia, quer dizer, quando temos um encontro encarnado com o "outro", é difícil ignorar a gravidade e a veracidade de suas histórias. Em muitos sentidos, isso é um desafio também para a discussão numa mesa-redonda. Uma coisa é encontrar uma teóloga por escrito, mas quando nos sentamos para discutir o trabalho das autoras, como aconteceu conosco, como parte do processo da mesa-redonda, estamos todas sendo abertas pela materialidade da outra pessoa. Elas não são ideias abstratas e desencarnadas, mas criaturas vulneráveis, historicizadas, muitas delas arriscando sua própria segurança teológica e acadêmica para contar suas histórias e se abrir ao discurso teológico católico com os outros.

Esse risco reflete-se em iniciativas teológicas inter-religiosas. Quando Hill Fletcher escreve: "Precisamos de uma cristologia que reconheça que os seres humanos não existem em isolamento individual; precisamos de uma cristologia que reflita e encoraje as relações humanas", ela espera que se formem conexões com os outros, através de fronteiras e credos religiosos. Como ela diz: "Em nossa era global, o amor maternal dos cristãos criado por Cristo deve estender-se à comunidade global e estar disposto a cruzar fronteiras religiosas". Hill Fletcher chega ao cerne da questão quando reflete sobre a muçulmana que está esperando a descida de seu leite, passando pela experiência universal de muitas outras mulheres.

Compartilhar a humanidade comum abre para todas a conversa para a salvação, o desejo que ela sente de "dividir a divindade de Deus com outras pessoas, figuras, eventos que decorrem de uma ampla variedade de realidades religiosas". E, por fim, ao introduzir o trabalho de Alliaume na conversa, Taylor desafia toda cristologia normativa e abre inclusive a possibilidade de uma cristologia isenta de uma ontologia tradicional, na qual qualquer um pode desempenhar o papel de "Cristo" e, com isso, ela abre a cristologia aos outros, inclusive aos adeptos de outras religiões.

O pluralismo religioso é um tema polêmico e uma importante fonte de alarido no discurso teológico, envolvendo temas relacionados ao que Jesus significa para não cristãos e como não cristãos vivenciam a questão da salvação. Cada um dos ensaios aborda essas duas últimas questões e é representativo de um contramovimento dentro da Igreja. Eles não afirmam que a salvação por meio de Jesus é possível para todos, o que é uma afirmação bastante radical em si e no contexto religioso e cultural vigente hoje. Em vez disso, os artigos afirmam, tanto implícita como explicitamente, que existe um novo amanhecer para a cristologia em que tudo que diz respeito a seu tema central – Jesus Cristo – é fluido, aberto e performático. Esses artigos detonam toda interpretação autossuficiente ou narcisista do que é a salvação e a quem ela se destina.

Ao refletir sobre o estado da cristologia num contexto "pós" – pós-feminista, para algumas; pós-cristão, para outros; para muitos, pós-moderno – abordamos esta mesa-redonda com a proposta de questionar se a teologia pode de fato livrar-se da estrutura de poder patriarcal dos fundadores e fundadoras da Igreja. Algumas contribuições referiram-se ao processo de escrever aqui como uma experiência dolorosa e até mesmo traumática, ao passo que houve autoras para quem foi uma revelação pessoal porque aprenderam muito sobre si mesmas durante a redação de seus artigos. Quando escrevemos para alunos universitários, cada uma de nós tem a responsabilidade de admitir e demonstrar de onde brotam as categorias teológicas tradicionais, essas que têm "autoridade", e como têm sido interpretadas. Entretanto, como somos feministas católicas, muitas de nós resistem à imposição de ter de lidar com a tradição porque nós e outras – consideradas "outras" – fomos prejudicadas por ela. Quando lidamos com essas categorias, abrimos velhas feridas e, o que é ainda pior, conferimos autoridade às alegações teológicas mais prejudiciais. Essa tem sido uma tensão fundamental desde o início mesmo desta antologia, tensão que se manteve durante todo o processo de sua realização. Às vezes, sentimos-nos tolas e até mesmo diminuídas por termos de retomar nossos antepassados teológicos para provar que temos algo de fato construtivo a acrescentar a um projeto teológico para o século XXI. Será que somos meras adolescentes numa existência eclesiástica alongada, ou estamos mais fundamentalmente lidando com o problema antigo representado por outras pessoas tentando reivindicar seu lugar em um contexto que, tradicionalmente, não se tem mostrado capaz de nem disposto a acolhê-las?

Cada um dos ensaios na seção sobre cristologia e na antologia em geral demonstra esse desafio de ensinar teologia a estudantes sem reciclar o que já se tornou inutilizável ou insuficiente. O trabalho de Taylor chega ao "x" da questão quando envolve o trabalho de Karen Trimble Alliaume; ela explicita a futilidade da imitação no tocante a Jesus e à ordenação e, em vez disso, privilegia o desempenho que resiste a qualquer identificação com o poder e a autoridade institucionalizados. O trabalho de Hill Fletcher sobre o "papel maternal de Jesus" é um golpe vigoroso contra qualquer interpretação singular e normativa de Jesus, da humanidade e da maternagem e, em última análise, coloca para escanteio as categorias tradicionais. Por fim, ao ouvir a raiva e a frustração das feministas judias, Procario-Foley é convertida e pede-nos abertura para pensarmos em Jesus fora da caixa simples em que os "liberacionistas" cristãos querem colocá-lo, para podermos imaginá-lo de outro modo, à luz da solidariedade com nossos irmãos e irmãs judeus.

Lidar com categorias teológicas tradicionais não foi o único desafio nesse projeto colaborativo entre feministas católicas. Outro desafio foi aderir a um lócus teológico distinto. Cada uma das cristologias dessa seção, e inclusive as demais teologias dessa antologia, é híbrida. O trabalho de Hill Fletcher é uma antropologia cristológica mais hibridizada. O de Procario-Foley representa tanto uma eclesiologia como uma cristologia. Muitas de nós estávamos cientes da tensão que crescia e achamos que não era tanto um problema em si e mais uma decorrência do rumo que o campo da teologia que está tomando. Em nossa era de globalização, todas as fronteiras estão desmanchando-se, inclusive aquelas entre os *loci* teológicos tradicionais. Não obstante, como somos continuamente impelidas pela voz interior em nós, que busca alguma autoridade, ou pela voz pública, a indagar: "Como é que isto é uma antropologia, uma cristologia ou uma eclesiologia?", algumas das velhas feridas tornaram a se abrir.

Devemos muito a todas as teólogas que vieram antes de nós, assim como a todas as outras especialistas feministas católicas com quem nos colocamos ombro a ombro em nossos combates. Mas que ninguém se engane: ficar ombro a ombro não é nada fácil. Às vezes, nossas experiências, questões e problemas parecem que competem uns com os outros, todos se debatendo para arranjar uma lasquinha da torta que seja. Nesses momentos, é difícil não reproduzir padrões de relação excludentes e hostis. É nesse ponto que cada um dos ensaios fala da importância ética de permanecermos ombro a ombro. Não é suficiente aceitar uma pessoa por escrito, ou mesmo na vida diária, mas se pegarmos a mãe que amamenta e que partilha minha ansiedade com seriedade, se ouvirmos as queixas de nossas irmãs, como as magoamos, então talvez possamos reproduzir uma nova solidariedade, reimaginando e recriando uma nova maneira de viver que reafirme a vida.

Questões para discussão e reflexão

1. Pense nas várias maneiras como você viu Cristo representado simbolicamente (como o Bom Pastor, o Pescador, o Rei). De onde vêm essas imagens? Que tipos de experiência humana elas representam? Há imagens de Cristo que você possa imaginar ligadas às experiências das mulheres? Por que você acha que isso é assim ou não deveria ser assim? O que comunica a imagem de Cristo como mãe, ou de Cristo com uma mulher aleitando? Essa é uma imagem que deveria ser incluída na tradição? Por que sim? Por que não?

2. O ensaio de Hill Fletcher defende a ideia de uma nova cristologia, atenta não apenas às experiências das mulheres, mas também à realidade do pluralismo religioso. A autora sugere que a teologia cristã necessita dialogar com pessoas de outros credos religiosos. Você concorda? Por que sim? Por que não?

3. Quais são, para o cristianismo, as consequências de se denegrir o judaísmo?

4. Você acha que as feministas cristãs e as judias têm algo em comum?

5. Por que e como as interpretações androcêntricas de Cristo são um problema para as teólogas feministas?

6. O que há de diferente em se fazer uma cristologia com base em uma perspectiva feminista?

Leituras recomendadas

Boys, Mary. *Has God Only One Blessing? Judaism as a Source of Christian Self-Understanding* (Mahwah, N.J.: Paulist, 2000). A autora apresenta uma análise de vanguarda para explicar como a narrativa cristã pode e deve ser relida, com respeito pelo judaísmo.

Bynum Caroline, Walker. *Jesus as Mother? Studies in the Spirituality of the High Middle Ages* (Berkeley: University of California Press, 1982). Bynum propõe um panorama das muitas maneiras nas quais Jesus tem sido imaginado como mãe, na história da tradição cristã.

Fiorenza, Elisabeth, Schüssler. *In Memory of Her: A Feminist Theological Reconstruction of Christian Origins* (Nova Iorque: Crossroad, 1992). Este texto seminal de teologia feminista apresenta o esboço de uma cristologia de relacionalidade fundada em profundos conhecimentos bíblicos.

Flannery, Edward H. *The Anguisj of the Jews: Twenty-Three Centuries of Anti-Semitism* (Mahwah, N.J.: Paulist, 1999). Neste clássico, Flannery, um padre católico, apresenta um panorama histórico do antissemitismo.

Grant, Jacquelyn. *White Women's Christ, Black Women's Jesus: Feminist Christology and Womanist Response* (Atlanta: Scholars, 1989). Em resposta às cristologias feministas tradicionais, que não se dirigem às mulheres não brancas e não ocidentais, este livro propõe uma teologia mulherista que fala à realidade das mulheres negras contemporâneas.

Isherwood, Lisa. *Introducing Feminist Christologies* (Cleveland: Pilgrim, 2002). Este livro explora o largo âmbito das cristologias feministas que apareceram em decorrência das experiências de mulheres do mundo todo, incluindo uma visão geral do passado, do presente e de possíveis futuros desdobramentos da área.

Levine, Amy-Jill. *The Misunderstood Jew: The Church and the Scandal of the Jewish Jesus* (Nova Iorque: HarperOne, 2006). Levine, estudiosa judia do Novo Testamento, defende uma reconciliação entre a igreja e a sinagoga, enquanto insiste na realidade de Jesus como judeu.

Pui-lan, Kwok. "Engendering Christ: Who Do You Say That I Am?", em *Postcolonial Imagination and Feminist Theology* (Louisville: Westminster John Knox, 2005). Neste ensaio, Kwok introduz uma variedade de revisões contemporâneas da imagem de Cristo.

Stevens Maryanne, ed., *Reconstructing the Christ Symbol: Essays in Feminist Christology* (Nova Iorque: Paulist, 1993). Este volume contém seis críticas feministas da cristologia clássica que tentam superar as várias experiências do patriarcado na esfera da tradição cristã.

Wiley, Tatha. *Thinking of Christ Proclamation, Explanation, Meaning* (Nova Iorque: Continuum, 2003). Este trabalho apresenta um panorama histórico e sistemático de uma vasta gama de questões cristológicas contemporâneas, incluindo a natureza da escritura, o desenvolvimento doutrinário, antijudaísmo, pluralismo religioso, a legitimação religiosa do colonialismo, além de questões de espiritualidade e ética.

Parte III

Eclesiologia

VII
Mulheres e a *persona* de Cristo: ordenação na Igreja Católica Romana

Elizabeth T. Groppe

Krista transborda de entusiasmo. Sua paixão pela missão é palpável. Uma de suas professoras de teologia me diz: "Ela está incendiada de amor por Cristo e pela igreja". Sem dúvida, seu espírito foi moldado pela educação que recebeu da família, um grupo de católicos muito ativos e comprometidos. Sua mãe e seu pai serviram ambos na paróquia a que pertenciam em St. Louis, atuando como membros do conselho, mentores e ministros eucarísticos. Matricularam Krista e o irmão em escolas católicas. Agora, prestes a se graduar na Xavier University, o tempo de Krista tem sido dividido por uma variedade de serviços que ela presta à faculdade e à comunidade de Cincinnati em geral, incluindo quatro anos como líder do ministério no *campus*. Sociável e expansiva, ela é habilidosa para formar e cultivar relações sociais – o elo da vida comunitária. Ela explica: "Somos todos instrumentos. Somos como flautas ou clarinetas e Deus é o sopro, fluindo através de nós e fazendo música com nossos dons".

Certo mês de agosto, enquanto era assistente no programa de orientação para novos alunos, ela conheceu um rapaz discreto e reservado que comentou com o grupo de orietandos sua vocação para o sacerdócio. Quando refletiu sobre aquela reunião, Krista se deu conta de que sua própria paixão pela comunidade de fé poderia ser útil ao ministério ordenado. Como irmã leiga, há muitas maneiras dela contribuir com a Igreja. Mas, como percebeu, as pessoas, que dão à Igreja seu direcionamento, tomam decisões sobre fé e ética, representam a Igreja perante o mundo são homens ordenados. Sua inteligência, sua capacidade de se comunicar e sua facilidade para se relacionar poderiam "ajudar a transformar a Igreja de uma maneira que ela pudesse se tornar mais fiel a sua missão". Os atributos pessoais de Krista correspondem aos que são apropriados a ministros ordenados e ela sentia muito fortemente sua vocação nesse sentido. Entretanto, Krista sabe que "neste momento não há lugar para mim na estrutura da Igreja porque sou mulher". Por outro lado, o rapaz que ela conheceu no grupo de orientação "será recebido de braços abertos na catedral". Ela observa isso sem amargura e deseja a ele tudo de bom.

No catolicismo romano, o padre se coloca como líder da Igreja *in persona Christi* (na pessoa de Cristo), e historicamente essa posição tem sido ocupada somente por homens. Ao mesmo tempo, a conformidade a Cristo é a vocação de todos que são batizados. Quando perguntei aos alunos matriculados em cursos de teologia, na Xavier, se eles acreditavam que existiam pessoas que representassem Cristo, ou que agissem à imagem de Cristo, eles responderam contando histórias sobre suas mães e suas avós, sobre freiras de uma paróquia, sobre um padre, sobre uma amiga chamada Courtney, citaram uma professora de teologia, e também Dorothy Day, Martin Luther King e Madre Teresa. Houve quem falasse de maneira mais geral, mencionando professores, assistentes sociais, médicos e amigos, e muitos disseram que qualquer um pode representar Cristo. Eles explicaram que viver à imagem de Cristo é viver movido pelo amor, fazer a vontade de Deus e obedecer aos mandamentos divinos, dedicar-se aos desfavorecidos e aos ignorados, lutar pelos pobres e pela justiça, perdoar, ser altruísta e viver a vida em sua plenitude. Numa conversa, Krista me disse que agir como Cristo é viver com uma "inabalável compaixão por todos" e "apontar sem temor as falhas em nossas estruturas sociais", como Jesus, que "virou a sociedade de ponta-cabeça".

Uma vez que a vocação de todos os batizados é se vestir de Cristo (cf. Gl 3,27), e uma vez que reconhecemos a imagem de Cristo tanto em pessoas do sexo masculino, quanto do sexo feminino, por que as mulheres têm sido proscritas de servir *in persona Christi* como sacerdotes ordenados, para celebrar a liturgia eucarística e liderar uma comunidade eclesiástica católica de maneira pública, para a compaixão e a justiça de Deus? Deveriam os requisitos da ordenação ser adaptados de maneira que Krista também pudesse ser recebida de braços abertos na catedral? Nos últimos cinquenta anos, a Igreja Católica tem lidado com essa questão. Este capítulo apresenta uma visão geral do debate teológico e se encerra com minhas próprias reflexões sobre o sacerdote como um instrumento e um signo sacramental da sabedoria divina.

Perspectivas bíblicas

A prática de Jesus e a Igreja apostólica são tópicos cruciais na discussão sobre a ordenação de mulheres. Entretanto, o Novo Testamento não trata diretamente da questão de se as mulheres podem ser ordenadas sacerdotes da Igreja Católica Romana.

A Pontifícia Comissão Bíblica (PCB) é um grupo de estudiosos das escrituras nomeados pelo Vaticano para atuar como consultores. Seu relatório de 1976, intitulado "As mulheres podem ser sacerdotes?" conclui que a questão relativa ao sacerdócio, ao celebrante da eucaristia e à liderança de comunidades locais implica "uma maneira de olhar as coisas que, em alguma medida, é estranha à Bíblia" (§ 4).[1] Embora o Novo Testamento de fato descreva a assembleia cristã como um sacerdócio (1Pd 2,5–9; Ap 1,6; 5,10), e fale de um ministério sacerdotal e sacrificial (Rm 12,1; 15,16; Fl 2,17; 1Pd 2,5–12), "o texto nunca usa o termo técnico *hiereus* [sacerdote] para o ministério cristão" (§ 5). É Jesus Cristo que é designado como o verdadeiro sumo sacerdote e o verdadeiro Templo (Jo 2,21; § 33).

Continua a PCB dizendo que, ao fundar o reino de Deus, Jesus escolheu doze homens à imagem dos doze patriarcas do Antigo Testamento

---

[1] Pontifícia Comissão Bíblica, "Can Women Be Priests?", *Origins* 6 (1° de julho de 1976): 92-96.

para que servissem como líderes do povo renovado de Deus (Mc 3,14-19). Após a morte e a ressurreição de Cristo, os apóstolos foram incumbidos da missão de evangelizar todas as nações (Mt 28,19; Mc 16,5), de desenvolver o reino de Deus e de governar a Igreja. Anciãos, profetas e professores presidiram as primeiras comunidades fundadas pelos pioneiros do movimento missionário (§ 49).

De acordo com a PCB, algumas mulheres de fato colaboraram com um "trabalho propriamente apostólico" (§ 41): Lídia, Prisca e a mãe de Marcos ofereceram suas casas para reuniões (At 16,14-15; Rm 16,3; At 12,12); Evódia e Síntique são descritas como colaboradoras de Paulo (Fl 4,2); e nove ou dez das 27 pessoas a quem Paulo agradece ou cumprimenta ao final de sua epístola aos romanos são mulheres. Em vários desses casos, como salienta a PCB, "Paulo insiste em especificar que elas se empenharam pela comunidade, usando um verbo grego (*kopian*) geralmente usado para descrever o trabalho de evangelização propriamente dito" (§ 42). Paulo menciona também uma diaconisa (*diáconos*) da igreja de Cencreia que era protetora de muitos, inclusive dele mesmo (Rm 16,1-2). E "Júnia" ou é situada no nível dos apóstolos (Rm16,7); se essa pessoa é homem ou mulher é questão aberta (§ 44).

Apesar da colaboração das mulheres no trabalho apostólico, a PCB determina que "tudo que podemos saber sobre aqueles que tiveram um papel de liderança nas comunidades leva à conclusão de que esse papel sempre foi desempenhado por homens (em conformidade com o costume judaico") e que "o caráter masculino da ordem hierárquica que tem estruturado a Igreja desde seus primórdios parece, desse modo, confirmado pela escritura, de modo inegável" (§ 53, 54). Ao mesmo tempo, a PCB enfatiza que a questão da prática histórica das primeiras comunidades cristãs e o valor normativo dessa prática são duas questões distintas. Com o tempo, circunstâncias diferentes de fato provocaram mudanças em algumas práticas da Igreja apostólica. A administração do batismo, por exemplo, estava originalmente a cargo dos apóstolos (Mt 28,19; Mc 16,15ss), mas outros (inclusive mulheres) foram posteriormente incumbidos dessa responsabilidade (§ 64). Em suma, a PCB conclui, com respeito ao debate sobre a ordenação de mulheres, que "não parece que o Novo Testamento por si mesmo permita-nos resolver esse problema com plena clareza e de uma vez por todas" (§ 66).

Perspectivas históricas

Se o Novo Testamento não resolve em definitivo a questão da ordenação de mulheres, que luz poderia lançar sobre a questão pela tradição subsequente da Igreja? Quando revisamos esses registros históricos, devemos ser sensíveis aos vários modos nos quais o termo *ordinatio* tem sido empregado. No catolicismo romano atual, esse termo é usado exclusivamente em referência ao sacramento das ordens sagradas dentro das quais o homem é ordenado diácono, padre ou bispo. Antes do século XII, porém, os termos latinos *ordinare* e *ordinatio* tinham uma acepção mais ampla, significando a consagração e a designação de uma pessoa para assumir funções específicas, ou *ordo*, a serviço da comunidade.

Há evidências incontroversas de que nos primeiros quatro séculos as mulheres foram ordenadas diaconisas.[2] O termo "diácono" é usado na literatura dessa era com um sentido inclusivo em termos de gênero, e a forma feminina, "diaconisa" também ocorre. O ministério da diaconisa incluía auxiliar no batismo de mulheres, instruir os batizados e visitar doentes. O *Didascalia Apostolorum* (documento do século II) diz: "Que a mulher seja preferencialmente dedicada ao ministério das mulheres, e o diácono, ao ministério dos homens".[3] As mulheres tornavam-se diaconisas com a imposição litúrgica de mãos acompanhada de orações praticamente idênticas às usadas com os homens. O uso tanto de diaconisas como de diáconos começou a desaparecer por volta do século V, no Ocidente, e do século IX na igreja oriental falante de grego.

Entre os séculos V e XII, segundo Gary Macy, as mulheres foram ordenadas para diversos ofícios dentro da Igreja Católica, incluindo os de diaconisa, viúva,

---
[2] Ver Gary Macy, The Hidden History of Women's Ordination: Female Clergy in the Medieval West (New York: Oxford University Press, 2008); Phyllis Zagano, Holy Saturday: An Argument for the Restoration of the Female Diaconate in the Catholic Church (New York: Crossroads, 2000).
[3] Citado em Zagano, *Holy Saturday*, 95.

virgem, cônega, abadessa e freira. O termo em latim *ordinatio* e seus cognatos são usados com referência a mulheres tanto em ritos litúrgicos de ordenação como em depoimentos de papas e bispos. O mesmo termo é usado para sacerdotes homens e diáconos. Embora abadessas não oficiassem a eucaristia, ouviam confissões, oravam, batizavam e excomungavam membros da comunidade, abençoavam os leigos e consagravam freiras. Havia ritos litúrgicos que designavam mulheres para distribuir a comunhão. Inclusive existem, em textos que resistiram ao tempo, referências a mulheres *presbyterae* e *episcopae*, embora o que esses termos significam exatamente não esteja claro. Há muito tempo os estudiosos assumiram que essas formas femininas das palavras latinas *presbyter* (padre) e *episcopus* (bispo) referiam-se à esposa de um padre ou de um bispo, mas em alguns contextos nos quais esses termos surgem tal interpretação não é plausível.[4]

Após o século XII, o significado da ordenação afunilou-se. Cada vez mais, o termo foi usado basicamente em referência à ordenação para o sacerdócio, um sacramento conferido somente aos homens. Entretanto, existe pelo menos um caso recente em que esse sacramento foi administrado a mulheres. Quando Stalin ocupou a então Tchecoslováquia, em 1948, ele tentou esmagar a religião confiscando propriedades da Igreja e retendo padres e bispos de ordens religiosas. Nesse contexto, o frei Felix Maria Davidek, ele mesmo um antigo prisioneiro político, tornou-se bispo na Igreja clandestina. Na prisão, ele atendeu aos outros encarcerados e manifestou sua profunda preocupação pelas mulheres presas que não tinham acesso aos sacramentos. Assim que foi libertado, liderou um movimento dentro da igreja clandestina para o estudo e a discussão da questão da ordenação de mulheres e, em 1970, ordenou Ludmila Javorova. Ela trabalhou de perto com Davidek, correndo o risco de ser ela mesma presa. Seu ministério consistia em visitar os doentes e os moribundos nos hospitais e em outros lugares onde teria sido difícil o acesso aos padres. Segundo diz Ludmila: "Eu só queria servir. Apenas tornar mais leve a vida dos outros... eu sei que sou somente um instrumento, que

---

[4]Gary Macy, "The Ordination of Women in the Early Middle Ages", *Theological Studies* 61 (setembro de 2000): 490-93.

Deus atua através de mim".[5] Quando Davidek não pôde cumprir sua promessa de viajar a Roma para informar o papa da ordenação de Javorova, ela mesma se incumbiu de escrever uma carta para João Paulo II, que enviou em 1983. Ela nunca recebeu resposta. Em 1996, quando uma revista austríaca publicou um artigo sobre a ordenação de Javorova, ela foi imediatamente convocada para uma audiência com o bispo e proibida de exercer o ministério do sacerdócio. Disseram-lhe que sua ordenação e o ministério sacramental que ela havia exercido eram inválidos.

Concílio Vaticano II e suas consequências

Com a convocação do Concílio Vaticano II (1963-1965), a ordenação de mulheres tornou-se uma questão de preocupação não apenas para a igreja tcheca que existia na clandestinidade, mas no âmbito do catolicismo romano em geral. Quando o Concílio foi aberto em 1962, Gertrude Heinzleman, uma advogada suíça, apresentou uma petição perante a comissão preparatória pedindo a ordenação de mulheres. A petição não foi concedida. Apesar disso, o Concílio de fato publicou uma teologia bíblica da Igreja inteira como um grupo sacerdotal consagrado pelo Espírito e chamado à santidade, enfatizando o batismo como o sacramento da conformidade a Cristo.[6] O Concílio também resgatou o diaconato como um ministério permanente e próprio, e Phyllis Zagano em seguida defendeu a questão de as mulheres poderem ser novamente ordenadas nesse ministério no qual anteriormente tinham servido.[7] No decorrer dos anos 1960, artigos acadêmicos e teses de doutorado propuseram argumentos teológicos a favor da ordenação de mulheres para o sacerdócio.[8] Em 1970, a Coalizão Nacional das Freiras Americanas (nos Estados Unidos)

---

[5] Miriam Therese Winter, *Out of the Depths: The Story of Ludmila Javorova, Ordained Roman Catholic Priest* (New York: Crossroad, 2001), 177, 227.
[6] *Lumen gentium*, &10, pars. 39-42.
[7] Ibid., 29; Zagano, *Holy Saturday*.
[8] Para obter referências, ver as notas na "Introdução", de Leonard Swidler, a *Women Priests: A Catholic Commentary on the Vatican Declaration*, ed. Leonard Swidler e Arlene Swidler (New York: Paulist, 1977), 3-18. Um dos primeiros estudos foi a dissertação de Haye van der Meer, de 1962, orientada por Karl Rahner e publicada em inglês como *Women Priests in the Catholic Church? A Theological-Historical Investigation* (Filadélfia: Temple University Press, 1973).

pediu a ordenação de mulheres. Em 1971, o Sínodo Internacional dos Bispos recomendou a criação de uma comissão global para estudar a questão (embora essa comissão nunca tenha sido formada). Em 1974, a Conferência das Lideranças de Religiosas (nos Estados Unidos) resolveu que todos os ministérios da Igreja Católica Romana deveriam ser abertos a mulheres e, em 1975, a Sociedade Americana da Lei Canônica publicou um relatório afirmando que "está crescendo a compreensão da ideia de que o ministério, principalmente sacerdotal, não é necessariamente incompatível com a admissão de mulheres à sucessão da ordem", e que a tradição eclesiástica e a lei canônica desenvolvem-se, ao longo do tempo, tanto por meio da continuidade como da mudança.[9] A primeira Conferência para a Ordenação de Mulheres ocorreu em Detroit em 1975, ao mesmo tempo em que era realizado um encontro da Conferência Católica dos Estados Unidos, na qual o tópico da ordenação de mulheres ao sacerdócio foi levantado.

A revigorada discussão da questão na esfera da Igreja Católica foi inflamada não apenas pela renovação eclesial do Concílio Vaticano II, mas também pelas decisões de outras denominações cristãs de incluir mulheres no ministério. Os congregacionalistas tinham começado a ordenar mulheres já em 1853, e a Igreja Metodista Wesleyana pusera o método em prática em 1891. A Convenção Batista do Norte ordenou sua primeira mulher em 1907 e a Convenção Batista do Sul (nos Estados Unidos) o fez em 1964. A Igreja Presbiteriana nos Estados Unidos (do Norte e do Sul) ordenou mulheres em 1958 e em 1964, respectivamente. A Igreja Metodista começou a ordenar mulheres em 1956; a Igreja dos Irmãos, em 1958, e a Igreja Episcopal Metodista Africana, em 1960. Em 1970, a Igreja Luterana da América e a Igreja Luterana Americana revisaram suas regras disciplinares para permitir a ordenação de mulheres. Em 1976, a Convenção Geral da Igreja Episcopal aprovou a prática da ordenação de mulheres e, em 1992, os sínodos anglicanos na Inglaterra, na Austrália e na África do Sul seguiram o modelo. Esses avanços foram especialmente

---

[9] Canon Law Society of America, "Women in Canon Law", *Origins* 5 (novembro de 1975): 260-64.

significativos, uma vez que as tradições episcopais e anglicanas compartilham com a Igreja Católica Romana a mesma teologia da ordenação sacramental e da sucessão apostólica.

Embora a ordenação tanto para o diaconato como para o sacerdócio tenha permanecido fechada para mulheres na Igreja Católica, as mulheres têm sido uma força vital na vida paroquial após o Concílio. Em 1986, de acordo com um grande estudo da Notre Dame sobre a Igreja nos Estados Unidos, as mulheres predominavam em muitos papéis eclesiásticos, constituindo mais de 80% do professorado e dos patrocinadores da Confraternidade da Doutrina Cristã para a catequese; mais de 75% das lideranças e dos participantes adultos em estudos da Bíblia; mais de 80% dos membros de grupos de orações; quase 60% dos envolvidos em grupos de jovens; mais de 85% dos que lideram ou auxiliam ministérios aos pobres, aos doentes, aos enlutados e aos deficientes; mais de 50% dos membros de conselhos paroquiais; e mais de 50% dos ministros eucarísticos.[10] Além disso, como o número de padres ordenados caiu muito abaixo das necessidades pastorais da Igreja, mulheres com vasto treinamento teológico e pastoral têm cada vez mais assumido postos pastorais, nos quais exercem todas as mesmas funções dos padres, à exceção da administração dos sacramentos.[11] Isso cria uma disjunção problemática entre a pastoral da Igreja e o ministério sacramental.

Inter Insigniores: a "Declaração sobre a admissão de mulheres ao sacerdócio ministerial"

Na década que se seguiu ao Concílio Vaticano, a discussão da ordenação de mulheres estava ganhando ímpeto. Então, em 1976, quando o Vaticano questionou a liderança da Igreja Anglicana no diálogo sobre sua decisão de ordenar mulheres, a Congregação para a Doutrina da Fé (CDF),

---

[10] Ver http://www.nd.edu/~icl/nd_study.shtml.
[11] Para um estudo de vinte paróquias administradas por mulheres, ver Ruth Wallace, *They Call Her Pastor: A New Role for Catholic Women* (Albany, N.Y.: SUNY Press, 1992).

uma divisão da Cúria Romana, publicou *Inter Insigniores*.[12] Nessa "Declaração sobre a admissão de mulheres ao sacerdócio ministerial", publicada dentro do pontificado do papa Paulo VI, a CDF assumiu a posição de que as mulheres não podem ser ordenadas para o sacerdócio e apresentou razões teológicas para sustentar essa convicção.

Em primeiro lugar, a CDF enfatizou que um sacerdócio masculino é a tradição constante da Igreja. Tanto a Igreja Católica Romana, quanto a Igreja Ortodoxa Oriental têm sustentado unanimemente, ao longo dos séculos, que nem a ordenação sacerdotal, nem a episcopal podem ser válidas se conferidas a mulheres. A CDF reconhece que preconceitos contra mulheres marcam a tradição cristã, mas, em sua opinião, esse preconceito não determina a teologia da ordenação, fundada como é na intenção da Igreja de "permanecer fiel ao tipo de ministério ordenado, desejado pelo Senhor Jesus Cristo e cuidadosamente mantido pelos apóstolos" (§ 11).

Jesus falou publicamente com a mulher samaritana (Jo 4,27) e afastou-se da lei de Moisés quando afirmou a igualdade dos direitos e dos deveres conjugais entre mulheres e homens (Mt 19,3-9; Mc 10,2-11) (§ 16). Em seu ministério itinerante, ele foi acompanhado por um grupo de mulheres e, embora a lei judaica desse tempo não valorizasse o testemunho de mulheres, o Senhor ressuscitado apareceu primeiro para as mulheres incumbidas de levar a mensagem pascal aos apóstolos que, então, tornaram-se as testemunhas oficiais de sua ressurreição (§ 17). Não obstante, a CDF enfatiza, apesar dessa notável ruptura em relação às atitudes convencionais referentes a mulheres, que Jesus não chamou nenhuma mulher para se tornar um dos doze apóstolos.

A Igreja apostólica permaneceu fiel a esse exemplo. A eleição para ocupar o lugar entre os Doze, deixado vago por Judas, resultou na escolha de Matias, embora Maria estivesse entre os que se reuniram na sala superior após a ascensão (At 1,14). Algumas mulheres de fato trabalharam com Pau-

---

[12] Congregação para a Doutrina da Fé, *Inter Insigniores* ou "Declaration on the Admission of Women to the Ministerial Priesthood", *Origins* 6 (1977): 517-24.

lo em prol do evangelho e até exerceram uma influência importante nas conversões. No entanto, apesar da ruptura de Paulo com muitas das práticas de Moisés e com a difusão das comunidades paulinas dentro do mundo helênico, em que cultos pagãos eram confiados a sacerdotisas, as mulheres que trabalharam com Paulo não eram ordenadas (§ 25).

A *Inter Insigniores* reconhece que as práticas eclesiais desenvolvem-se historicamente e que hoje a Igreja "está consciente de possuir certo poder sobre os sacramentos, ainda que tenham sido instituídos por Cristo" (§ 34). Contudo, esse poder é limitado pela responsabilidade da Igreja em preservar a substância imutável dos sacramentos. Os signos sacramentais não são uma questão de convenção, mas sinais naturais que expressam simbolismos profundos e um meio de vincular os cristãos de todas as eras ao evento de Cristo. Quando um padre ou um bispo exercita seu ministério sacerdotal, ele "não age em seu próprio nome, *in persona própria*. Ele representa Cristo, que age por meio dele" (§ 41). Essa capacidade de representar Cristo assume sua expressão suprema na celebração da Eucaristia, na qual o padre assume "o papel de Cristo a ponto de ser sua própria imagem, quando pronuncia as palavras da consagração" (§ 42). Como o padre é um signo sacramental de Cristo, deve haver uma similitude natural entre Cristo e o ministro, que seria difícil de apreender se o padre não fosse homem (§ 45). Cristo é verdadeiramente o primogênito de uma nova humanidade na qual não existe mais uma distinção entre judeus e gregos, entre escravos e libertos, entre homens e mulheres (Gl 3,28), ainda que "a encarnação do Verbo tenha ocorrido de acordo com o sexo masculino", segundo o mistério da aliança (§ 46).

A CDF prossegue afirmando que a aliança é um mistério nupcial de amor entre Deus e seu povo escolhido, selada pelo sangue do Verbo feito carne. Nessa aliança, Cristo é o noivo e a Igreja é a noiva (MT 22,1-14; Mc 2,19; Jo 3,29; 2Cr 11,2; Ef 5,22-23; Ap 19,7, 9). Assim, a *Inter Insigniores* conclui que a Igreja é uma sociedade de natureza e estrutura únicas, fundada não por escolha humana, mas pelo ministério de Cristo. Dentro dessa sociedade existe de fato um chamado universal para a filiação divina (Gl 3,28), e uma verdadeira igualdade entre todos os batizados. Entretanto, "igualdade não é de modo nenhum o mesmo que identidade, pois a Igreja é um corpo diferenciado em que cada indivíduo tem seu papel" (§ 68). Embora as mulheres possam ter um desejo subjetivo para a ordenação, a verdadeira vocação é concedida por Cristo que escolheu apenas "os que ele queria" (Mc 3,13) para o sacerdócio (§ 65).

> **Textos relativos a mulheres e à possibilidade
> – ou não – da ordenação**
>
> *Do Vaticano*:
> Relatório da Pontifícia Comissão Bíblica: julho de 1976
> *Inter Insigniores*: Declaração sobre a admissão de mulheres ao sacerdócio ministerial: outubro de 1976 (da Congregação para a Doutrina da Fé)
>
> *Comentário sobre a Declaração [Inter Insigniores]*: janeiro de 1977 (da CDF)
>
> *Responsum ad Dubium sobre a Ordinatio Sacerdotalis*: outubro de 1995 (da CDF)
>
> *Do papa João Paulo II*:
> *Mulieris Dignitatem* (Sobre a dignidade e a vocação das mulheres): agosto de 1988
>
> *Ordinatio Sacerdotalis: Sobre reservar a ordenação sacerdotal apenas aos homens*: maio de 1994
>
> *Da Conferência Nacional Americana dos Bispos Católicos*:
> *Reflexões teológicas sobre a ordenação de mulheres*: 1972
>
> *Fortalecendo os laços de paz: Reflexão pastoral sobre as mulheres na Igreja e na sociedade*: novembro de 1994
>
> Para um volume único sobre a discussão e os documentos desde o Vaticano II, ver Deborah Halter, *The Papal "No": A Comprehensive Guide to the Vatican's Rejection of Women's Ordination* (New York: Crossroad Publishing Co., 2004).

Quaestio Disputata: A resposta a *Inter Insigniores*

No período medieval, a reflexão teológica às vezes assumia a forma de uma polêmica (*quaestio disputata*) cujos participantes examinavam os dois lados de uma controvérsia. A promulgação de *Inter Insigniores*, em 1976, foi seguida de um desses acalorados debates, envolvendo uma variedade de assuntos entre os quais teologia bíblica, a interpretação da tradição, teologia nupcial, teologia dos sacramentos e cristologia.

Na área da interpretação bíblica, por exemplo, Albert Descamps reafirmou a ênfase de *Inter Insigniores* no significado da escolha de Jesus de doze homens como seus apóstolos. Essa foi claramente uma decisão deliberada da parte de Jesus, segundo Descamps, e não um reflexo de normas culturais já que os apóstolos eram uma instituição messiânica original, sem paralelos na cultura daqueles tempos e de grande importância para o ministério de Jesus.[13] Elisabeth Schüssler Fiorenza, por outro lado, criticou o que lhe parecia uma suposição de que os Doze e os apóstolos originais fossem um único grupo de pessoas. Segundo o que explicou Fiorenza, o Novo Testamento menciona expressamente várias concepções de apostolado. Nas epístolas de Paulo, os textos mais antigos do Novo Testamento, o termo *apóstolo* ainda é muito indistinto e inclui tanto os que testemunharam a ressurreição (1Cr 15,7; Gl 1,17-19), como missionários carismáticos e itinerantes (por exemplo, At 14,4, 14; Rm 16, 7; 1Ts 2,6ss), e emissários das igrejas (2Cr 8,23; Fl 2,25), alguns dos quais são mulheres. Os apóstolos não são identificados com os Doze senão nos textos de Lucas, várias décadas após Paulo e em Lucas, como nos Atos dos Apóstolos, eles detêm uma função histórica e escatológica muito específica e limitada à Igreja primitiva. Não são substituídos quando morrem (At 12,2), e os anciãos e bispos, nos Atos, não são identificados como seus sucessores. A posição de *Inter Insigniores* de que a

---

[13] Albert Descamps, "Significance for Us Today of Christ's Attitude and of the Practice of the Apostles", em *From "Inter Insigniores" to "Ordinatio Sacerdotalis": Documents and Commentaries*, Congregação para a Doutrina da Fé (Washington, D.C.: United States Catholic Conference, 1996). 92-93.

Igreja não pode ordenar mulheres porque Jesus não incluiu mulheres entre os doze apóstolos, argumenta Schüssler Fiorenza, portanto, não tem base no Novo Testamento.[14]

Entretanto, no catolicismo as escrituras são interpretadas pelo prisma da tradição viva da Igreja. Como a *Inter Insigniores* enfatizou, essa tradição tem sido constante em sua prática de reservar aos homens a ordenação para o sacerdócio. Ninguém questionou esse ponto. Alguns estudiosos, porém, questionaram a suposição da CDF de que essa tradição esteja fundada numa intenção de ser fiel a Cristo. John Wright examinou extensamente as fontes contextuais dos fundadores da Igreja citados em *Inter Insigniores* e concluiu que a oposição patrística a mulheres como pregadoras, professoras e sacerdotisas decorria de suposições sobre a inferioridade da natureza feminina, do temperamento da mulher e de seu *status* social. Ele identificou "escasso apoio para a alegação de que a tradição de não ordenar as mulheres era basicamente motivada pela intenção da Igreja de permanecer fiel à vontade de Cristo".[15] Por sua vez, Dennis Michael Ferrara examinou teólogos escolásticos citados em *Inter Insigniores* – São Boaventura, Duns Scotus, Ricardo de Middleton e Durandus de Santo Porciano – e constatou que três deles de fato mencionavam a instituição de um sacerdócio masculino por Cristo. No entanto, como salienta Ferrara, a razão que citaram como explicação para essa atitude de Jesus é o estado natural de subordinação da mulher ao homem, uma explicação que a própria *Inter Insigniores* considera falaciosa.[16]

Alguns teólogos reafirmaram a versão em *Inter Insigniores* para explicar o padre homem como símbolo de Cristo, o noivo. Hans Urs von Balthasar, por exemplo, salientou que o amor de aliança entre Deus e Israel obtém sua consumação no elo nupcial do Cristo encarnado com a Igreja, personificada como feminina no Novo Testamento. No mistério do Cristo-Igreja, a dife-

---

[14] Elisabeth Schüssler Fiorenza, "The Apostleship of Women in Early Christianity", em *Women Priests*, 135-40; idem, "The Twelve", em *Women Priests*, 114-22.
[15] John H. Wright, S.J., "Patristic Testimony on Women's Ordination in *Inter Insigniores*", em *Theological Studies* 58 (1997): 526.
[16] Dennis Michael Ferrara, "The Ordination of Women: Tadition and Meaning", *Theological Studies* 55 (1994): 706-19.

rença sexual natural entre homem e mulher é investida de um significado sobrenatural e protegida das deformações do patriarcado, do matriarcado e no nivelamento dos sexos às quais a sociedade humana é propensa.[17] Segundo Balthasar conclui, a reserva do sacerdócio aos homens é essencial à expressão simbólica tanto da diferenciação sexual pretendida por Deus para a família humana como do mistério do amor nupcial entre Cristo, o Noivo, e a Igreja. Carroll Stuhlmueller, por outro lado, afirma que a imagem nupcial da teologia bíblica da aliança é muito mais complexa do que o esboçado em *Inter Insigniores*. Isaías fala de Yahweh como o marido de Israel, que é repleto de *racham-im*, termo que quer dizer ternura, derivado da palavra hebraica para útero materno (Is 54,7-8). Também a teologia da aliança conforme Jeremias descreve Israel como masculino e feminino (Jr 31,1-5). Diz Balthasar por fim: "Os símbolos bíblicos se modulam com espantosa versatilidade e em momentos cruciais rompem as leis naturais e as similitudes", e as ricas nuances desse simbolismo nupcial podem ser mais bem expressas por um sacerdócio exercido tanto por homens como por mulheres.[18]

Inseparável da teologia nupcial da Declaração é sua posição de que o padre se apresenta na pessoa de Cristo (*in persona Christi*) e que, portanto, deve ser do gênero masculino. A *Inter Insigniores* explica que isso é consistente com a teologia sacramental de Santo Tomás de Aquino segundo a qual o signo do sacramento (o padre, neste caso) deve ter uma semelhança natural com o que é significado (Cristo). Porém, de acordo com Dennis Ferrara, a *Inter Insigniores* representa equivocadamente a teologia sacramental de Aquino, que tinha desqualificado as mulheres para a ordenação

---

[17] Hans Urs von Balthasar, "The Uninterrupted Tradition of the Church", em *From "Inter Insigniores" to "Ordinatio Sacerdotalis"*, 99-106.
[18] Carroll Stuhlmueller, "Bridegroom: A Biblical Symbol of Union, Not Separation", em *Women Priests, A Catholic Commentary on the Vatican Declaration*, ed. Swidler e Swidler, 283.
Dennis Michael Ferrara, "The Ordination of Women: Tadition and Meaning", *Theological Studies* 55 (1994): 706-19.
Hans Urs von Balthasar, "The Uninterrupted Tradition of the Church", em *From "Inter Insigniores" to "Ordinatio Sacerdotalis"*, 99-106.
Carroll Stuhlmueller, "Bridegroom: A Biblical Symbol of Union, Not Separation", em *Women Priests, A Catholic Commentary on the Vatican Declaration*, ed. Swidler e Swidler, 283.

não por causa de seu físico não ser masculino, mas devido a seu estado de sujeição social aos homens. É nesse sentido que a mulher (e os escravos) carecem da semelhança natural com Cristo, necessária ao exercício do sacerdócio.[19] Em resposta, Sara Butler conclui com base em seus próprios estudos que, embora "possamos justificadamente rejeitar a interpretação hierárquica da diferenciação sexual à qual Tomás de Aquino recorre, é possível imaginarmos outra maneira não hierárquica de compreender a complementaridade dos sexos, permitindo-nos esclarecer a razoabilidade dessa determinação".[20]

Outra resposta ainda à teologia defendida pela *Inter Insigniores* do padre como um signo sacramental de Cristo foi dada por teólogos que enfatizaram que o Cristo ressuscitado da Páscoa não está contido pelas limitações de um corpo histórico de homem. Como escreve Sandra Schneiders, Cristo não é simplesmente o Jesus de Nazaré histórico, mas "o Jesus glorificado dando vida ao corpo que é a Igreja. Cristo disse a Paulo 'Por que vocês me perseguem?' (At 9,4), pois o fato literal é que Cristo é composto de todos os batizados. Isso significa que Cristo, em contraste com Jesus, não é masculino, ou mais exatamente, não é exclusivamente masculino".[21] Em contrapartida, Sara Butler salienta que embora seja de fato verdade que todos os batizados são membros do Corpo de Cristo, existe não obstante uma distinção a ser feita entre a Igreja e Cristo, cuja ressurreição corporal não ab-rogou sua humanidade histórica.[22]

---

[19] Santo Tomás de Aquino, *Summa Theologiae*, ST supl.Q.39, a 2 ad 4; Ferrara, "Ordination of Women: Tradition and Meaning", *Theological Studies* 55 (1994): 716-17.
[20] Sara Butler, "Quaestio Disputata: 'In Persona Christi': A Response to Dennis M. Ferrara", *Theological Studies* 56 (1995): 80. Santo Tomás de Aquino, *Summa Theologiae*, ST supl.Q.39, a 2 ad 4; Ferrara, "Ordination of Women: Tradition and Meaning", *Theological Studies* 55 (1994): 716-17.
Sara Butler, "Quaestio Disputata: 'In Persona Christi': A Response to Dennis M. Ferrara", *Theological Studies* 56 (1995): 80.
[21] Sandra M. Schneiders, *Women and the Word* (Mahwah, N.J.: Paulist, 1986), 54. Ver também David N. Power, "Representing Christ in Community and Sacrament", em *Being a Priest Today*, ed. Donald J. Goergen (Collegeville, Minn.: Liturgical, 1992), 116.
[22] Sandra M. Schneiders, *Women and the Word* (Mahwah, N.J.: Paulist, 1986), 54. Ver também David N. Power, "Representing Christ in Community and Sacrament", em *Being a Priest Today*, ed. Donald J. Goergen (Collegeville, Minn.: Liturgical, 1992), 116.

Como fica evidente nesse intercâmbio teológico, a discussão provocada pela *Inter Insigniores* no pontificado do papa Paulo VI prosseguiu ainda por bons anos no pontificado do papa João Paulo II. Muitos estudiosos não consideraram persuasiva a argumentação da *Inter Insigniores*, e a maioria dos católicos romanos nos Estados Unidos e na Europa mostrou-se favorável à ordenação de mulheres.[23] Em 1994, o papa João Paulo II promulgou a Carta Apostólica *Ordinatio Sacerdotalis* – "Reservando a ordenação sacerdotal apenas aos homens" – que reiterava ter sido Cristo quem instituiu o sacerdócio masculino. Por conseguinte, "a Igreja não tem nenhuma autoridade para conceder a mulheres a ordenação sacerdotal e esse julgamento deve ser definitivamente acatado por todos os fiéis da Igreja".[24] No outono de 1995, a CDF declarou que o ensinamento da *Ordinatio Sacerdotalis* pertence à deposição da fé e requer anuência definitiva, uma vez que foi apresentada infalivelmente pelo *magisterium*.[25] Essas declarações provocaram grandes debates públicos que agora se alargaram para incluir não somente a questão da ordenação de mulheres, mas também a invocação da infalibilidade. O cardeal Bernard Law acreditava que a declaração de 1995 da CDF deveria dar fim a todas as controvérsias e que a discussão teológica deveria então ser limitada à exposição da posição da Igreja. Entretanto, o advogado especialista em lei canônica Ladislas Orsy ressaltou que embora a CDF deva mesmo manifestar o respeito condizente com a Cúria Romana, ela não tem o carisma da infalibilidade. Em 1997, um comitê de teólogos indicados pela Sociedade Teológica Católica dos Estados Unidos para estudar a questão concluiu que a *Ordinatio Sacerdotalis* não atende aos critérios da Igreja para a infalibilidade.[26] A ordenação de mulheres continua uma *quaestio disputata*.

---

[23] Segundo o Levantamento Social Geral da Universidade de Chicago, realizado em 1998, 65% dos católicos nos Estados Unidos apoiava a ordenação de mulheres. Essa também era a posição de 18% dos católicos nas Filipinas, de 29% dos católicos na Polônia, de 58% dos católicos italianos, de 67% dos católicos irlandeses e de 71% dos católicos espanhóis e dos católicos alemães.

[24] Papa João Paulo II, "*Ordinatio Sacerdotalis*: Carta apostólica sobre a ordenação de mulheres", *Origins* 24 (1994): 49, 51-52.

[25] Congregação para a Doutrina da Fé, "Responde to a 'Dubium' on Ordaining Women to the Ministerial Priesthood", *Origins* 25 (1995): 401, 403-5.

[26] Ladislas Orsy, "The Congregation's 'Response: Its Authority and Meaning", *America* 173, n. 19 (9

In persona Christi: o padre como instrumento e signo sacramental da sabedoria de Deus

Depois de haver esboçado um contexto para a discussão da ordenação de mulheres na Igreja Católica, concluo este ensaio com uma reflexão sobre o padre como instrumento e como signo sacramental de Cristo. Esta teologia faz parte de uma longa tradição. Cipriano de Cartago (f. 258) descreveu o celebrante da Eucaristia como quem se coloca no lugar de Cristo (*vice Crhisti*). Santo Tomás de Aquino (1225-1274) disse que, em momentos críticos do ministério sacramental, o padre age na pessoa de Cristo (*in persona Christi*), e o catecismo da Igreja Católica descreve o padre como ícone de Cristo (§ 1142).

A teologia renovada do Vaticano II propôs que a Igreja inteira é o corpo de Cristo e que o povo do sacerdócio resgatou o senso católico da vocação de todos os batizados para "se vestirem de Cristo" (Gl 3,27). Ao mesmo tempo, a Igreja mantém que dentro desse sacerdócio comum há um papel distinto para o padre ministerial que se coloca *in persona Christi Capitis* – na pessoa de Cristo, o Chefe. Quando, por exemplo, o padre eleva o pão da Eucaristia e diz: "Este é meu corpo", o ministro ordenado age de maneira única como instrumento de Cristo. É fundamentalmente Cristo quem pronuncia essas palavras e o padre é simplesmente o veículo por meio do qual elas são faladas, como uma flauta através da qual flui a música. Como celebrante da Eucaristia, o padre oferece simultaneamente as preces da congregação que se apresenta *in persona ecclesia* (na pessoa da Igreja) e pronuncia as palavras "Este é meu corpo" colocado *in persona Christi*.

Quem é essa pessoa [*persona*] de Cristo? Os alunos da Xavier acreditam ter vislumbrado essa *persona* no amor das mães e das avós, no testemunho não violento de Dorothy Day pedindo paz e justiça, na compaixão de Madre Teresa e na fidelidade das amigas. A pessoa de Cristo, de acordo com

---

de dezembro de 1995): 4-5; CTSA Board, "Study, Prayer Urged Regarding Women's Ordination 'Responsum'", *Origins* 27 (1997): 75-79. Ver também Francis A. Sullivan, "Guideposts from Catholic Tradition", *America* 173, n. 19 (9 de dezembro de 1995): 5-6.

a tradição trinitária e do credo da Igreja, de fato não é nada mais do que o Verbo encarnado do Deus triúno. Em 451 d.C., o Concílio da Calcedônia determinou que Jesus Cristo não é um amálgama esquisito de duas criaturas (uma humana, uma divina), mas sim a pessoa em si do Verbo divino em quem uma natureza humana e uma natureza divina se unem sem confusão, mudança, divisão ou separação.[27] A teologia tomística da união hipostática é uma formulação clássica dessa tradição. De acordo com Tomás de Aquino, a pessoa de Cristo é a segunda pessoa do Deus triúno – o Verbo divino (Jo 1,1-5) ou a Sabedoria divina (1Cr 1,24) – que assumiu uma natureza humana a fim de redimir a humanidade e nos levar a uma eterna comunhão com Deus.[28] Segundo Elizabeth Johnson, Cristo é a "Sabedoria feita carne".[29]

Como a própria Sabedoria de Deus incompreensível, a *persona* de Cristo não é masculina nem feminina, no sentido humano limitado desses termos. E, ao mesmo tempo, como divina Sabedoria, a *persona* de Cristo é a origem das perfeições das pessoas masculinas e das pessoas femininas – o quer que sejam – já que foi por meio da Sabedoria que o cosmos foi criado.[30] A Sabedoria é a "artífice de todas as coisas", aquela que "permeia e penetra

---

[27] O credo da Calcedônia, que se tornou uma formulação clássica da cristologia, afirma: "Um e um único Cristo, Filho, Senhor, unicamente gerado, tornou-se conhecido em duas naturezas [que existem] sem confusão, sem mudança, sem divisão, sem separação; a diferença entre as naturezas não tendo sido de jeito nenhum removida por força da união, mas sim sendo preservadas as propriedades de cada ser e [ambos] concorrem na Pessoa única (*prosopon*) e em uma *hypostasis* – não repartida nem dividida em duas pessoas (*prosopa*), mas um e um único Filho e unicamente gerado, o Verbo divino (*Logos*), o Senhor Jesus Cristo". Tradução para o inglês extraída do grego por Robert Sellers, *The Council of Chalcedon: A Historical and Doctrinal Survey* (Londres: SPCK, 1953), 211.
[28] Aquino, *Summa Theologiae*, IIIae, Q.2, Q.16 e Q.17. Para os comentários, ver Eleonore Stump, "'Aquinas' Metaphysics of the Incarnation", em *The Incarnation*, ed. Stephen T. Davis, Daniel Kendall, S.J., e Gerald O'Collins, S.J. (New York: 2002), 197-218; Joseph Wawrykow, "Hypostatic Union", em *The Theology of Thomas Aquinas*, ed. Rik van Nieuwenhove e Joseph Wawrykow (South Bend, Ind.: University of Notre Dame, 2005), 222-251. Que o Verbo divino é apropriadamente identificado como sabedoria concebida ou gerada (diferentemente da sabedoria que é a essência de Deus) é a posição de Aquino na *Summa Contra Gentiles* IV, cap. 12. Para os comentários, ver Gilles Emery, *The Trinitarian Theology of Saint Thomas Aquias* (New York: Oxford University Press, 2007), 192-195.
[29] Elizabeth A. Johnson, *She Who Is: The Mystery of God in Feminist Theological Discourse* (New York: Crossroad, 1992), 150.
[30] Sobre Deus não ser masculino nem feminino, e mesmo assim ser a origem de perfeições tanto em homens como em mulheres, ver Elizabeth A. Johnson, "The Incomprehensibility of God and the Image ogf God Male and Female", *Theological Studies* 45 (1984): 460.

tudo, pois ela é um eflúvio do poder de Deus" (Sb 7,22.25). Inteligente, santa, beneficente, firme, linda e pura, ela é "um reflexo da luz eterna, espelho nítido da atividade de Deus, e uma imagem de sua bondade" (Sb 7,22-26).

O padre deveria ser transparente para essa Sabedoria divina, da qual o padre ordenado não é senão um instrumento. Ao mesmo tempo, o padre também é um ícone da Sabedoria na vida sacramental da Igreja, que torna visível os mistérios da fé. Como afirma a *Inter Insigniores*, os sacramentos devem fazer referência aos "eventos constitutivos essenciais do cristianismo e de Cristo" (§ 37). Um desses eventos constitutivos é a união hipostática da segunda pessoa do Deus triúno – o Verbo divino ou a Sabedoria divina – com a natureza humana, em Cristo. Como essa Sabedoria divina é tanto alheia ao gênero como é a origem das perfeições nas pessoas do gênero masculino e do gênero feminino, o mistério do Cristo pode ser mais bem manifesto em sacramento por um sacerdócio católico no qual tanto as mulheres como os homens colocam-se *in persona Christi* e dão testemunho público da compaixão de Deus.

Mulheres lado a lado com homens *in persona Christi* no altar da Eucaristia, ao lado dos abandonados nas ruas das cidades, nos atos públicos de resistência não violenta à guerra e à injustiça tornarão visível o mistério segundo o qual a Sabedoria de Deus que está unida à humanidade, em Cristo, transcende nossas categorias de "homem" e "mulher". Isso nos desafiará a superar todas as suposições idolatras que possamos cultivar em nossa imaginação religiosa sobre o gênero de Deus e nos convidará a entrar mais profundamente no inefável mistério de Deus. Isso também nos convidará a reconhecer a Sabedoria de Deus nas perfeições tanto de homens como de mulheres e a nos aproximar deles e delas com respeito por sua dignidade e sua vocação para a santidade. Numa cultura que sistematicamente denigre, mercantiliza e viola o corpo das mulheres em anúncios, filmes e na pornografia, é imperativo que a Igreja dê seu testemunho público e simbólico do mistério de que tanto mulheres como homens podem servir como ícones da Sabedoria feita carne.

Na compaixão de Cristo, a *persona* da Sabedoria de Deus, que é a origem das perfeições em homens e em mulheres, de uma maneira que transcende todas as limitações do gênero humano, assumiu nossa condição humana para nos redimir do pecado e da morte. A posição da *Inter Insigniores* de que é responsabilidade da Igreja "melhor proclamar o mistério de Cristo e salvaguardar e manifestar a totalidade de seu rico conteúdo" é um sólido alicerce teológico para a ordenação tanto de mulheres como de homens para exercício do sacerdócio. A Igreja melhor proclamará e manifestará o mistério de Cristo no dia em que Krista – assim como seu colega homem – forem recebidos ambos de braços abertos à porta da catedral.

VIII

"Artesãos de uma nova humanidade": revendo a Igreja pública pela perspectiva feminista[1]

Rosemary P. Carbine

A eclesiologia feminista reflete sobre a missão e os atributos, ou marcas, da Igreja cristã do ponto de vista do bem-estar mundial e do bem-estar das mulheres. Em geral, envolve a reforma e a reimaginação das práticas e das estruturas de sacramentos e instituições da Igreja com base nas múltiplas experiências de opressão e de fortalecimento do poder das mulheres na religião e na sociedade. Em vez de se concentrar na práxis eclesial interna da Igreja, este ensaio mapeia um novo trecho de território da eclesiologia feminista ao abordar a práxis política da Igreja. O texto também propõe uma teologia feminista da Igreja pública, ou a agência política e as ações da Igreja no contexto estadunidense.[2] O que é a Igreja pública na tradição católica romana?

---

[1] Este capítulo utiliza meus artigos acadêmicos entregues para o colóquio "Vatican II, 40 Years Later: Legacy, Leadership and Unfinished Agenda" [Vaticano II, 40 anos depois: legado, liderança e questões em aberto], realizado no Saint Mary's College em 2005, e para a sessão de antropologia teológica na Sociedade Teológica Católica da América, em 2005 e em 2008. Sou grata aos colegas dessas conferências e desta antologia por seus comentários construtivos.

[2] Na mesma linha do historiador Martin E. Marty, que cunhou essa frase e o campo que lhe é correlato, a "Igreja pública" neste ensaio se refere a igrejas, organizações e grupos cristãos

O que significa repensá-la no contexto dos Estados Unidos de um ângulo teológico feminista?

Dentro da tradição católica romana, a Igreja pública se refere à tentativa da Igreja católica de formatar o discurso público americano, sua política e vida cívica no que respeita a questões de grande relevância social e política, segundo uma perspectiva religiosa do que é o bem comum. *Gaudium et Spes* (*GS*), ou a Constituição Pastoral da Igreja no Mundo Moderno, não só fornece uma declaração conclusiva taxativa do Vaticano II, como também se presta como uma proeminente compreensão teológica da missão política e do ministério da Igreja.[3] A *GS* considera o engajamento público baseado na fé um elemento integral no amor de Deus e pelo semelhante (§ 24, 27), na salvação (§ 43) e na compreensão do reino de Deus ou sua visão teológica da sociedade baseada em amor, justiça e paz (§ 39, 45). Lastreada nesses alicerces teológicos, a *GS* rejeita explicitamente qualquer recuo religioso da vida pública (§ 43). Ao contrário, a *GS* identifica a missão central da Igreja – moldar e proteger a igualdade e a dignidade da humanidade até mesmo na vida pública moderna (§ 73) – e estende essa missão para manifestar o papel sociopolítico da Igreja como a defesa crítica da dignidade humana básica e dos direitos, da justiça e do bem comum, tornando-se, assim, em si mesma um sacramento ou um signo desse reino (§ 40-42, 45).[4] Naturalmente, a defesa dos direitos humanos pela Igreja, especialmente o direito à participação política, forma um acentuado contraste com suas próprias estruturas institucionais que levam

---

preocupados com a vida pública nos Estados Unidos, ao passo que "Igreja Católica" ou "Igreja" denota os interesses políticos e as contribuições das igrejas, organizações e grupos católicos nos Estados Unidos. Marty, *The Public Church: Mainline, Evangelical, Catholic* (New York: Crossroad, 1981).

[3] "Pastoral Constitution on the Church in the Modern World: *Gaudium et Spes*", em *Vatican Council II: The Basic Sixteen Documents*, ed. Austin Flannery, trad. rev. (Northport, N.Y.: Costello, 1996).

[4] J. Bryan Hehir identifica esses parágrafos como chaves hermenêuticas para interpretar a perspectiva do Vaticano II sobre o papel social da Igreja; J. Bryan Hehir, S.J., "The Social Role of the Church: Leo XIII, Vatican II, and John Paul II", em *Catholic Social Thought and the New World Order*, ed. Oliver F. Williams e John W. Houck (South Bend, Ind.: Univ. of Notre Dame Press, 1993), 29-50, at. 36-38.

a uma Igreja menos do que plenamente participativa, no que respeita às mulheres, e que mais recentemente deixou de proteger homens e mulheres atingidos por escândalos de abuso sexual do clero americano.[5] A Igreja pública na tradição católica, portanto, pode ser considerada "pública" por causa de sua "capacidade de convocação"[6] ou sua capacidade de combinar os recursos da religião e da política em busca de uma ação pública explícita, quer dizer, uma visão mais justa e pautada pela justiça do que é a vida comum que orienta, mas frequentemente vai além da injusta ordem vigente, no momento, na esfera sociopolítica (e às vezes na eclesial). A *GS* propõe um bem público final ou transcendente que se reafirma além dos relacionamentos familiares, culturais e nacionais, no contexto escatológico do futuro reino de Deus. Essa visão de futuro norteadora motiva a missão e o ministério público da Igreja para que atue em prol dessa justiça social terrena (§ 21, 39, 43, 57).

Embora o ensinamento social católico identifique a participação política para todos os católicos como um efeito prático do sacramento do batismo, as mulheres não são reconhecidas como Igreja pública (*GS*, § 43). Enquanto as mulheres, na história recente dos séculos XX e XXI, participaram do movimento político baseado na fé envolvendo a pobreza, a guerra, a imigração e muitas outras questões relevantes de justiça social, as tradicionais concepções patriarcais e clericais sobre os atores da Igreja católica (bispos, padres, porta-vozes homens oficiais) não permitem que as mulheres sejam reconhecidas como representantes da Igreja, amplamente compreendida como o povo de Deus, na vida pública e política nos Estados Unidos. Por exemplo, casos recentes de envolvimento católico público, nos séculos XX e XXI, relatam um conto principalmente clericalista de destacados bispos estadunidenses e suas diferentes estratégias para influenciar as autoridades do governo americano e suas polícias em níveis

---

[5] Ver Mary E. Hines, "Ecclesiology for a Public Church", *CTSA Proceedings of the Fifth-fifth Annual Convention* 55 (2000): 23-46.
[6] W. Clark Gilpin, *A Preface to Theology* (Chicago: University of Chicago Press, 1996), 167-68.

local, estadual e nacional.⁷ Uma rápida análise do atual movimento de reforma sobre as regras de imigração aos Estados Unidos também ilustra que as mulheres galvanizaram o engajamento político da Igreja nos Estados Unidos em torno da questão da imigração, mas que não são consideradas a Igreja pública propriamente dita.

As mulheres, especialmente as mães latinas sem documentos, têm destaque no recente engajamento político da Igreja cristã nos Estados Unidos. Elvira Arellano e seu filho nascido nos Estados Unidos, Saul, buscaram refúgio na Igreja Metodista Unida Adalberto em Chicago, no início de agosto de 2006, para resistir à ordem de deportação de Elvira para o México. Enquanto esteve no santuário, Elvira criou La Familia Latina Unida, uma organização que buscava a adesão de senadores americanos e de representantes estaduais e federais para defender uma moção de proteção a ela e a outros pais em condições semelhantes, impedindo que fossem separados de suas famílias. Ela foi presa e deportada em agosto de 2007, após ter saído de uma missa e ter ido participar de uma demonstração por direitos civis para imigrantes na Igreja católica Nossa Senhora Rainha dos Anjos, em Los Angeles. Mulheres como Elvira pretendem expor os problemas morais inerentes às atuais leis do sistema de imigração nos Estados Unidos, exemplificados pelas crescentes batidas das forças nacionais do Departamento de Imigração, de Boston a Los Angeles, quando foram detidos e expulsos muitos pais e mães, retirando-os de suas famílias sem nenhum respeito por seus direitos legais.⁸

Mães do povo (quer dizer, não da elite) como Elvira têm acionado as igrejas cristãs, assim como diversos grupos religiosos, para que se posicionem pela ação política relativa à imigração, dando reinício ao movimento de

---

[7] Para episódios clericalistas como esse da participação pública/política do catolicismo americano desde 1900, ver Mark A. Noll e Luke E. Harlow, Eds. *Religion and American Politics: From the Colonial Period to the Present*, 2a. ed. (New York: Oxford University Press, 2007), caps. 11 e 15.

[8] Yvonne Abraham e Brian R. Ballou, "350 Are Held in Immigration Raid", *Boston Globe*, 7 de março de 2007, disponível em http://www.boston.com/news/local/articles/2007/03/07/350are_held_in_immigration_raid/; e Louis Sahagun, "L.A. Church in Forefront of Sanctuary Movement", *Los Angeles Times*, 23 de março de 2007, B1.

santuário.[9] Refazendo o trajeto de seu legado às igrejas cristãs ativistas que abrigavam e davam apoio a refugiados da América Central nos anos 1980,[10] o Movimento do Novo Santuário (MNS) começou, em maio de 2007, a incentivar na percepção pública a necessidade de reformar as leis da imigração, realizando vigílias de oração e promovendo uma literatura educativa, além de fornecer ajuda legal, financeira, espiritual, alimentos e roupas a famílias sem documentos. Liderado pela reverenda Alexia Salvatierra dos Clérigos e Leigos Unidos pela Justiça Econômica em Los Angeles, o MNS coordena uma rede interdenominacional de organizações religiosas em Los Angeles, Chicago, Nova Iorque, e em um número crescente de outras cidades pelos Estados Unidos que querem manter unidas famílias sem documentos, defendendo especialmente os pais de crianças nascidas nos Estados Unidos e, portanto, cidadãs americanas, que alcançaram a marca significativa de perto de 12 milhões de pessoas sem documentos nos Estados Unidos.[11]

O MNS posiciona-se entre uma rocha e um lugar sólido com respeito a política, religião e gênero. Quanto à política e à religião, o conceito de qualquer edifício religioso (igreja, templo e mesquita) como local seguro não é reconhecido pela lei dos Estados Unidos, portanto as organizações religiosas do MNS estão em risco do ponto de vista legal. As autoridades federais americanas que lidam com a imigração respeitam integralmente o direito de grupos religiosos realizarem atos de desobediência civil ou não acatarem o que a esses grupos parecem leis injustas, mas não obstante processarão legalmente toda forma de assistência legal prestada a residentes sem documentos.[12] Quanto a questões de gênero, o MNS considera o cardeal católico de Los Angeles, Roger Mahony, a consciência moral da nação so-

---

[9] Para perfis de outras mães e crianças sem documentos em santuários, ver Sasha Abramsky, "Gimme Shelter", *The Nation* 286, n. 7 (25 de fevereiro de 2008): 24-25.
[10] Maria Cristina Garcia. "Dangerous Times Call for Risky Responses": Latino Immigration and Sanctuary, 1981-2001", em *Latino Religions and Civic Ativism in the Unites States*, ed. Gaston Espinosa, Virgílio Elizondo e Jessé Miranda (New York: Oxford University Press, 2005), 159-73.
[11] Rev. Alexia Salvatierra, "Sacred Refuge", *Sojourners* 36, n. 9 (setembro-outubro de 2007): 12-20.
[12] James Barron, "Churches to Offer Sanctuary", *New York Times*, 9 de maio de 2007, B1, e Saul Gonzalez, "Immigrant Sanctuary Movement", *Religion and Ethics Newsweekly*, 15 de junho de 2007, disponível em http://www.pbs.org/wnet/religionandethics/week1042/feature.html.

bre questões de imigração, além de mentor desse novo movimento (ver o boxe, p. 177). Evidentemente, incluir mães e liderar mulheres clérigas não católicas e ativistas católicas leigas (em paróquias e em outras organizações afiliadas ao MNS), na esfera de ação de bispos e de outras autoridades (em geral homens), que são porta-vozes da Igreja católica, não reforma o suficiente os pressupostos patriarcais e clericais sobre os agentes e os atores da Igreja na vida pública americana – pressupostos que efetivamente excluem as mulheres comuns do âmbito da Igreja pública.

Movimento do Novo Santuário: por que agora?

Em março de 2006, o cardeal Roger Mahony, da arquidiocese de Los Angeles, disse que instruiria os padres e outros que trabalhavam na arquidiocese de Los Angeles para não acatar as instruções da Lei HR4437, da Câmara, que criminaliza a ajuda humanitária prestada a pessoas sem verificar primeiramente seu status legal. A declaração do cardeal foi significativa ao despertar no público geral e nos legisladores a consciência das dimensões humanas e morais da questão e, efetivamente, mudando os termos do debate público.

Em 27 de março de 2006, centenas de líderes religiosos reuniram-se em Washington, D.C., para exercer sua autoridade moral em busca de garantir que as deliberações do comitê judiciário do Senado levassem em conta a realidade humana e moral das famílias imigrantes. A proposta legislativa resultante foi significativamente mais compassiva do que as medidas da Câmara.

Desde então, líderes religiosos de todo o país têm continuado a trabalhar em suas respectivas áreas para atender às necessidades de trabalhadores imigrantes e seus familiares, e para prestar apoio a coalizões trabalhando em prol da reforma das leis da imigração por uma política mais abrangente. Com o passar dos meses, líderes de destaque também procuraram definir as contribuições particu-

> lares que o clero e os líderes de congregações poderiam oferecer à luta geral. A crise gerada pelas batidas constantes e as deportações, assim como a oportunidade oferecida pela pressão por uma legislação federal, aumentaram a urgência de se criar uma estratégia nacional eficiente e profética. Em novembro de 2006, por meio de conversas entre líderes religiosos de todo o país, essas perspectivas reuniram-se numa nova iniciativa de alcance nacional: o Movimento do Novo Santuário.
> Excerto de http://www.newsanctuarymovement.org/why-now.htm.

Este ensaio busca contrabalançar essa perspectiva patriarcal e clerical dominante da igreja pública dentro da tradição católica, desenvolvendo uma teologia feminista mais adequada da igreja pública que fortaleça o poder das mulheres e lhes permita recuperar seu legítimo lugar como atores e agentes políticos da Igreja. Para facilitar esse objetivo, este ensaio se baseia nas posições teológicas católicas da presença e da atuação da Igreja na vida pública nos Estados Unidos, por meio do símbolo de Cristo e sua antropologia subjacente. Além disso, analisa símbolos antropológicos dominantes, crísticos e outros, nas teologias oficiais da Igreja (do *magisterium*) que limitam a presença política ativa das mulheres, para depois reconstruir esses mesmos símbolos por meio de uma interpretação feminista crítica da cristologia da sabedoria encontrada em *Gaudium et Spes*, a constituição do papel público da Igreja segundo o Vaticano II. Como veremos a seguir, reler a igreja pública pelo prisma do feminismo cria uma referência teológica significativa para as mulheres poderem reivindicar seu lugar na igreja pública, ou um sinal sacramental do corpo de Cristo em público, baseadas em sua práxis política e não em seu status maternal ou não ordenado.

Cristologia: símbolo patriarcal da igreja pública

Tomando como nosso ponto de partida algumas reflexões filosóficas, teológicas e éticas sobre símbolos cristãos, os símbolos religiosos configuram e sustentam uma visão de mundo além de proporcionarem, aos adeptos, uma noção de identidade religiosa e de moralidade no mundo.[13] Ou seja, esses símbolos mediam nosso conhecimento de Deus e do mundo. Além disso, fornecem-nos um modo significativo de interpretar o mundo e navegar nele, a fim de incrementarmos nosso espaço e nossa atuação nele com respeito ao divino, ao humano e às relações humanas. Os símbolos cristãos de Deus, por exemplo, a Trindade em que as três pessoas coiguais do Pai/Criador, do Filho/Redentor e do Espírito Santo/Sustentáculo, participam de relacionamentos não hierárquicos com a divindade, expressam e concretizam as noções religiosas e políticas de uma comunidade igualitária, além de nos educarem com uma identidade particular e uma noção de responsabilidade mútua nessa comunidade. Não obstante, esses símbolos também podem se fundir com as perspectivas ideológicas dominantes de maneiras que reforçam a opressão na vida pessoal, familiar, socioeconômica e política, além de reinstituírem normas desumanizadoras de raça, gênero, classe e sexo, dentre outras.[14] Os símbolos sagrados, portanto, funcionam como um potente lócus teológico para que se levantem questões críticas sobre o relacionamento entre a imaginação cristã e a atuação e participação política de mulheres inspiradas por sua religiosidade.

Como demonstramos na Parte 2 deste livro, a cristologia pode ser usada para legitimar e sustentar visões de mundo e normas patriarcais. Do mesmo modo, também pode ser reconstruída para promover visões de mundo alternativas, libertárias, para repensar as normas de gênero, raça, classe, sexualidade e inter-religiosidade. E, em última análise, para nos motivar a

---

[13] Karl Rahner, "The Theology of Symbol", em *Theological Investigations*, vol. 4, trad. Kevin Smyth (Londres: Darton, Longmand, and Todd, 1974), e Bernard Cooke e Gary Macy, *Christian Symbol and Ritual: An Introduction* (New York: Oxford University Press, 2005).
[14] Elizabeth A. Johnson, *Quest for the Living God: Mapping Frontiers in the Theology of God* (New York: Continuum, 2007).

constituir relações mais igualitárias e justas. Com respeito à igreja pública neste ensaio, a cristologia serve como um símbolo teológico especialmente problemático nas teologias cristãs dominantes em termos de suas implicações para quem e para o que constitui os atores religiosos e públicos da Igreja. Como a análise subsequente irá demonstrar, o símbolo de Cristo funciona num leque de textos do *magisterium* – de João Paulo II a Bento XVI – como recurso físico fixo que reduz a encarnação de Jesus a um corpo masculino ou masculinizado e, por isso, justifica as construções patriarcais de normas, papéis e relações de gênero tanto na vida religiosa como na vida política.

Em 1995, em sua "Carta às Mulheres", escrita para a conferência das Nações Unidas sobre as mulheres, em Pequim,[15] o finado papa João Paulo II defende a "real" igualdade de gênero, especialmente no tocante aos direitos sociais, econômicos e políticos das mulheres (§ 4,6). A criação igual à imagem de Deus (§ 7-8) forma a base teológica para essa igualdade entre os gêneros. Ainda assim, a afirmação da criação igualitária perante a *imago Dei* não necessariamente subverte as desigualdades sociais de raça, gênero, classe, sexuais nas relações humanas. A epístola papal mostra que não é exceção a essa tendência teológica, uma vez que elabora uma antropologia teológica "diferente, mas igual" que, na realidade, leva a um status "diferente e desigual" para as mulheres. Essa epístola enfatiza a complementaridade de gênero ou define as mulheres basicamente em relação aos homens em termos da capacidade física, psicológica e ontológica das mulheres para a autodoação. Quer dizer, a capacidade da mulher de se dar de presente, de dar ajuda ao homem (§ 7,10), é atribuída, na carta, à capacidade reprodutiva da mulher de dar à luz. E, como afirmava o falecido papa, a capacidade biológica das mulheres para dar vida configura e estrutura a maneira como a mulher conhece e é humana, de tal maneira que todas as mulheres expressam "uma maternidade afetiva, cultural e espiritual" (§ 9).

---

[15] Papa João Paulo II, "Letter to Women", 29 de junho de 1995; disponível em http://www.vatican.va/holy_father/john_paul_ii/letters/documents/hf_jpii)_let_29061995_women_en.html.

Como dado relevante a nossa reflexão teológica sobre a igreja pública, o finado papa considerava o engajamento político das mulheres através de uma perspectiva biologicamente essencialista, que reduz as mulheres a seu corpo maternal e se furta à ou nega a pluralidade de suas experiências encarnadas de raça, gênero, classe, sexualidade e capacidade, sendo como são moldadas por vários contextos sociais, culturais e históricos. Por exemplo, na carta papal, a natureza ou o "gênio" maternal das mulheres (§ 9,11,12) cabe a todas as mulheres, independentemente do *status* de genitora ou de um contexto específico – para reproduzir uma "civilização de amor" (§ 4) e para prestar um altruísta "serviço de amor" (§ 10) aos outros e à sociedade. Em sentido similar ao que as teóricas do feminismo chamam de feminismo romântico ou cultural, João Paulo II propôs que as mulheres participem da vida pública porque aplicam e concretizam seu gênio maternal para melhorar o bem público.

Nesse mesmo sentido, em sua "Carta aos Bispos", de 2004,[16] o papa, Bento XVI, anteriormente cardeal Joseph Ratzinger e líder da Congregação para a Doutrina da Fé, reitera a complementaridade de gênero alegando as bases teológicas da criação e da cristologia. Embora defendendo a Trindade como um modelo de relações humanas igualitárias (§ 6,7), e defendendo acesso igual para mulheres à vida social, econômica e política (§ 13,14), a carta fala a favor de uma versão baseada na criação para a complementaridade física, psicológica e ontológica entre homens e mulheres (§ 5,6,8). O papa emérito propõe uma teologia da criação alicerçada no Gênesis 2, no qual a identidade da mulher é estruturada de acordo com sua natureza corporal (que, neste caso, é reduzida ao elemento biofísico) e seu status sexual (§ 13). Esse determinismo biológico molda as mulheres por meio de determinados "valores" e "traços" de gênero (§ 14,16) que as orientam quanto a sua natureza, de maneira submissa e subserviente "para o outro" (§ 6, 14), ou seja, para o homem. Embora tra-

---

[16] "Letter to the Bishops of the Catholic Church on the Collaboration of Men and Women in the Church and in the World", 31 de maio de 2004; disponível em http://www.vatican.va/roman_curia/congregations/cfaith/documetns/rc_con_cfaith_doc_20040731_collaboration_en.html.

ços patriarcalmente definidos como femininos – "ouvir, acolher, ser humilde, fiel, elogiar e esperar" – possam ser legitimamente considerados cultivados e abertos a todos os membros batizados da Igreja, as mulheres os significam ontologicamente, ou por sua própria natureza, "para todos os cristãos [como exemplos] de como a Noiva [a Igreja] deve responder com amor ao amor do Noivo [Cristo]" (§ 16).

Além disso, essa epístola confere legitimidade teológica à definição das mulheres em relação aos homens por meio de sua interpretação de uma metáfora conjugal concebida divinamente para a salvação em Cristo. Na teologia católica, a salvação é descrita nas escrituras por meio do simbolismo nupcial entre Cristo e a Igreja (Ef 5,22-23), no qual Cristo, o Noivo e líder da Igreja, salva a noiva, o Corpo da Igreja. Além de reforçar todas as espécies de dualismos hierárquicos, esse simbolismo nupcial é aplicado à epístola como norma teológica literal para prescrever "a própria natureza" tanto das relações divino-humanas na salvação (§ 9-10), como os papéis de gênero e as relações entre ambos, na Igreja (§ 11-12). Esses símbolos sexuados e generificados da soteriologia certamente contêm profundas implicações para os papéis de sexo e de gênero que não podem ser aqui discutidos em toda sua extensão.[17] Vejamos rapidamente, porém, como o papa propõe uma "complementaridade icônica" de papéis de gênero na Igreja e na sociedade com base nessa eclesiologia nupcial.

Quando são situadas no âmbito de uma metáfora material literalizada para a soteriologia, as mulheres não podem funcionar como Cristo, o chefe masculino da Igreja, e por conseguinte elas não podem ser ordenadas nem participar dos papéis de liderança e tomada de decisão. Somente os homens, definitivamente, representam a oferta ativa de salvação em Cristo como Noivo da Igreja que recebe a oferta e ela responde como Noiva. Resumindo os argumentos pastorais, teológicos, históricos e escriturais da Igreja

---

[17] Tina Beattie utiliza a teoria feminista pós-moderna e expõe o complexo discurso teológico sobre diferenças de sexo e gênero embutido nas interpretações institucionais da Igreja sobre a imagem nupcial. Ver Beattie, *New Catholic Feminism: Theology and Theory* (New York: Routledge, 2006).

institucional sobre a não ordenação de mulheres católicas,[18] as mulheres não podem servir como ícones de Cristo no ministério ordenado porque não são do gênero masculino. Ou seja, elas não ressignificam o líder masculinizado da Igreja, derivado do corpo masculino de Jesus encarnado. Com isso, o simbolismo soteriológico reafirma uma cristologia e uma antropologia patriarcais em que a maioria das mulheres, como a Igreja, é definida pela submissão e por relações de adesão a alguns homens de elite, ordenados, que ressignificam Cristo. Reforçando essa antropologia, as duas epístolas instigam as mulheres a imitar Maria em seus papéis sexuais de virgem, noiva e mãe (Carta às Mulheres, § 11) e a, dessa maneira, "colocar-se a serviço dos outros na vida cotidiana" (Carta às Mulheres, § 12). No âmbito da eclesiologia, isso significa que as mulheres, juntamente com os homens não ordenados, estão ativamente "ouvindo e recebendo a Palavra de Deus" (Carta aos Bispos, § 15). Essa carta, portanto, enquadra as mulheres dentro de uma imagem conjugal literalizada de salvação, que de fato isola as mulheres e as impede de imitar Cristo, impõe às mulheres as antropologias e ideologias dominantes sobre Maria,[19] e as descreve como receptoras passivas em vez de agentes ativas da missão e da mensagem da Igreja na vida eclesial e, por consequência, na vida pública.

Em suma, as duas cartas utilizam símbolos teológicos, como a criação e a imagem de Deus, ou a Trindade, para justificar a igualdade de gênero na tradição católica. Não obstante, as duas cartas minimizam essa igualdade com uma antropologia fisicalista e um símbolo estático da *imago Christi* que, por sua vez, aliena as mulheres dos papéis de liderança no ministério público e ordenado da Igreja. Nas duas cartas, as construções teológicas dominantes da antropologia e da cristologia mostram-se problemáticas para as mulheres, tanto do ponto de vista teológico como do político. Do ponto de vista teológico, a atuação política

---

[18] Deborah Halter, *The Papal No: The Vatican's Refusal to Ordain Women* (New York: Crossroad, 2004). Para uma resposta feminista crítica, ver Anne M. Clifford, *Introducing Feminist Theology* (Maryknoll, N.Y.: Orbis, 2001), 139-48.
[19] As teólogas feministas refutam as ideologias dominantes sobre Maria sem um retrato mais historicizado de Maria entre as testemunhas proféticas ao redor de Jesus. Ver Elizabeth A. Johnson, *Truly Our Sister: A Theology of Mary in the Communion of Saints* (New York: Continuum, 2003).

e o ativismo das mulheres – nas duas epístolas – estão situados dentro de imagens e normas patriarcais via maternidade, de tal maneira que as mulheres corporificam o serviço em prol do bem comum por meio de sua natureza biológica e os traços que lhes são associados, em vez de por meio de uma práxis política. O chamado a moldar a vida cristã conforme o evento do Cristo – quando modificado especialmente para as mulheres na mariologia do *magisterium* – instiga o perigo de identificar as mulheres não apenas com a autodoação, mas também com o autossacrifício, ou com uma espécie cenótica de autodoação que leva a uma autoabnegação submissa.[20] Do ponto de vista político, as duas epístolas defendem para as mulheres os papéis femininos patriarcais e altamente romantizados de mães, os quais restringem a capacidade das mulheres de se colocar *in persona Christi*, seja no ministério eclesial, seja no ministério público. Excluídas do ministério sacramental pela razão antropológica e cristológica de não serem homens e, portanto, de não poderem ressignificar a missão salvífica da Igreja, as mulheres também foram impedidas de adentrar o ministério público, de serem a igreja pública, ou de efetivarem praticamente a missão da Igreja de proteger os direitos humanos e o bem comum na vida pública.

Libertando o símbolo de Cristo para uma igreja pública feminista

Em conjunto com a antropologia da complementaridade, a cristologia impede que as mulheres ocupem posições de liderança (tanto no ministério eclesiástico como nas estruturas de governança) e serve para limitar a atuação religiosa e política das mulheres, assim como seu ativismo, moldando com eficiência uma face e uma voz basicamente clericalistas para a igreja pública. Não obstante, a cristologia ainda importa para uma reflexão teológica feminista

---

[20] As teólogas feministas e mulheristas vêm há muito tempo criticando as antropologias da servidão e da autodoação que são predicadas em cristologias cenobitas, ou o divino autoesvaziamento de Jesus na encarnação e na crucificação celebrado em alguns hinos do início do cristianismo (Fl 2:1-11). Ver Maryanne Stevens, ed., *Reconstructing the Christ Symbol: Essays in Feminist Christology* (New York: Paulist, 1993); e Rosemary P. Carbine, "Contextualizing the Cross for the Sake of Subjectivity", em *Cross Examinations: Readings on the Meaning of the Cross Today*, ed. Marit Trelstad (Minneapolis: Fortress Press, 2006), 91-108, esp. 98-99.

sobre o engajamento público da Igreja e para a elaboração de uma teologia feminista da igreja pública. Longe de ser considerada totalmente falida por sua aparente falta de implicações religiosas e políticas emancipadoras, a cristologia pode ser reconstruída segundo uma perspectiva feminista para eliminar o essencialismo e o determinismo biológico vigentes nas teologias patriarcais, assim como para rumar na direção de uma teologia mais justa de participação política de maneira que as mulheres sejam vistas como agentes ativas da igreja pública. Esse simbolismo teológico alternativo para a igreja pública pode ser defendido por meio de uma reinterpretação feminista da *Gaudium et Spes*. Uma leitura dessa epístola segundo uma perspectiva feminista revela sua até então ignorada cristologia que recupera seu significado teológico e sua visibilidade para a ação religiosa e política das mulheres em prol do bem comum.

Lendo a cristologia de *Gaudium et Spes*

O ativismo religioso e político da Igreja católica no contexto dos Estados Unidos é muitas vezes reduzido a questões singulares (como a do aborto) ou as assim chamadas questões negociáveis, defendidas por alguns bispos estadunidenses nas eleições presidenciais de 2004 (por exemplo, abordo, pesquisa com células-tronco de embriões, eutanásia, clonagem humana e casamentos homossexuais). Por outro lado, a igreja pública proposta em *Gaudium et Spes* endossa uma agenda social mais abrangente que busca subverter a institucionalização da injustiça e da desigualdade em todas as facetas da vida, quer pessoais, quer políticas (§ 27-29). Fiel ao método do Vaticano II de ler os sinais dos tempos à luz do evangelho, a *GS* descreve a condição fraturada do bem comum na vida moderna sob o peso de pecados estruturais (§ 13, 37), manifestos como atos de dominação e discriminação entre gêneros, raças, classes, contextos sociopolíticos, religiosos e inter/nacionais (§ 4, 8, 29).[21] Especial-

---

[21] Os padres do concílio não contestaram a dominação humana da natureza, mas em vez disso a assumiram como básica à antropologia teológica, baseando-se na criação da humanidade à imagem e semelhança de Deus (GS § 9, 12, 15, 33, 34, 57).

mente na vida pública/política, o bem comum – ou a totalidade das condições que promovem o desenvolvimento pessoal e a realização social (§ 26, 74) – é enfraquecido pela perda do poder sociopolítico de alguns cidadãos (§ 73, 75), exemplificada pela abstenção dos eleitores nas eleições presidenciais nos Estados Unidos, em 2000 e 2004.[22] De uma perspectiva teológica, essa negação da participação pública equivale a uma negação da plena dignidade humana. A *GS* representa a primeira tentativa da Igreja católica de conciliar afirmações que esboçam uma antropologia teológica baseada na relacionalidade (§ 12, 24, 25) – com Deus § 19), conosco (§ 24-25) e com os outros, em sociedade (§ 42-43). Essa antropologia relacional lança luz tanto em nossa crescente interdependência (§ 5, 23) como nos conflitos mais complexos (§ 10, 25).[23] Nessa antropologia relacional, os seres humanos são criados para a sociabilidade em todas as dimensões da vida – moral, religiosa e política – e são chamados a realizar essa relacionalidade contribuindo para o bem comum (§ 26, 30), a justiça social (§ 29) e a vida pública (§ 31).

A *GS* aborda a missão da Igreja de realizar o bem comum na vida pública/política por meio da antropologia teológica e da cristologia.[24] Na *GS*, a fratura do bem comum está ligada a muitos "desequilíbrios" que distorcem a humanidade, pessoal e coletivamente (§ 8, 10,13), mas que em última análise são sanados, em Cristo, o modelo paradigmático da humanidade

---

[22] Ver o recente documentário de Dorothy Fadiman, *Stealing America: Vote by Vote* (Menlo Park, Calif.: Concentric Media, 2008).

[23] Ver Michael Stogre, "Commentary on the Pastoral Constitution on the Church in the Modern World", em *The Church Renewed: The Documents of Vatican II Reconsidered*, ed. George P. Schner (Lanham, Md.: University Press of America, 1986): 19-36, esp. 25-27; Walter Kasper, "The Theological Anthropology of *Gaudium et Spes*", *Communio* 23 (1996): 129-40, at. 129; William C. McDonough, "The Church in the Modern World: Rereading *Gaudium et Spes* After Thirty Years", em *Vatican II: The Continuing Agenda*, ed. Anthony J. Cernera (Fairfield, Conn.: Sacred Heart University Press, 1997), 113-33, esp. 122, 125-26; e John J. Markey, *Creating Communion: The Theology of the Constitutions of the Church* (Hyde Park, N.Y.: New City, 2003), 84-99.

[24] Algumas teólogas afirmam que a *GS* não relaciona adequadamente a antropologia e a cristologia, e com isso cria uma tensão central; Kasper, "The Theological Anthropology of *Gaudium et Spes*", *Communio* 23 (1996): 135-38, 140; e David L. Schindler, "Christology and the *Imago Dei*: Interpreting *Gaudium et Spes*", *Communio* 23 (1996): 155-84, esp. 157-63. Esse ensaio mostra que tal tensão pode dar margem a proveitosas reflexões teológicas, neste caso, a reflexão teológica feminista sobre a práxis política da Igreja.

redimida (§ 10, 22, 24, 38, 45). Assim, criar uma noção justa de indivíduo está reciprocamente ligado a criar uma noção justa de ordem social, através da cristologia (§ 3, 22, 41). De acordo com David Hollenbach, a cristologia na *GS* propõe "um foco teológico mais acentuado em como o evangelho aponta na direção do tipo de mundo que os cristãos deveriam estar ajudando a construir".[25]

Segundo minha leitura, as diferentes cristologias na *GS* correspondem a diferentes maneiras de transformar as pessoas e nossa sociedade para o bem da justiça. Por um lado, a união encarnada "imutável" das naturezas humana e divina de Cristo (§ 10) implica uma integração irênica da vida religiosa com a vida pública. Quer dizer, a cristologia estática desse tipo presume relações já reconciliadas no âmbito da própria humanidade e entre a humanidade e Deus, expressas nos eventos da encarnação, da crucificação e da ressurreição de Jesus (§ 2, 22, 45). Inspirados por essa cristologia, os cristãos são "tornados pares do mistério pascal" e esperam pela vida no além, ressuscitados após a morte (§ 22). Embora verse sobre as ansiedades existenciais da humanidade quanto à morte (§ 18, 22), essa cristologia não esmiúça o suficiente as substanciais barreiras socioculturais, econômicas e políticas que existem contra a participação na vida comum nos Estados Unidos e comprometem seu usufruto, barreiras que são mencionadas em outros momentos dessa constituição pastoral (§ 4, 27, 73, 75). Por outro lado, a cristologia dinâmica – assentada na vida e no ministério profético de Jesus para a construção do reino ou da família de Deus – ilustra uma noção mais ampla da "obra de Jesus Cristo", que alcança além da cruz para a salvação (§ 32; cf. 3). Essa cristologia convida todas as pessoas a imitarem o "artesão" Cristo (§ 32, 43) e unirem esforços em sua obra perene de renovação social e espiritual como "moldadores [artesãos] de uma nova humanidade" (§ 30; cf. 43, 55). Nessa cristologia, o bem comum ainda não está alcançado, mas

---

[25] David Hollenbach, S.J., "Commentary on *Gaudium et Spes*, Pastoral Constitution on the Church in the Modern World", em *Modern Catholic Social Teaching: Commentaries and Interpretations*, ed. Kenneth R. Himes, O.F.M. (Washington, D.C.: Georgetown University Press, 2005), 266-91, at. 271.

deve ser continuamente visualizado e posto em prática com base numa "solidariedade encarnacional",[26] agindo segundo uma práxis crística de justiça social, que imita a vida e o ministério de Jesus em prol do reino de Deus. Essa espécie de práxis antecipa e em parte reflete um senso mais justo de indivíduo e de vida comum, senso que, em última análise, aguarda sua plena realização escatológica futura (§ 38-40).[27]

Ao contrário de duas cristologias adversárias, essas duas interpretações teológicas de Jesus na GS colocam em pauta uma tensão escatológica criativa entre o já – a reconciliação de todas as coisas simbolizadas na unidade entre o divino e o humano em Jesus – e o ainda não – a antecipação ativa daquela reconciliação por meio da práxis e da solidariedade crística. Entretanto, qual cristologia melhor assiste as mulheres como igreja pública? Se a renovação da noção de indivíduo e da noção de sociedade depende mutuamente do discipulado, da imitação de Cristo, então as teólogas feministas destacam que a cristologia anterior, estática, de GS, enraizada numa identidade encarnada, fixa das naturezas humana e divina na pessoa masculina histórica de Jesus, revela-se problemática para as mulheres tanto do ponto de vista teológico, quanto do ponto de vista político. Como expõe Elizabeth Johnson, o foco míope na masculinidade de Jesus na esfera das cristologias dominantes dá prosseguimento a uma "história efetiva" que levanta questões sobre a capacidade teomórfica, cristomórfica e salvífica das mulheres, o que as relega ao posto de cidadãs subalternas no corpo de Cristo e, por implicação, no corpo político. As mulheres não podem ser concebidas como representantes da igreja pública, do corpo de Cristo em público, sob a égide de um encarnacionismo estático, que salienta a necessidade de Jesus ser homem para conhecermos Deus, imitarmos Jesus e sermos salvos.[28] No

---

[26] Christine Firer Hinze, "Straining toward Solidarity in a Suffering World: *Gaudium et Spes* after Forty Years", em *Vatican II: Forty Years Later*, ed. Wililam Madges (Maryknoll, N.Y.: Orbis, 2006), 165-95, esp. 170-75.
[27] Como afirma Peter Phan, "a escatologia é antropologia conjugada no futuro com base na cristologia". Phan, "Contemporary Context and Issues in Escathology", *Theological Studies* 55, n. 3 (1994): 507-36, at. 516.
[28] Elizabeth A. Johnson, "The Maleness of Christ", em *The Power of Naming: A Concilium Reader in*

entanto, a cristologia seguinte, na *GS*, associada como o ministério existencial de Jesus para o reino vindouro de Deus e com pessoas se tornando "os artesãos de uma nova humanidade", contém um grande e ainda inexplorado potencial para as mulheres reivindicarem sua participação na igreja pública. Não obstante, essa cristologia mais recente deve ser reapropriada em termos críticos, segundo uma perspectiva feminista. Embora o Vaticano II tenha se equiparado aos movimentos da segunda onda do feminismo nos Estados unidos, a *GS* aborda basicamente os direitos humanos, os direitos civis, o pensamento contrário à guerra e movimentos pós-coloniais mais do que a justiça de gênero em sua iniciativa de renovação social.[29] Valendo-me de uma constatação de Mary Catherine Hilkert, proponho recuperar e resgatar por um olhar crítico essa cristologia dinâmica e performática apresentada na *GS* por meio da tradição da Sabedoria.[30]

Reconstruindo a cristologia conforme a tradição da Sabedoria

Os elos entre a cristologia e a tradição da Sabedoria estão implícitos na *GS*. As passagens que servem como chaves de interpretação a toda a constituição (§ 10, 22)[31] demonstram, não forjando, porém, esses elos entre a cristologia e a tradição da Sabedoria. Essas passagens se referem a Jesus como "a imagem do Deus invisível, o primogênito de toda criatura", extraída de Colossenses 1,15 (§ 10, cf. 22), que pertence à literatura da Sabedoria das escrituras judaicas.

Feminist Liberation Theology, ed. Elisabeth Schüssler Fiorenza (Maryknoll, N.Y.: Orbis, 1996), 307-15, esp. 307-8; idem, *She Who Is: The Mistery of God in Feminist Theological Discourse* (New York: Crossroad, 1992), 151-53.

[29] Sobre as limitações da *GS* do ponto de vista do feminismo teoético, ver Anne E. Patrick, "Toward Renewing the 'Life and Culture of Fallen Man': *Gaudium et Spes* as Catalyst for Catholic Feminist Theology", em *Feminist Ethics and the Catholic Moral Tradition*, ed. Charles E. Curran, Margaret A. Farley e Richard A. McCormick, S.J. (New York: Paulist, 1996), 483-510. Comentários recentes sobre a *GS* deram pouca atenção aos movimentos feministas que precederam e seguiram o Vaticano II, como os de David Hollenbach, S.J., "Commentary on *Gaudium et Spes*, Pastoral Constitution on the Church in the Modern World", em *Modern Catholic Social Teaching: Commentaries and Interpretations*, ed. Kenneth R. Himes, O.F.M. (Washington, D.C.: Georgetown University Press, 2005), 267-69.

[30] Mary Catherine Hilkert, "Imago Dei: Does the Symbol Have a Future?" *The Santa Clara Lectures* 8, n. 3 (abril de 2002).

[31] Kasper, "Theological Anthropology of *Gaudium et Spes*", *Communio* 23 (1996): 137.

A tradição da Sabedoria descreve uma personificação feminina do divino que participa da criação, redenção e sustentação da vida cotidiana, especialmente quando atua como pregadora profética de rua e como anfitriã do banquete pela justiça e pela paz. Como bem documentaram Elizabeth Johnson e outras estudiosas feministas, as primeiras comunidades cristãs recorreram à tradição da Sabedoria para explicar a identidade divina e o significado soteriológico de Jesus. O que Jesus fez em sua vida e em seu ministério profético revelou quem Jesus era, ou seja, expôs sua identidade como o representante terreno da Sabedoria divina e do redentor. É relevante para a reflexão e para a práxis da teologia feminista retratar Jesus como Sabedoria, o que contesta e contrabalança os símbolos e a linguagem estritamente masculinistas que apresentam a realidade de Deus e a imitação de Jesus. Isso equivale a dizer que a linguagem e as metáforas femininas para o divino constituem um espaço teológico para as mulheres poderem recuperar sua capacidade teomórfica de se identificar com Deus em Jesus e de assim expressá-lo em imagens, tanto em momentos e lugares sagrados como sociopolíticos. Além disso, a apropriação feminista crítica da tradição da Sabedoria destaca a significação salvífica da vida-ministério de Jesus para instalar o reino de Deus e, dessa maneira, contrabalança o foco singular na morte e na ressurreição de Jesus, dominante na cristologia estática. Priorizar os feitos da Sabedoria (GS, § 32) nas ações libertárias de pregação, cura e refeições comunais realizadas por Jesus (GS, § 32) – assim como nas ações de seus seguidores inspiradas em Jesus – permite que mulheres e homens reivindiquem sua capacidade cristomórfica de imitar Jesus em sua práxis libertária, não em seu corpo.[32]

Essa mudança na cristologia feminista, da pessoa de Jesus para seu ministério, fortalece o poder das mulheres e dos homens para se identificar com Jesus e imitá-lo dando ativamente continuidade a sua vida-ministério,

---

[32] O parágrafo anterior resume as ideias de Elizabeth Johnson, *She Who Is: The Mistery of God in Feminist Theological Discourse* (New York: Crossroad, 1992), 86-100, e idem, "Redeeming the Name of Christ: Christology", em *Freeing Theology: The Essentials of Theology in Feminist Perspective*, ed. Catherine Mowry LaCugna (New York: HarperCollins, 1993), 115-37, esp. 120-27.

especialmente, mas não apenas, na práxis política por justiça. Como diz a *GS*, "moldada à imagem do Filho que é o primogênito dentre muitos irmãos e irmãs... a pessoa inteira é renovada internamente, inclusive ao ponto da redenção da política corporal. A conformidade a Cristo (Gl 3,26-28; 2Cr 3,18) consiste em imitar o ministério de Jesus, não sua masculinidade nem outro atributo físico de sua identidade histórica. Na conclusão de Johnson: "Ser cristomórfico não é uma dádiva para distinguir um gênero. A imagem de Cristo não está na similaridade de gênero com o homem humano Jesus, mas na coerência com o molde narrativo de sua vida compassiva e libertadora no mundo, por meio do poder do Espírito".[33] Ser cristomórfico envolve uma solidariedade política e performática – não biológica – com Jesus.

Como demonstramos na seção anterior deste artigo, a habilidade em imitar Cristo nas teologias dominantes no *magisterium* está coligada às construções religiosas de normas e papéis biologicamente baseados em gênero. Incapazes de se colocar *in persona Christi*, a capacidade das mulheres de se engajar na vida pública vem à tona e tem estreita ligação com seu gênio maternal biológico. Baseadas na retomada feminista crítica da cristologia da Sabedoria em *GS*, proposta anteriormente, as mulheres imitam Cristo participando ativamente de seu ministério libertário para criar comunidades e envolvendo-se num tipo de discipulado político, pautado na práxis e que se baseia em manifestar em atos os principais padrões e princípios da obra de vida profética de Jesus para a construção do reino de Deus. Na perspectiva feminista, a participação religiosa e política das mulheres tem mais a ver com sua proatividade em prol da justiça do que com sua natureza maternal.

Por conseguinte, a cristologia da Sabedoria desloca a ênfase teológica da pessoa para o ministério de Jesus e, com isso, permite que as mulheres reivindiquem seu direito de ser a igreja pública e de se identificar com a missão de Jesus e de imitá-lo – ressignificando-o – por meio de sua práxis política. Como Hilkert observa acertadamente, "o reino de Deus é descoberto entre pessoas e comunidades humanas e a elas confiado, a despeito de

---

[33] Johnson, "The Maleness of Christ", 313; idem, "Redeeming the Name of Christ", 129.

todos os nossos limites... Como a Sabedoria nos abrigou em sua tenda e nos enviou seu Defensor para nos proteger sob o selo da verdade, temos o poder de encarnar a comunhão que é nosso destino final, ainda que de maneiras apenas fragmentárias".[34] Encarnar a comunhão, ou lutar por uma comunidade mais justa é uma busca empreendida individual e coletivamente. Ao construir tal cristologia baseada em práxis mais do que em biologia, a partir de recursos do Vaticano II e da teologia feminista, a noção teológica de igreja pública alarga-se para incorporar toda pessoa e todo grupo (organização, movimento social e assemelhados), incluindo a Igreja institucional – mas não se limitando a ela –, que servir como "arauto" cristológico (GS, § 92) ou como sacramento do reino de Deus que já foi iniciado, mas ainda não está completamente realizado.

Mulheres, sacramentalidade e a práxis da igreja pública

Em suma, este ensaio reúne numa leitura crítica textos e posições fundamentais do Vaticano II a fim de construir uma teologia feminista da igreja pública, em particular do papel da Igreja católica e seus representantes na vida pública dos Estados Unidos. A releitura feminista da GS pela lente da cristologia feminista da Sabedoria lança novas luzes teológicas sobre o papel da igreja pública que é tratada, na GS, como sacramento ou signo de uma aguardada presença divina neste mundo, para motivar o mundo rumo à construção de mais justiça, amor e paz. Mais reflexões feministas sobre a sacramentalidade podem ajudar a expandir o que é e quem constitui a força de agentes e atores públicos da Igreja.

De acordo com Susan Ross, em seu sentido mais amplo, a sacramentalidade se aplica à sacralidade do mundo e se refere a discernir a presença divina na totalidade da vida humana e terrena (embora não seja idêntica a ela). Na tradição católica, a presença divina é significada em celebrações comunais centrais como os sete sacramentos, por exemplo, e encontrada

---

[34] Hilkert, "Imago Dei", 15, 18.

essencialmente no evento da encarnação em que Deus se torna carne em Jesus, o Cristo.[35] Em consonância com um entendimento mais amplo da Igreja como sacramento, na *GS*, uma perspectiva teológica feminista sobre a sacramentalidade da vida pública – sobre o que constitui ser um sinal da presença transformadora e justa de Deus no mundo – salienta a práxis política por justiça como meio de encarnar essa presença divina. Não obstante, a sacramentalidade sofre de ambiguidade. Não podemos facilmente igualar determinados atores ou movimentos políticos com a boa sociedade, enquadrada em termos teológicos como o reino de Deus (*GS*, § 39). Qualquer ativismo religioso e político – clerical ou laico – retoma ou se encaminha na direção daquele reino – mas com o qual não se equipara – que foi inaugurado na encarnação do divino e da justiça em Jesus. Portanto, só podemos propor alguns modestos critérios teológicos feministas para discernir a presença do reino na vida pública.

Ser a igreja pública envolve a práxis de imaginar e buscar realizar uma vida comum participativa e mais justa, tal como proposto no ministério de Jesus para o reino de Deus. Isso quer dizer que ser a igreja pública na perspectiva feminista envolve uma práxis escatológica ou cheia de esperança na construção do bem comum, para tecer e voltar a tecer um tecido mais justo para a própria vida social. Quando o ministério de Jesus serve de modelo para o engajamento sociopolítico da Igreja; quando o discipulado assume a forma de uma práxis sociopolítica por justiça, então todas as pessoas – a Igreja institucional e os católicos leigos comuns – podem agir como Jesus, podem participar do trabalho escatológico de Cristo, esforçando-se para retomar esse modelo e pelo menos em parte realizar uma vida comum justa e pautada pela busca da justiça. O que é mais importante ainda no caso das mulheres é que ser a igreja pública está associado com a imitação performática do ministério de Cristo para o reino, em vez de com uma significação ontológica ou uma reprodução biológica da natureza humana histórica de

---

[35] Susan A. Ross, *Extravagant Affections: A Feminist Sacramental Theology* (New York: Continuum, 1998), 33-34, 36-38, 138-42.

Jesus Cristo. Com base em sua práxis da solidariedade encarnacional mais do que a partir de seu corpo físico e de suas capacidades, as mulheres – e todas as pessoas não ordenadas, no que tange à questão teológica – são vistas como discípulas de Cristo e, potencialmente, colocam-se *in persona Christi*, oferecendo assim um entendimento muito mais expandido e não apenas clerical e principalmente patriarcal da atuação pública da Igreja.

A compreensão teológica feminista da igreja pública proposta neste ensaio fortalece o poder das mulheres para que sejam a igreja pública, assim como torna mais teológica e materialmente visíveis os papéis de liderança das mulheres na história da participação política da Igreja. A teologia performática do discipulado, que está alicerçada no trabalho de construção do reino de Deus, certamente resiste às cristologias dominantes que limitam os agentes políticos da Igreja aos homens proeminentes e aos porta-vozes ordenados, do sexo masculino, além de fazer frente às teologias do *magisterium* que enquadram as mulheres no âmbito da maternidade. É sua práxis da justiça e não seu status não ordenado ou maternal que faz das mulheres a igreja pública. O modo como essa teologia feminista da igreja pública afeta concretamente e transforma a teologia mais intransigente da Igreja relativa ao sacerdócio e à ordenação é um tópico que ultrapassa o escopo deste ensaio. Entretanto, em vez de desprezar totalmente a maternidade como um potencial catalisador para refletir a igreja pública, podemos confiar nas interpretações bíblicas feministas da estrutura familiar no reino de Deus para ampliar a maternidade mais além da biologia e alcançar assim a noção mais abrangente da generatividade sociopolítica. Como há muito tempo já foi notado por teólogas feministas e estudiosas da Bíblia, o reino ou a família de Deus está definido nos evangelhos e na literatura dos primórdios da Igreja, não pelos laços de sangue e pelas estruturas patriarcais de relações familiares, mas pelo discipulado.[36] A nova família de Deus, expressa na reflexão

---

[36] Anne E. Carr e Mary Stewart Van Leeuwen, eds., *Religion, Feminism, and the Family* (Louisville: Westminster John Knox, 1996) e Elisabeth Schüssler Fiorenza, *Discipleship of Equals: A Critical Feminist Ekklesialogy of Liberation* (New York: Crossroad, 1993).

teológica de algumas mulheres em novos termos, como a parentela de Deus a fim de evitar conotações imperialistas, inclui as mulheres e os homens que não somente "ouvem e recebem", mas que também "ouvem e fazem" o Verbo divino em prol da justiça (Mt 12,46-50; Mc 3,31-35; Lc 8,19-21). Ao apresentar uma cristologia participativa, fundada na práxis, com os recursos teológicos da cristologia feminista da Sabedoria e com uma visão da família de Deus baseada nos evangelhos, a perspectiva feminista sobre a igreja pública proposta neste ensaio sublinha a generatividade como um importante atributo do engajamento público da Igreja. Em vez de se limitar aos representantes institucionalizados e do clero que falam em público pela Igreja sobre assuntos políticos relevantes conforme uma perspectiva religiosa, a abordagem feminista à Igreja pública enfatiza a espécie de sociedade que é gerada, ou seja, imaginada, criada e sustentada por intermédio da Igreja, a saber, a atuação e a ação política da totalidade da Igreja.[37]

Situadas no contexto de um rico horizonte teológico de generatividade que não se reduz à maternidade, as mulheres comuns podem agir como ouvintes e agentes da mensagem escatológica e do ministério de Jesus, significando em sua práxis o trabalho de parto metafórico do reino de Deus (por exemplo, Rm 8,18-23). Como enfatiza a cristologia feminista da Sabedoria, as mulheres nos evangelhos já se engajam nessa práxis como amigas próximas e conselheiras de Jesus, patrocinadoras financeiras, evangelizadoras e testemunhas proféticas na cruz, na ressurreição e nas primeiras comunidades cristãs. No atual contexto nos Estados Unidos, mulheres como Elvira, envolvidas com o Movimento do Novo Santuário, exemplificam essa práxis utilizando a Igreja (física e simbolicamente) como modelo para o bem público, fundado no amor, na justiça e na paz, tempo demais negados aos trabalhadores imigrantes dentro do sistema legal em vigor nos Estados Unidos e no mercado de trabalho, e inspirado

---

[37] As feministas teólogas e especialistas em ética vêm utilizando a noção de generatividade para reinterpretar as práticas sacramentais à luz das experiências das mulheres de dar e sustentar a vida. Ver Ross, *Extravagant Affections*, cap. 5, e Christine E. Gudorf, "The Power to Create: Sacraments and Men's Need to Birth", *Horizons* 14, n. 2 (1987): 296-309.

no mandato da ética das escrituras e em suas parábolas sobre o reino de Deus (por exemplo, Lv 19,33-34; Mt 25,34-36, 41-43).

De uma perspectiva teológica feminista, o objetivo da igreja pública de criar uma vida comum mais justa que nós, como artesãos, de acordo com a *GS*, cocriamos com Deus e uns com os outros, agora nos permite reconhecer e interpretar todas as pessoas – homens e mulheres, clérigos e leigos, estudiosos e ativistas, porta-vozes isolados e movimentos sociais de ampla estrutura – como irmãos, cujos esforços inter-relacionados voltam-se para parir e nutrir algumas das condições de amor, justiça e paz associadas com ser da família de Deus e tornar-se parte de sua parentela.

IX
Justiça como marca da eclesiologia feminista católica

Susan Abraham

Eu tinha 8 anos de idade quando assisti à ordenação de um padre em minha paróquia em Mumbai, na Índia. Lembro-me nitidamente do aroma do incenso e da música maravilhosa que vinha do coro da igreja, especialmente quando cantaram um de meus hinos prediletos, *Here I Am, Lord*. Também me lembro que foi esse o momento de "primeiro compromisso" com Deus, pois eu havia claramente ouvido a voz de Deus "chamando à noite", como dizia a letra do hino. Olhei para minha mãe e disse com convicção: "Mãe, eu sei o que vou ser quando crescer. Vou ser padre". Minha mãe me deu um acolhedor tapinha, com uma expressão aturdida. Somente muitos anos mais tarde foi que pude compreender as razões para a perplexidade que ela demonstrou. Eu era do gênero feminino, numa cultura em que o cristianismo era a religião minoritária. Como religião minoritária, no contexto de muitas outras verdades relativizantes, os papéis de gênero serviam como referências claras e uma identidade definida, demarcando as fronteiras religiosas. Também custei muitos anos até compreender que o contexto do pluralismo frequentemente solidifica os papéis de gênero, abafando o que podem ser outros meios de ser homem ou mulher. Em outras palavras, quando existe o pluralismo religioso e de alegações da verdade, os papéis de gênero se tornam rígidos em sua função de salvaguardar uma identidade em particular. Quando enfim me tornei uma teóloga feminista, imediatamente reconheci a reação óbvia ao pluralismo nas autoridades eclesiásticas da Igreja Católica Romana que insistiam em construir uma identidade estável para as estruturas eclesiais em termos de diferenças de gênero. Nessa perspectiva, uma igreja "católica, una, santa e apostólica" demanda que mulheres e homens se mantenham fiéis a papéis de gênero tradicionais. De fato, esses amplos atributos de santidade da Igreja[1] continuam a ser apresentados segundo um molde masculinista estreito. Os atributos da Igreja também têm servido de base para a face imperial da Igreja. Nos tempos colonialistas, por exemplo, a catolicidade foi interpretada como a obrigação que tinham as igrejas cristãs do mundo todo de confessar a primazia e a superioridade da Igreja Romana. Ou, ainda, a apostolicidade tem sido estritamente interpretada conforme o parâmetro da liderança masculina da elite ocidental. Na qualidade de teóloga feminista católica procedente da Índia, estou convencida de que devemos desafiar as interpretações restritas e fundadas no gênero, impregnando os atributos da catolicidade da Igreja com justiça, valendo-nos de uma imaginação teológica mais espaçosa a fim de repensarmos o problema da eclesiologia colonial fundada na questão do gênero. A imaginação católica espaçosa para uma teologia feminista, ou seja, a imaginação para o alargamento e o aprofundamento da alegação de universalidade da teologia católica, é um elemento necessário da teologia feminista católica.

A eclesiologia está no cerne da iniciativa teológica católica. Entretanto, o patriarcado eclesiástico emprega a lógica da dominação e da subordinação para definir o papel das mulheres na Igreja estritamente em termos de uma divisão de sexo/gênero. O modelo de dominação/subordinação não é explícito nos ensinamentos da Igreja porque a teologia católica oficial proclama sua adesão

---

[1] A catolicidade como atributo da Igreja enfatiza sua universalidade, inclusividade e abertura à verdade. A unicidade, ou unidade, é um atributo da Igreja que fala da presença unificadora do Espírito Santo na Igreja. A santidade é um atributo da Igreja que enfatiza que ela é uma comunidade a caminho de ser transformada pela impregnação do Espírito Santo. Como atributo da Igreja, a apostolicidade identifica sua fé e sua prática com as dos apóstolos. Ver Richard McBrien: *Catholicism* (New York: HarperSanFrancisco, 1994), glossário de termos-chave.

à igualdade entre mulheres e homens. Em vez disso, a distância de sexo/gênero na teologia católica oficial resulta no modelo de complementaridade em que os papéis generificados para mulheres são sancionados no âmbito de um paradigma de dominação/subordinação. Com isso, as mulheres estão excluídas do ministério sacramental da Igreja. Este ensaio está sendo escrito na mesma época em que o Vaticano divulgou o edito de excomunhão para toda mulher que for ordenada e para os bispos que procederem à ordenação, citando que a Igreja não tem "autorização" para mudar a "vontade de seu fundador", que escolheu homens como seus apóstolos.[2] Esse argumento literalista[3] e positivista[4] deve ser questionado, invocando-se o potencial da teologia católica para pensar de maneira simbólica. A possibilidade de uma teologia do símbolo, que substancie nosso entendimento do significado da escolha dos Doze, ajuda-nos a evitar o paradigma rigidamente jurídico subjacente a esse edito.[5] Além disso, a estreita ênfase cristológica em Jesus como comunicador de verdades divinas, que são então mediadas pelos poucos homens escolhidos, escora o poder doutrinal e pedagógico do *magisterium* ao pressupor uma antropologia teológica na qual mulheres e homens são essencialmente diferentes, embora iguais. Não somente as teologias da encarnação e da criação ficam comprometidas com

---

[2] 30 de maio de 2008: http://www.cwnews.com/news/viewstory.cfm?recnum=58760.
[3] Literalismo é uma estratégia moderna de leitura, que despontou no contexto do fundamentalismo religioso e busca persuadir os cristãos de que a Bíblia é a Palavra direta e infalível de Deus, que deve ser aceita sem questionamento. Na realidade, a teologia católica oficial não assume que a Bíblia seja a palavra direta de Deus. No meu entendimento, defender o literalismo é uma postura praticada somente quando se trata da questão da ordenação de mulheres.
[4] O positivismo é outra estratégia moderna de leitura, que surgiu no contexto do método científico e do fundamentalismo religioso e busca persuadir os cristãos de que a escritura e as doutrinas possuem a garantia de uma certeza absoluta. Os positivistas podem ser encontrados tanto no lado direito como no lado esquerdo do espectro quando argumentam que podemos extrair um conhecimento positivo de Jesus a partir das narrativas do Evangelho. Os positivistas ignoram a ideia de que as narrativas do Evangelho são teologias plenamente desenvolvidas que pontuam questões específicas em relação a seus contextos.
[5] Ver Richard McBrien: "Será que Jesus teve mesmo a intenção de *fundar* uma Igreja? A resposta é 'não' se, com *fundar*, queremos dizer o ato direto, explícito e deliberado por meio do qual Jesus estabeleceu uma nova organização religiosa. A resposta é 'sim' se com *fundar* queremos dizer 'assentar as bases da Igreja de várias maneiras indiretas... A convocação dos *Doze* deve ser vista sob esse prisma. Os Doze deveriam representar o chamado de Jesus a todas as doze tribos de Israel... como um todo". *Catholicism* (New York: HarperSanFrancisco, 1994), 578, ênfases no original.

isso, como nosso entendimento da natureza e da missão da Igreja se torna seriamente distorcido pelo tríplice pecado do literalismo, do legalismo e do jurisdicismo. Esses três elementos reunidos buscam ignorar a historicidade de todas as instituições humanas para defender a noção de que a primeira responsabilidade dos guardiães institucionais é serem fiéis às regras e às convenções da tradição. Em vez disso, este artigo busca argumentar que a tradição teológica católica também permite uma visão mais larga e abrangente do que as abordagens jurídica ou literal. O primeiro passo para se imaginar uma Igreja mais justa consiste em apreender o potencial da gramática da teologia católica a fim de superar os limites do legalismo rígido e trabalhar pela justiça. A gramática da tradição católica, examinada a seguir, pode nos permitir pensar em regras que visem a justiça. Segundo o prisma da teologia católica, justiça é cuidar da e se importar com a comunidade que resulta da base sacramental da teologia católica.

Gramática católica e eclesiologia

A teologia católica possui uma gramática particular que embasa suas afirmações teológicas. Richard McBrien, em *Catholicism*, declara que existem três focos católicos que abrangem e informam sua obra teológica. São eles a sacramentalidade, a mediação e a comunhão, cada um dos quais sustenta uma tensão específica entre a transcendência e a imanência. É a configuração particular da sacramentalidade, da mediação e da comunhão que leva à vigorosa teologia católica da comunhão em Deus, ou seja, a sua eclesiologia. Segundo essa visão, "católico" é menos uma categoria identitária decorrente da pertinência a essa denominação. Em vez disso, o termo "católico" tem a ver com *ser* católico, ou seja, ter uma maneira religiosa específica de ser no mundo. Ser católico é ter uma visão sacramental do mundo, acatar a capacidade dos sacramentos de mediar as verdades divinas por meio da realidade material e criada, e endossar sua visão de que a totalidade da realidade tem seu sentido mais profundo com criação de um Deus amoroso. Essa gramática permite que o povo católico fale da centelha divina existente em toda a criação. Se a eclesiologia está no coração da obra teológica católica, não pode ser outra senão uma gramática católica que fundamenta a maneira como os católicos imaginam a comunidade e a Igreja.

A primeira ideia – sacramentalidade – é a perspectiva que pode apreender "o divino no humano, o infinito no finito, o espiritual no material, o transcendente no imanente, o eterno no histórico".[6] A pessoa é católica porque tem essa visão sacramental. A sacramentalidade é uma perspectiva, uma maneira de captar a criação como manifestação do divino, e os sacramentos são mostras dessa perspectiva. Naturalmente, a sacramentalidade pode ser levada longe demais. Se toda realidade criada é de fato sacramental, então tudo e qualquer coisa pode se tornar divino. Essa não é uma posição sustentável para os católicos, pois nossa fé em Deus exige que mantenhamos uma percepção crítica, capaz de distinguir entre imanência e transcendência. Sacramentalidade é afirmar que tudo tem a capacidade de *revelar* o divino. O gênio da imaginação sacramental, entretanto, afirma a transcendência de Deus afirmando que a visão sacramental é mais bem compreendida quando enxergamos a presença de Deus no mundo em termos *relacionais*. Quer dizer, a imanência e a transcendência de Deus não são características estáticas e imutáveis. A imanência e a transcendência de Deus são maneiras pelas quais Deus se relaciona com o mundo. Assim, as teologias da criação e da encarnação fazem sentido quando apreendemos a presença ativa do Divino no mundo que, em sua abrangente bondade, verte-se sobre cada mínima partícula da realidade criada (imanência) sem se esgotar nessa realidade (transcendência). A eclesiologia católica tenta praticar a percepção desse tipo de relacionamento do Divino com a realidade criada.

Se imaginarmos a presença divina apenas em termos estáticos, ignorando a base relacional da sacramentalidade, ela pode tornar-se idólatra. Com isso, não são somente os sacramentos que são sacramentais. A própria realidade é sacramental porque Deus escolhe relacionar-se com a realida-

---

[6] Ibid., 10.

de. Essa base relacional é frequentemente esquecida quando os argumentos oficiais são apresentados vigorosamente para excluir as mulheres do ofício sacerdotal da Igreja. Os argumentos oficiais contra a ordenação de mulheres destacam que as mulheres têm vocações "diferentes", decretadas por Deus, relacionadas com a capacidade reprodutiva das mulheres. Observe que essa ênfase coloca as mulheres em relacionamentos primários com os homens, ao passo que a realidade clerical masculina é sempre colocada no relacionamento primário com Deus. O foco sacramental católico exige que a justiça seja observada em relação às mulheres que são eminentemente capazes de ter e manter o relacionamento com o divino em seus próprios termos.

A segunda ideia – mediação – é a perspectiva de que toda experiência de Deus é basicamente mediada e alicerçada na experiência histórica e encarnada. Quer dizer, ninguém tem uma experiência "pura" de Deus. A ideia da mediação é útil na medida em que nos lembra de pensar na perspectiva católica em relação a realidades históricas concretas, com coordenadas de tempo e espaço. Se for levado longe demais, o princípio da mediação não consegue preservar a tensão entre transcendência e imanência e se perde no pensamento mágico. O princípio da mediação na teologia católica é mais bem visto em seu compromisso com o ministério ordenado do padre. Embora Deus esteja presente em tudo que fazemos e em toda parte, também é verdade que há alguns momentos ou lugares nos quais essa ação pode ser focalizada com especial atenção. Por conseguinte, em seus rituais e ritos, por exemplo, o padre funciona como um mediador, não porque seja dotado de poderes mágicos ou porque possa limitar o encontro humano e divino, mas porque, como mediador, o padre pode ajudar a focar a atenção no relacionamento divino-humano *pelo bem da comunidade*.[7] A realidade generificada da pessoa é somente acidental em relação à realização dessa visão e não constitui o todo da realidade encarnada. Em outras palavras, qualquer realidade generificada pode mediar o relacionamento divino-humano. Insistir que o mediador pode mediar basicamente por causa de sua realidade generificada

---

[7] Ibid., 12, ênfases minhas.

é impor um limite muito humano à ampla promessa do princípio de mediação. A única maneira de neutralizar a impregnação da magia no trabalho do padre é promovendo argumentos teológicos em defesa das mediações plurais e encarnadas do divino. Quer dizer, o princípio da mediação pode sustentar o peso do argumento em defesa de ambos os gêneros e de sua capacidade de mediar o relacionamento divino-humano. O princípio da mediação nos lembra que a teologia católica é prioritariamente orientada para a comunidade de todos e não somente para um tipo apenas de realidade histórica. Como a lógica inerente à criação, a pluralidade pode ser celebrada pelas teólogas feministas interessadas em promover a eclesiologia católica como um corpo mais inclusivo, enfatizando o papel simbólico do padre no todo da prática e da teologia eclesiológica. Uma vez que o papel do padre é essencialmente simbólico, o acidente do gênero continua sendo um aspecto marginal da prática desse papel.

Por fim, o princípio da comunhão afirma que nossa experiência de Deus é sempre mediada na comunidade. Pode-se de fato ter um relacionamento pessoal ou individual com Deus ou com Jesus, mas a coerência da tradição decorre de sua visão sacramental e mediada. Toda experiência de Deus é dotada de vida dentro do contexto comunal da criação, encarnação e salvação. Em outras palavras, o catolicismo busca preservar o equilíbrio entre imanência e transcendência de tal maneira que coloque toda a vida, toda a história e toda experiência humana no âmbito da comunhão em Deus. A comunhão também pode ser distorcida. Uma ênfase excessiva na dimensão comunal abolirá a consciência individual e, em última instância, a liberdade de pensamento e de ação. Por exemplo, muitos católicos bem intencionados dirão que a comunhão dos católicos, unidade que a Igreja vem buscando há séculos, terminaria se fragmentando se as mulheres fossem ordenadas para o sacerdócio. Mais uma vez, a imaginação espaçosa pode nos ajudar. Nossa visão da comunhão não reflete a homogeneidade como base da unidade. A comunhão católica pode ser uma unidade dentro de uma pluralidade ordenada divinamente. Quando a justiça torna-se o selo da comunhão da Igreja, o princípio da comunhão católica poderia se tornar uma força potente para a comunidade católica em busca de sua plena humanidade em Deus. Nesse sentido, a Igreja torna-se verdadeiramente "católica" porque sua universalidade não é espremida por uma imaginação teológica restrita, defensora da divisão entre sexos e gêneros.

A fim de não comprometer a imaginação teológica católica, inerentemente espaçosa, temos de repensar a eclesiologia em termos mais amplos. Até mesmo a eclesiologia predominante demonstra o desafio do pluralismo para os modelos institucionais da Igreja. Com isso, não são somente as feministas que estão apresentando à Igreja institucional desafios vindos do pluralismo. Dean Hoge e Jacqueline Wenger, em seu livro *Evolving Visions of the Priesthood: Changes from Vatican II to the Turn of the New Century*,[8] apontam as incríveis mudanças que ocorreram nos anos 1960 como a razão de tal conflito. O caos cultural e político causado pelos movimentos em defesa dos direitos civis, contra a guerra e o feminismo, assim como a revolução sexual, vieram todos no encalço das mudanças inauguradas pelo Vaticano II. Muitos padres mais jovens sentiram que a atmosfera de mudanças iria introduzir profundas mudanças institucionais no sacerdócio, como, por exemplo, tornar o celibato opcional.[9] O que aconteceu, ao contrário, foi um período de profundas incertezas. O modelo de sacerdócio pré-Vaticano II, o sacerdócio cúltico, foi intensamente desafiado por essas mudanças. Esse modelo atribuiu um enorme significado ao culto e aos sacramentos. Para a execução de suas responsabilidades, o padre usava roupas características, vivia num presbitério, mantinha distância da vida social comum às pessoas. Como uma "casta clerical à parte", os padres pensavam que eram "homens separados".[10] Esse modelo começou a ser desafiado pelo "modelo do servo-líder" de sacerdócio, após o Concílio, enfatizando a condição humana comum a padres e leigos.

---

[8] Dean Hoge e Jacqueline Wenger: *Evolving Visions of the Priesthood: Changes from Vatican II to the Turn of the New Century* (Collegeville, Minn.: Liturgical, 2003).
[9] Ibid., 8.
[10] Ibid., 10.

A Igreja em si foi então definida, conforme os ensinamentos do Concílio, como o povo de Deus, como uma comunidade em que a distinção entre o clero e os leigos tinha menos importância. Agora, a especificidade do padre vinha de sua liderança espiritual e institucional dentro da comunidade, deixando de ser somente como uma questão de diferença ontológica emanada das ordens sagradas. Além disso, o conceito precedente de "ministério" como domínio exclusivo dos padres era agora redefinido como o trabalho de todos os cristãos batizados, tanto padres como leigos. Agora, ninguém mais tinha de se tornar padre para praticar o ministério.[11]

Susan K. Wood, em seu comentário no livro de Hoge e Wenger, sinaliza que a mais recente geração de padres, hoje, basicamente se identifica com o modelo cúltico, ao passo que os padres que têm entre 55 e 60 anos e mais se identificam em geral com o modelo servo-líder.[12] No presente contexto, a eclesiologia hierárquica é favorecida, em detrimento da eclesiologia colegial. Essa distinção tem um significado especialmente importante para a discussão da teologia da ontologia (sacerdotal). A teologia da ontologia afirma que a ordenação produz uma mudança ontológica permanente no padre, tornando-o diferente do homem leigo. A ontologia – ou o estudo do ser – refere-se ao entendimento da natureza básica da pessoa. No modelo cúltico, essa diferença é salientada na medida em que o padre parece uma casta diferente dentro da Igreja. No modelo servo-líder de sacerdócio, essa teologia da ontologia não é abandonada, mas sua orientação se afasta do indivíduo para assumir a relacionalidade do indivíduo com os outros. Em vez de uma ontologia da diferença, o modelo servo-líder enfatiza a ontologia do relacionamento. Nenhum dos dois modelos analisa de perto como a Igreja institucional declara a divisão de sexo/gênero, o que compromete portanto a espaçosa imaginação teológica católica. Ambos os modelos tendem a favorecer a casta da elite masculina de padres, embora o modelo servo-líder

---

[11] Ibid., 11.
[12] Susan K. Wood: "The Search for Identity", em Dean Hoge e Jacqueline Wenger: *Evolving Visions of the Priesthood: Changes from Vatican II to the Turn of the New Century* (Collegeville, Minn.: Liturgical, 2003), 167-73.

demonstre melhor habilidade para assimilar a ênfase feminista na justiça e na inclusividade dada sua ênfase na ontologia da relacionalidade.

A ênfase na justiça pode parecer introduzir um ideal secular na eclesiologia. Para muitos, a palavra "justiça" parece implicar "democracia", que é um conceito secular. A teologia feminista afirma que justiça é mais do que um ideal democrático secular; a justiça está no próprio cerne da gramática e da linguagem da teologia católica. Essa justiça significa que o elitismo e o excepcionalismo da casta sacerdotal institucional deve dar lugar a uma imaginação mais ampla da sacramentalidade, da mediação e da comunhão. Em relação à eclesiologia, justiça não é somente a Igreja ser um espaço inclusivo de culto e adoração. Enfatizar a justiça transforma a catolicidade em um princípio de abertura e inclusividade para a teologia católica inteira. Ela transforma a santidade como a marca de estar aberto à obra do Espírito Santo, que é nova para cada geração. Por fim, ela transforma a apostolicidade em um princípio de forte imitação de Jesus e dos apóstolos que acolhiam homens e mulheres a sua mesa.

Cristologia e a teologia do símbolo

Uma teologia do símbolo protege o potencial teológico dos três principais focos católicos: sacramentalidade, mediação e comunhão. Uma teologia do símbolo nos permite considerar a capacidade da teologia católica para absorver os desafios do pluralismo e da ética, no sentido de que nos afasta de pensar a teologia como um conjunto de proposições que exigem "crença" e nos permite recorrer a ela como maneira de ver o mundo e de confiar na tradição para responder às necessidades da comunidade como um todo. No contexto pós-iluminação, a palavra "símbolo" desperta muitas suspeitas na medida em que é oposta, de maneira simplista, à verdade das autoridades. Em nosso atual contexto cultural, a verdade das autoridades anseia bastante para se parecer ao máximo com sua equivalente secular, a verdade científica. A verdade científica parece possuir um tipo particular de autoridade inquestionável e sua linguagem é transparente, assim como seu sentido é claro. Chama-se a isto de positivismo científico. Quando as verdades religiosas são afirmadas nesse tipo de contexto cultural, supomos que a linguagem e o significado dessas afirmações religiosas são "objetivas" do mesmo modo que as asserções científicas o são. No entanto, a fala teológica tem um caráter simbólico precisamente porque preserva a tensão entre a imanência e a transcendência. Não só a fala teológica e religiosa é simbólica como também não está isenta de valores, algo que porém se espera da maioria das declarações científicas. Portanto, para as teólogas feministas, a tarefa é complexa. Não somente temos sem dúvida de insistir na natureza simbólica da linguagem religiosa, como também não podemos evitar a responsabilidade de sinalizar como essa linguagem alicerça o poder masculinista da elite.

Ainda que complexa, uma das melhores propostas para uma teologia do símbolo que, como base, subjaz a toda teologia católica é a que Roger Haight apresenta em seu *Jesus, Symbol of God*.[13] Segundo o autor, os símbolos e a linguagem simbólica são a base de toda experiência religiosa. Toda linguagem que empregamos para falar da experiência do divino é simbólica. Toda linguagem no passado que foi empregada para falar da experiência do divino é simbólica. Não podemos examinar os episódios do evangelho e ignorar o significado teológico dos "Doze Homens", por exemplo, como já explicamos antes.[14] Compreender como funciona uma teologia do símbolo na teologia permite-nos cultivar uma imaginação católica justa e espaçosa, que aparentemente falta nos modelos de eclesiologia, que parecem estar mais investidos na salvaguarda do poder masculinista.

Como uma teologia do símbolo funciona na teologia católica? Haight esboça sua teologia do símbolo basicamente em relação à cristologia. A linguagem sobre Jesus, como o Cristo, é essencialmente simbólica. Como Cristo, que é o Messias, em hebraico, ou o Ungido, em grego, Jesus foi o símbolo de Deus para sua cultura e sua época. Precisamente como símbolo, o título "Cristo" assume um vasto repertório de sentidos no âmbito do promissor contexto cristão em seus primórdios. O título "Cristo" é um híbrido

---

[13] Roger Haight: *Jesus Symbol of God* (Maryknoll, N.Y.: Orbis, 1999).
[14] Ver. n. 5.

cultural, que repercute importantes significados teológicos e religiosos tanto do contexto cultural judaico, quanto do helenista. Nessa medida, "Cristo", como símbolo religioso, exige participação no sentido de que o excesso de significados que o símbolo busca comunicar é uma tarefa que não pode ser realizada sem o engajamento e a participação subjetiva e existencial daquele que está tentando captar esses significados. O sistema simbólico cristão se enraizou justamente porque foi criado na esfera das referências que tinham significados saturados para seus participantes. Com isso, a natureza participativa dos símbolos sublinha a natureza comunal da teologia católica. É somente nessa dimensão participativa que o símbolo Cristo e o símbolo Jesus se tornam revelações do divino, então e agora. Nesse sentido, a cristologia precisa ser capaz de suficiente elasticidade para poder atrair experiencialmente as pessoas para a percepção do leque de sentidos desses símbolos. Jesus é um símbolo porque a cristologia constrói uma tensão entre a particularidade de Jesus e sua relevância universal:

> A tensão entre a identidade autônoma do símbolo e sua função de portador de um significado que o transcende ao sinalizar para mais além de si próprio é intrínseca aos símbolos. Portanto, é importante notar que, no nível histórico, Jesus ser uma criatura humana é algo que o torna universalmente disponível. Na medida em que e porque Jesus é um ser humano, ele é, nessa medida, capaz de ser entendido por todos os outros seres humanos. Na mediação simbólica, o universal é encontrado na particularidade do veículo. No caso de Jesus, ele era uma pessoa particular em seu tempo, lugar, contexto e tradição religiosa. Sua individualidade o distinguia ainda mais de outras personalidades de seu contexto, como João Batista, por exemplo. Assim, o primeiro passo em uma teologia construtiva é enxergar não somente a humanidade de Jesus, mas também sua peculiar individualidade. Os símbolos irradiam significados universalmente relevantes por meio de sua dimensão concreta como indivíduo.[15]

---

[15] Haight, *Jesus Symbol of God*, 202.

Por conseguinte, os símbolos sempre sinalizam mais além de si mesmos utilizando o potencial mediador da realidade ou de objetos triviais ou mundanos. Justamente porque os símbolos mediam um excesso de significados, seu sentido literal ou positivista pode predominar sem questionamentos e é isso que desemboca na idolatria. Os símbolos religiosos não são mágicos nem nada mais do que sinais naturais da divindade. Mesmo enquanto constantemente sinalizam a transcendência divina, revelam a capacidade radicalmente humana de perceber o mundo "mais do que" comum. Portanto, os símbolos são multivalentes. Eles abrem o significado e geram uma pluralidade de sentidos. Uma vigorosa teologia do símbolo fornece salvaguardas contra a idolatria ao indicar o excesso de sentidos na teologia da encarnação. Deus é revelado na mediação da relação entre o divino e o humano. Como símbolo de Deus, portanto, Jesus não é somente "homem para nós". Como *Deus* conosco, a teologia do símbolo previne a reificação da masculinidade de Jesus ou de qualquer outro de seus atributos históricos incidentais. A reflexão eclesiológica sobre essa perspectiva diz respeito ao símbolo que a "Igreja" deve ser: uma comunidade sagrada e justa que acolhe a condição humana e a realidade humana. Como símbolo, a Igreja é a concretização do acolhimento da humanidade por Deus na encarnação. A cristologia mais espaçosa sugerida pela teologia do símbolo permite modelos eclesiais que não estão vinculados somente a este ou aquele incidente ou atributo histórico. Em vez disso, na todo-abrangente teologia do símbolo, a eclesiologia assume o potencial da inclusividade e da justiça nos moldes prescritos por Jesus, símbolo de Deus.

É importante compreender como essa forma de teologia do símbolo e essa cristologia afetam a antropologia teológica. Para Haight, existe um relacionamento intrínseco entre a existência humana e o que os cristãos afirmam quando dizem que acreditam em Jesus Cristo. Aqui, Haight concorda com Karl Rahner quando afirma que "existe uma continuidade interna entre Jesus Cristo e os seres humanos, entre o que aconteceu com Jesus Cristo e o destino de todos".[16] Para Rahner, assim como para Haight, esperança é a disposição fundamental dos seres huma-

---
[16] Ibid., 140.

nos, resultante da percepção de nossa continuidade em relação a Jesus Cristo. Essa esperança nos inspira a viver a vida como uma jornada de volta a Deus. Portanto, todos os seres humanos são pessoas de esperança, pessoas que esperam não somente por si mesmas, mas que têm esperança por toda a realidade criada.

Essa esperança por todos contém o potencial de transformar estruturas sociais e políticas injustas em estruturas de justiça. O potencial de transformação da esperança não leva a uma aceitação fatalista e resignada das estruturas sociais dominantes e injustas. Em vez disso, precisamente por causa da continuidade entre os seres humanos e Jesus Cristo, somos capazes de fundar comunidades de amor e justiça assim como Jesus fundou a comunidade dos que creem. Em outras palavras, a antropologia teológica, à luz de uma teologia do símbolo e da cristologia, é sempre social e relacional. Dentro desse referencial, "Igreja" quer dizer uma comunidade caracterizada por relacionamentos igualitários, nos quais os excluídos e os marginalizados são introduzidos no círculo de cuidados comunais, segundo uma visão endossada pela literatura feminista sobre eclesiologia.

Propostas feministas para *ekklesia*

As propostas feministas para a eclesiologia têm apresentado maneiras concretas para as comunidades de relacionamentos igualitários poderem tornar-se visíveis. Com isso, elas instigam as forças da tradição teológica e intelectual católica e a coerência dos temas sistemáticos. A gramática católica da sacramentalidade, da mediação e da comunhão serve de plataforma para a reflexão teológica em todas as suas formas e, portanto, confere coerência de sentido e de prática. Em si, a coerência não é um valor a menos que o sistema que depende dela possa se mostrar sensível e responsivo às demandas éticas. O trabalho de demonstrar essa coerência tem recaído sobre as teólogas feministas e libertárias diante da polêmica evitação demonstrada pelas autoridades oficiais, cuja estratégia se resume a apontar a postura feminista de oposição como o problema da teologia católica. Por outro lado, as teólogas feministas vêm que o maior problema para a teologia católica é o amor pelo poder, o que fica evidente na exclusão das mulheres e da experiência feminina, e em seu restrito paradigma cultural. Afirmando que a justiça tornou-se uma marca registrada da catolicidade, teólogas feministas como Elisabeth Schüssler Fiorenza criam oportunidades para que a teologia feminista demonstre a coerência da teologia católica, precisamente em termos de seu potencial para rever a questão da exclusão de mulheres, raças, culturas e classes. Ela propõe a noção de *ekklesia*, definida como "a igualdade radical que caracteriza o já e o ainda não na comunidade religiosa e na sociedade democrática".[17] Em outras palavras, o modelo feminista de *ekklesia* desafia aquilo que ela chama de contexto "quiriárquico"[18], em que funcionam as comunidades religiosas e sociais.

Uma das questões que Schüssler Fiorenza aborda diretamente é por que uma feminista quer continuar sendo feminista e católica, diante de uma Igreja tão abertamente discriminadora.[19] As pessoas costumam apresentar a escolha de sair dessa situação como uma atitude "melhor". As feministas que não são católicas também dirão que as feministas católicas romanas deveriam simplesmente sair da Igreja institucional. Sair da Igreja reforça a ideia de que a estratégia feminista mais proveitosa é o não engajamento na História e evitar seu potencial para rever e localizar soluções na esfera da tradição. Consequentemente, Schüssler Fiorenza está convencida de que a teologia feminista tem duas vertentes igualmente importantes que devem ser trilhadas ao mesmo tempo. As feministas católicas devem possuir a sensibilidade ética e intelectual necessária a mostrar de que maneiras a eclesiologia oficial alicerça a antropologia tradicional e a cristologia triunfalista, mas também deve ter suficiente

---

[17] Elisabeth Schüssler Fiorenza, *Rhetoric and Ethic: The Politics of Biblical Studies* (Minneapolis: Fortress Press, 1999), prefácio. Em relação às questões levantadas neste ensaio, o modelo da complementaridade é moldado por interesses quiriárquicos. Assim, o trabalho "complementar" das mulheres em relação aos homens sempre coloca as mulheres em posições subordinadas, social e culturalmente construídas.
[18] Schüssler Fiorenza, *Rhetoric and Ethic*, "Quiriárquico/quiriocêntrico: termos derivados do vocábulo grego para 'senhor' é uma cunhagem que salienta que a dominação não é apenas uma questão de um dualismo patriarcal baseado no gênero, mas envolve estruturas mais abrangentes, entrelaçadas, ordenadas hierarquicamente, para o exercício da dominação e evidentes numa variedade de práticas de opressão como o racismo, a pobreza, o heterossexismo e o colonialismo".
[19] Elisabeth Schüssler Fiorenza: *Discipleship of Equals A Critical Feminist Ekklesia-logy of Liberation* (New York: Crossroad, 1993), 2.

imaginação e visão para sugerir alternativas a esses paradigmas de exclusão. Nesse sentido, a antropologia teológica feminista profética de Schüssler Fiorenza fundamenta sua proposta de um modelo "reconstrutivo-reformista"[20] de eclesiologia, marcado por forte crítica da teologia dominante da "mulher", tal como vigora no pensamento da teologia oficial da Igreja Católica Romana.

Ela fala a favor de uma antropologia teológica que inclua as mulheres por meio do "*status* clerical *de facto* de mulheres profissionais ocupando o cargo de ministros da Igreja".[21] É importante perceber essa mudança na metodologia de Schüssler Fiorenza. Sua crítica da antropologia teológia quiriocêntrica, subjacente à exclusão das mulheres da participação nos sacramentos, baseia-se no complexo relacionamento entre a história da atividade das mulheres na Igreja e a recepção oficial dessa atividade pela Igreja institucional, que continua mantendo o *status quo*. Enquanto a Igreja oficial segue defendendo argumentos contra a plena participação das mulheres na vida sacramental da Igreja, a Igreja oficial também polidamente omite a tremenda liderança espiritual e profissional das mulheres em vários momentos de sua história.

Não obstante, a presença ativa de mulheres em muitas posições pastorais dentro do contexto alemão em 1964, em campos como cuidados pastorais, catequese e ação católica, viu-se restringida pela problemática ideologia do eterno feminino. Nessa altura, ela esclarece como a teologia do "eterno feminino", que substituiu a suposição teológica anterior da inferioridade da mulher e sua pecaminosidade, estrutura-se na ideologia cultural dominante da natureza da mulher e em sua diferença biológica essencial em relação ao homem. A ideia do "eterno feminino", portanto, é a base do essencialismo de gênero, ou seja, a noção de que mulheres e homens têm "essências" eternas e imutáveis. "Debaixo dos véus", as mulheres – em especial as freiras – tiveram autorização para contribuir de modo significativo para a vida da Igreja, precisamente como mulheres *tradicionais*. Sobretudo, suas contribuições no ministério foram limitadas pela razão de sua inclusão: a escassez de padres. Portanto, a prática ministerial

---

[20] Ibid,. 10.
[21] Ibid,. 10.

das religiosas não teve impacto nos lugares onde havia padres suficientes. Num mundo assim, diz a autora, as mulheres são vistas exclusivamente em relação aos homens, e sua ligação com o divino vem revestida da linguagem quiriárquica. A ênfase no "eterno feminino" é vista mais claramente nas noções tradicionais da feminilidade ideal, a mais insidiosa das quais é a ênfase na maternidade (heteronormativa). As mulheres são exaltadas na medida em que defendem o valor patriarcal essencial de reproduzir a sociedade patriarcal onde a superioridade dos homens nunca é desafiada. Com isso, a capacidade das mulheres de estar em relação depende da apresentação idealizada e essencializada de sua capacidade reprodutiva, configurando a reprodução sexual como seu contexto relacional primário. A política dessa postura essencialista obscurece os interesses latentes da teologia católica oficial, ou seja, manter o *status quo* da relacionalidade das mulheres derivando exclusivamente dos homens.

Em contraste com esse contexto, Schüssler Fiorenza afirma que a inclusão das mulheres em seus próprios termos tem a capacidade de reorientar a instituição para a sacramentalidade, a mediação e a comunhão. A eclesiologia, que limita o papel das mulheres a funções tradicionais, simplesmente revela a extensão em que as instituições e, portanto, a própria eclesiologia simplesmente reflete interesses quiriárquicos. Ela diz:

> Quão pouco os teólogos têm examinado e corrigido a imagem católica tradicional da mulher é uma constatação que vem à luz na nova edição do *Lexicon fur Theologie und Kirche*. Nessa obra, lemos a seguinte sentença no verbete "natureza da mulher": Deus chamou a mulher para ser a mãe de todos os viventes (Gn 3,20) e a incumbiu da tarefa principal da propagação (Gn 3,16). Portanto, sua natureza essencial é a maternidade. A maternidade se funda na receptividade e na produtividade; amadurece no alegre sacrifício e na entrega que nunca termina... A imagem contemporânea, quase católica, da mulher é da maternidade, da entrega, do serviço e do cuidado, do silêncio em vez da contribuição visível da mulher à vocação criativa do homem no mundo.[22]

---
[22] Ibid,. 22.

Na medida em que as igrejas e as teologias cristãs perpetuarem a "mística feminina" e perpetuarem a percepção da suposta inferioridade das mulheres por meio de desigualdades institucionais, a teologia feminista crítica busca tanto criticar como fornecer perspectivas alternativas para a reestruturação das imagens e dos papéis culturais de homens e de mulheres.[23] No posicionamento construtivo que se segue à tarefa da crítica, as feministas precisam cuidar para não repetir o problema ideológico oposto. Schüssler Fiorenza escreve: "Não é nem o Deus patriarcal nem a Deusa matriarcal; nem o Masculino, nem o Feminino; nem a Paternidade, nem a Maternidade complementar [que] expressa o Divino".[24] Esses símbolos particulares são inviáveis por serem símbolos criados segundo um referencial quiriárquico. Todos os símbolos quiriárquicos são questionados por uma teologia feminista do símbolo que critica a construção de uma linguagem para o divino.

Quando a justiça se torna a marca de uma eclesiologia feminista, somos capazes de reformatar a maneira como falamos do divino e, assim, perceber a comunidade de adoração do divino. A fala de Deus, quer dizer, a maneira como falamos do divino, revela-nos como o imaginário simbólico da linguagem divina é manchada pelo poder. É por isso que "Deus" é um termo sempre enunciado para atender aos interesses dos poderosos.[25] Na realidade, todos os discursos sobre o transcendente e o Divino revelam interesses políticos, começando com a presença ubíqua da linguagem masculina para falar da transcendência divina. Como é bem sabido, as feministas têm consistentemente questionado e desconstruído a linguagem preferencial da teologia tradicional para falar de Deus em termos da masculinidade humana. Acusar as feministas de politizar a questão da linguagem para o divino obscurece a ideia de que todos os discursos do divino são criados e sustentados por sistemas que buscam manter o poder e o *status quo*. Inclusive, o

---

[23] Ibid,. 56-58, ênfases no original.
[24] Elisabeth Schüssler Fiorenza, "The Rhetoric of Empire and G*d-Talk", em *The Power of the Word: Scripture and the Rhetoric of the Empire* (Minneapolis: Fortress Press, 2007), 206.
[25] Elisabeth Schüssler Fiorenza: "G*d – the Many Named", em *Transcendence and Beyond: A Postmodern Inquiry*, ed. John Caputo e Michael Scanlon (Bloomington, Ind.: Indiana University Press, 2007), 110.

próprio vocábulo "Deus" é uma palavra carregada da noção de um gênero. Por esse motivo, Schüssler Fiorenza propõe o grafema *G*d* – D*us – como desafio à ideia de "Deus" e para nos lembrar que a linguagem religiosa – ao empregar símbolos – aponta para o excesso de significados que não podem ser contidos numa percepção literal da linguagem. Além disso, ela também sinaliza que a denominação do divino resulta da maneira como as sociedades são organizadas: as estruturas imperiais de Roma e a sociedade feudal, por exemplo, enfatizavam a linguagem de um Deus como Pai, Rei e Governante Onisciente. Na época da Reforma e da Renascença, D*us como "unidade com autoridade" e "Sujeito Absoluto" funcionava para autorizar a sensibilidade a respeito da personalidade e das condutas humanas consideradas boas e desejáveis. Nesse sentido, a fala de Deus apresenta como a sociedade de uma determinada cultura ou em certo contexto imagina o poder. Uma vez que a maioria das sociedades humanas nem questiona o poder e o privilégio como prerrogativas masculinas, falar de D*us reflete esses pressupostos antropológicos. A postura construtiva de Schüssler Fiorenza nesse caso consiste em nos pedir para prestar atenção, ao contrário, aos efeitos retóricos da fala sobre o divino. O modo como falamos de Deus pode influir no modo como respondemos uns aos outros quanto a nossas diferenças, especialmente as diferenças de gênero. Com base nas propostas da autora, fica claro que ela investiu numa determinada desconstrução política da linguagem para o divino. Entretanto, tendo em vista o compromisso feminista com a justiça, essa desconstrução da linguagem tradicional do divino e a reconstrução, pautada pelos interesses feministas, desafiam a quiriarquia e almejam a transformação.

Enfatizar a maneira pela qual mulheres e homens se relacionam com o divino em sua busca pela totalidade expande o universo simbólico para que passe a incluir a linguagem e a experiência de todos os membros da comunidade. A idolatria inerente na linguagem masculinista e as posturas positivista e essencialista que tal linguagem reinsere são aqui desmanteladas. Deus não é "masculino", e os padres não precisam necessariamente ser homens. Necessariamente, padres precisam ser aqueles com a capacidade de ter um intenso relacionamento com Deus pelo bem da comunidade. Uma leitura literal e seletiva da história cristã mantém o *status quo*, mas com isso distorce a teologia católica e o potencial de sua gramática libertária. Ou seja, não são as propostas construtivas do feminismo que estão sendo seletivas em suas ênfases teológicas. A eclesiologia católica tradicional sempre foi seletiva e judiciosa ao apresentar um específico aspecto da tradição em vez da totalidade da tradição.

Quando a libertação e a justiça tornam-se os interesses fundamentais da eclesiologia, temos a *ekklesia*. *Ekklesia* não é o mesmo que "Igreja", mas sim uma "alternativa" às formas imperiais da Igreja e da sociedade (lembrando que o sentido original do termo *ekklesia*, em grego, era político e denotava a assembleia democrática ou o congresso de cidadãos plenos).[26] Schüssler Fiorenza argumenta que o literalismo fundamentalista e o positivismo acadêmico na teologia da Igreja andam lado a lado com a lógica da dominação e do controle, a lógica do império. Em outras palavras, se olharmos atentamente para a maneira como a "Igreja" é retoricamente apresentada, notamos que o literalismo e o positivismo são os selos distintivos da Igreja imperial. A visão de mundo fornecida por essa lógica imperial dá margem ao triunfalismo cristológico e à subordinação de qualquer outra visão de mundo religiosa. Visões de mundo imperialistas redundam na história das colonizações em que a Igreja institucional desempenhou um papel significativo. Quando a "Igreja" modifica-se e torna-se "*ekklesia*", como nas propostas feministas, essas formas de pensamento imperial são profundamente desafiadas, e produzem um pensamento e uma linguagem "descolonizados". Assim, o próprio espaço da igreja passa por uma mudança, deixando de ser um espetáculo concretamente encenado à base de tijolos e argamassa empilhados em alturas vertiginosas, para se tornar um espaço hermenêutico político.[27]

---

[26] Elisabeth Schüssler Fiorenza: *Rhteoric and Ethic*, prefácio.
[27] Elisabeth Schüssler Fiorenza: *The Power of the Word: Scripture and the Rhetoric of the Empire* (Minneapolis: Fortress Press, 2007), 70.

Espaços utópicos desse tipo engendram a imaginação democrática radical que é tão necessária na teologia feminista contemporânea. A *ekklesia* de mulheres é um "constructo simbólico teórico", que não se refere nem ao êxodo (partir, como opção para as feministas), nem a um lar confortável. Como constructo simbólico, tem quatro dimensões entrelaçadas na base de seu referencial teológico. A primeira – a dimensão política – compreende a *ekklesia* como uma "comunidade imaginada". Eu diria que a *ekklesia* como comunidade imaginada aprofunda a marca da Igreja como "católica". Retoricamente, a comunidade imaginada é um espaço que oferece uma base política e não biológica ou cultural para a aliança. Portanto, não é um espaço utópico virtual, mas um espaço já parcialmente realizado de igualdade radical, e sítio para a luta feminista. Contudo, esse sítio da igualdade radical e da luta pela dignidade das mulheres é precisamente o conteúdo da alegação de universalidade que identifica o católico.

A segunda dimensão – linguística-semântica – alerta-nos para a ideia de que a *ekklesia* é uma "ferramenta linguística e um veículo semântico para a leitura crítica e a conscientização política".[28] *Ekklesia* é um termo para a hospitalidade perante a diversidade, e não é um lugar em que se presume a mesmidade social, cultural, política ou de classe. Somente num espaço assim é que "a leitura generificada e totalizadora que naturaliza o sistema de sexo-gênero"[29] pode ser derrubada. Aí, a justiça acentua a afirmação da apostolicidade. A Igreja pode afirmar sua mais profunda conexão com seu fundador sendo o sítio exemplar de relações justas tais como Jesus já as mostrou para nós. A tradição agora se torna um veículo para a justiça e não um veículo para manter e alicerçar ideais masculinistas e culturais de autoridade e pureza.

Além disso, a *ekklesia* atua positivamente na esfera simbólica para desconstruir ativamente os constructos patriarcais simbólicos sem sacrificar, todavia, seu entendimento de que a esfera da ação positiva permane-

---

[28] Ibid., 75.
[29] Ibid., 76.

ce sendo histórica e comunal. Em outras palavras, a prática concreta da *ekklesia* ocorre na comunidade. Nesse contexto, a justiça é praticada nas relações comunais. O atributo da unidade, um valor tão significativo para a Igreja Católica, é reafirmado pelo chamado à justiça a fim de reparar a já longeva divisão criada pelo paradigma de sexo/gênero. Assim, a unidade é menos uma questão de identidade homogênea e muito mais uma unidade baseada na visão sacramental católica do mundo e da diferença criada e sustentada por Deus.

Por fim, a *ekklesia* tem uma dimensão global e espiritual no sentido de que imagina a sociedade como uma comunidade de apoio a e de aliança entre iguais. A justiça aprofunda o chamado à santidade como uma comunidade comprometida a evitar o pecado do sexismo e da discriminação. Essa construção retórica da *ekklesia* é metodologicamente guarnecida do processo de "descolonização". Aqui, a lógica do império – usualmente constituída por formas de pensamento de dominação e subordinação – é desarticulada por meio de relacionamentos radicalmente igualitários. Portanto, a *ekklesia* é uma alternativa histórica e teórica ao império. Esse espaço proporciona uma alternativa simbólica a outros espaços que não o biológico e o cultural:

> [Essa] teologia feminista não pede a integração de mulheres nas estruturas patriarcais eclesiásticas, nem prega uma estratégia separatista, mas busca a transformação de símbolos cristãos, e também da tradição e da comunidade cristãs, além da transformação das mulheres... Falar na *ekklesia* das mulheres não quer dizer defender uma estratégia separatista nem mitologizar as mulheres. Simplesmente significa tornar as mulheres visíveis como participantes ativas e líderes na Igreja, sublinhando suas contribuições e seu sofrimento ao longo da história da Igreja, e salvaguardando a autonomia e a liberdade das mulheres perante os controles espirituais e teológicos do patriarcado.[30]

---

[30] Elisabeth Schüssler Fiorenza, "For Women in Men's World: A Critical Feminist Theology of Liberation", em *The Power of Naming: A Concilium Reader in Feminist Liberation Theology* (Maryknoll, N.Y.: Orbis, 1996), 9-10.

Em suma, este artigo apresentou a ideia de que, quando a justiça marca o que é católico na eclesiologia, no sexismo, no literalismo, no fundamentalismo e no triunfalismo católicos, todos os atributos da injustiça e da dominação imperial começam a ser apagados. Somente com justiça é que podemos nos tornar uma única Igreja santa, católica e apostólica. A teologia católica, com sua espaçosa sensibilidade sacramental e simbólica, é a base das propostas eclesiológicas feministas.

Mesa-redonda sobre eclesiologia
Jeannine Hill Fletcher, Laura M. Taylor, Elena Procario-Foley

O que significa repensar a "Igreja" de uma perspectiva feminista contemporânea e católica? Retomando as experiências de mulheres na Igreja e as perspectivas de teólogas feministas, as autoras dos artigos nesta seção respondem a essa indagação por meio de pontos de vista exclusivos. Como não é da natureza do pensamento feminista fornecer respostas absolutistas nem definitivas, cada uma delas proporciona às mulheres uma maneira dentre várias de falar de si mesma como legítimas participantes do Corpo de Cristo, e de proporcionalmente revisar a natureza sacramental da Igreja.

Como este livro repetidamente demonstrou, as vozes e as experiências das mulheres têm sido marginalizadas no âmbito dos ensinamentos e das práticas da Igreja oficial. Embora as mulheres constituam a maioria dos membros da Igreja, continuam sendo impedidas de participar plenamente da Igreja em virtude de sua identidade ser generificada. Para muitas mulheres, a consistente desvalorização de seus dons e recursos tem chegado à formulação de um dilema: "Devemos ficar ou partir?"

A eclesiologia está situada no cerne mesmo desse dilema e força a expansão dos limites em todas as direções. Ao longo de várias décadas, recentemente, as teólogas feministas buscaram formular alternativas libertárias aos discursos eclesiais patriarcais, responsáveis por impedir que as mulheres desabrochem na Igreja. Ainda assim, como Natalie Watson propõe, "a questão que a eclesiologia feminista tem de responder não é se as mulheres devem ou não 'partir' ou 'ficar', mas sim como é possível repensar o que significa ser Igreja segundo um paradigma teológico que se proponha a reconsiderar os elementos básicos da teologia e da prática cristãs em termos feministas".[31]

Com essa finalidade, as eclesiologias feministas elaboradas nesse volume não só perguntam o que é a Igreja, mas também *quem* é a Igreja, e o que significa ser Igreja no mundo e para o mundo. Cada uma dessas questões está fundada na realidade vivida por mulheres católicas, como Krista, a universitária inflamada pelo amor a Cristo; ou como Elvira Arellano, a mãe camponesa que convocou a ação política das igrejas cristãs a favor da reforma nas leis de imigração; ou Susan Abraham, a garotinha de 8 anos, que quis desesperadamente se tornar padre quando assistiu à ordenação de um, em sua paróquia em Mumbai. Em suma, essas considerações eclesiais levam em conta de que maneira a Igreja tem sido tanto um espaço de opressão como um local de sentido e significado para mulheres. Elas honram o complexo e ambíguo relacionamento das mulheres com a Igreja e, com isso, buscam inaugurar uma área da teologia e da vida eclesiástica que tem sido basicamente dominada pela elite, ou seja, os clérigos homens.

Considerados em conjunto, a força desses ensaios pode ser identificada na maneira como o entendimento da Igreja é ampliado, deixando de ser apenas uma estrutura institucional (Groppe) para se tornar um engajamento público e ativo no mundo (Carbine) e, finalmente, uma visão utópica de justiça (Araham). Como momentos individuais num movimento mais amplo, eles indicam o desejo das mulheres de participarem da Igreja sem serem coniventes com as estruturas de opressão que ela produz. Não obstante, a fim de ressituar a Igreja como uma entidade inclusiva, cada ensaio necessariamente discute a interpretação que o *magisterium* dá à antropologia teológica e à cristologia, interpretação responsável em parte pelo papel marginal atribuído ao *status* das mulheres na Igreja. Nesse mesmo sentido, cada um dos artigos defende a seu modo a noção dos sacramentos dispensados

---

[31] Natalie K. Watson, *Introducing Feminist Ecclesiology* (Cleveland: Pilgrim Press, 2002), 4.

por mulheres, retirando a questão da esfera das interpretações patriarcais tradicionais que têm excluído as mulheres com base num entendimento androcêntrico da Encarnação. No fim, cada um dos ensaios propõe uma leitura criativa e construtiva da eclesiologia, ao mesmo tempo peculiarmente feminista e católica.

O ensaio de Elizabeth Groppe, intitulado "Mulheres e a *persona* de Cristo: Ordenação na Igreja Católica Romana", pergunta o que quer dizer agir à imagem de Cristo e em sua pessoa. Comprovando pela leitura de seus alunos que existem muitos modos de as mulheres contribuírem para as estruturas tradicionais da Igreja, a autora também nota que as pessoas na Igreja, capazes de tomar decisões sobre a direção e a vida da Igreja, são homens, somente. Se podemos reconhecer Cristo tanto em homens como em mulheres, por que, pergunta ela, as mulheres têm sido proibidas de se colocar *in persona Christi* no altar? Seu ensaio responde a essa pergunta conduzindo o leitor através de uma revisão concisa do debate teológico sobre a ordenação de mulheres, que inclui os pontos de vista bíblicos e teológicos tanto do Vaticano como de seus interlocutores. Groppe conclui oferecendo sua própria resposta a essa controversa questão, que focaliza o sacerdócio como um sinal sacramental e instrumental da Sabedoria de Deus que, em última instância, transcende as categorias de masculino e feminino ao dar seu testemunho público do rico conteúdo do mistério de Cristo e da infindável compaixão de Deus.

O ensaio de Rosemary Carbine – "Artesãs de uma nova humanidade: revendo a igreja pública pela perspectiva feminista" – retira o foco da práxis eclesial interna da Igreja e o leva para sua práxis pública, política. Como Groppe, Caribe explicita as diversas maneiras pelas quais as mulheres já são Igreja, mas ainda não foram reconhecidas nessa competência devido aos ensinamentos oficiais da Igreja, que insistem em afirmar que as mulheres não podem ser representantes eclesiásticas, em termos amplos. Ao desenvolver uma teologia da igreja pública baseada na leitura feminista da *Gaudium et Spes*, a autora pretende capacitar as mulheres para que recuperem seu lugar de direito como agentes políticos na Igreja. A argumentação de Groppe busca superar o entendimento patriarcal e rígido do *magisterium* em relação à antropologia teológica e à cristologia, oferecendo uma alternativa dinâmica que se alicerça na tradição bíblica da Sabedoria. A autora afirma que essa interpretação não prioriza os símbolos masculinos nem o *status* maternal das mulheres, mas que, em vez disso, adota a noção mais ampla da obra de Cristo. Juntamente com uma leitura feminista de GS, essa interpretação permite que Carbine cite a igreja pública feminista como um sinal sacramental e performático da presença divina no mundo a nos impelir na direção de mais amor e generatividade. Por conta disso, ela resgata engajamentos políticos embasados na fé como um caminho para que as mulheres pratiquem e divulguem um novo entendimento da humanidade para a Igreja.

Por fim, o artigo de Susan Abraham – "Justiça como marca da eclesiologia feminista católica" – serve para aprofundar a alegação da universalidade da teologia católica ao reconhecer a justiça como o quinto atributo da Igreja. A autora insiste que as católicas feministas precisam impregnar os atributos tradicionais da Igreja – unidade, santidade, catolicidade e apostolicidade – com a justiça, a fim de repensar a problemática das identidades generificadas na Igreja. A capacidade para tanto, segundo Abraham, decorre do potencial católico para pensar em termos simbólicos e desafiar as asserções literalistas e positivistas da eclesiologia. Retomando especificamente a noção de símbolo defendida por Roger Haight e o conceito de *ekklesia* de Elisabeth Schüssler Fiorenza, Abraham defende que a Igreja não diz respeito apenas a ser membro ou a acatar um determinado conjunto de crenças, mas é também uma maneira de ver o mundo e de responder às necessidades de toda a comunidade. A autora conclui que uma imaginação católica espaçosa fornece um caminho para que as propostas feministas para a eclesiologia refaçam a maneira como falamos do divino e configurem a noção do Corpo de Cristo que cultua o divino.

As implicações pedagógicas das reivindicações sacramentais da autora são vastas. Quando nos lembramos de que o hábito é tradicionalmente um sinônimo de virtude, compreendemos que o hábito de levar a encarnação a sério leva à virtude de um inabalável e feroz cuidado com o mundo em que vivemos. Em outras palavras, quando o sacramento não se limita às sete ações reguladas eclesiasticamente, nossos olhos abrem-se para se maravilhar. O universo é saturado de graça, e a criação, como diz o Gênesis 1, é muito boa. Nossa unidade, catolicidade e apostolicidade não se limitam ao gênero e à lei canônica, mas derivam da graça mediada até nós pela própria criação. Criação, encarnação e salvação são processos simultâneos e contínuos, que não se limitam a episódios na História finita. Em si, a sacramentalidade católica nos ensina a estar no mundo como Igreja, como uma comunidade de iguais dedicada ao bem-estar e ao cuidado do outro, e a ser a Igreja como comunidade de iguais dedicados à justiça de Jesus. A eclesiologia feminista demonstra a porosa fronteira entre a Igreja como comunidade no mundo e a Igreja como uma comunidade eclesial específica, ao mesmo tempo cobrando um compromisso igualitário para com as estruturas da justiça em cada comunidade. A eclesiologia feminista expõe essas fronteiras de ser Igreja de múltiplas maneiras e nos desafia a ser instruídos pela graça mediada pelo nosso mundo material nas virtudes da justiça compassiva.

As várias versões da "Igreja" nos ensaios demonstram um lugar comum na teologia feminista. As feministas ocupam uma variedade de posicionamentos sociais e fazem escolhas distintas com respeito a pôr em prática a resposta feminista ao cristianismo católico contemporâneo. Afinal de contas, a teologia feminista é manifesta pelas palavras de diferentes pessoas vivendo circunstâncias particulares com uma diversidade de históricos, horizontes e interesses em mente. Embora essa variedade seja confirmada, os artigos também demonstram o que podem ser os verdadeiros pontos de concordância entre as teólogas feministas católicas: a crítica das práticas injustas no seio da Igreja. É difícil relembrar se alguma vez lemos ou ouvimos falar de uma feminista católica contemporânea que concorde com a prática de excluir as mulheres do sacerdócio. Embora elas possam ou não tomar essa questão como um foco primário de sua obra escrita, as teólogas feministas católicas sem dúvida expressam sua concordância com o fato de que excluir as mulheres do sacerdócio é contrário ao abraço sacramental do corpo e à busca fundamental da justiça que deveria identificar o cristianismo católico.

Ao mesmo tempo, a variedade de respostas exposta nos artigos demonstra que não há um caminho único para se verbalizar o protesto contra essa prática. Desde a utilização dos atributos pessoais para a transformação de uma prática injusta até a resistência individual da não participação, ou a defesa pública de que o trabalho das mulheres é o trabalho da Igreja, e as propostas utópicas de uma comunidade mais perfeita, as teólogas católicas feministas exibem uma multiplicidade de respostas. Essa multiplicidade é evidente não apenas entre as feministas católicas, mas também "dentro" do próprio feminismo católico. Quer dizer, a qualquer momento, a feminista católica de hoje em dia pode escolher seguir por algum desses caminhos ou se envolver em mais de um deles simultaneamente. Essas possibilidades refletem tanto a ambiguidade como a multiplicidade, ao mesmo tempo: a multiplicidade das várias opções disponíveis para se responder às flagrantes práticas eclesiásticas de exclusão, e a ambiguidade, no sentido de que muitas de nós, hoje em dia, não se satisfaz com nenhuma dessas respostas isoladamente, como uma estratégia suficiente de reação. A feminista católica pode escolher num dia reivindicar espaço para escrever, trabalhar e lutar pela transformação de uma Igreja injusta, enquanto em outro dia (ou no mesmo dia) encontrar-se indo embora de uma comunidade que nos exclui, mas acabar retornando para reivindicar seu lugar numa comunidade saturada pela graça. Trata-se de uma hesitação nascida da ambiguidade e da esperança: esperança na possibilidade de que a justiça possa de fato reinar entre os que seguem Jesus, ambiguidade por termos visto essa possibilidade ser estilhaçada tantas vezes quantas a vimos ser realizada. A mutável aliança com o catolicismo como instituição e com a Igreja como a forma organizada dessa instituição assinala, ao mesmo tempo, o compromisso de seguir o Jesus da justiça e de recusar, como ele o faria, tudo aquilo que a desumaniza.

Sem dúvida, essa ambiguidade nos vincula a nossas antepassadas nessa luta. Desde os tempos de Mary Daly e seus *Church and the Second Sex* e *Beyond God the Father*, até Eliszabeth Schüssler Fiorenza e seus *In Memory of Her* e *Discipleship of Equals*, a mesma ambiguidade e a mesma tensão percorrem a obra das pioneiras da eclesiologia feminista. Todavia, a época em que esses textos foram ensinados à geração seguinte, eles mesmos já se haviam tornado apenas moderadamente ambíguos, com uma trajetória representando uma rejeição da Igreja e uma posição subjetiva denominada "pós-cristã", e outra trajetória demonstrando o compromisso de mudar dentro da Igreja, ainda identificavelmente cristã. Quando começamos nosso trabalho como teólogas feministas católicas, havia a nossa frente uma opção dual: ficar ou partir. Os caminhos disponíveis eram marcados como "cristão" e "não cristão". Não obstante, muitas de nós queriam seguir pelos dois, pois no fundo do coração sentíamos a crítica radical de uma Igreja que se recusava a mudar e continuava controlando o corpo das mulheres e rejeitando seus dons, ao mesmo tempo em que também sentíamos na alma a profunda realização que vem de lutar e nos reunir e celebrarmos juntas. Sem dúvida nossas antepassadas viveram essa ambiguidade também, mas a delas foi canalizada por dois caminhos distintos, quando finalmente sua obra chegou a nós. Elas sentiram a ambiguidade, mas, talvez para nós hoje caiba acolhê-la e assumi-la como o sítio de onde se produz a literatura eclesiológica feminista. Abraçar e rejeitar a Igreja simultaneamente não é uma reação esquizofrênica, mas uma resposta realista a uma "Igreja" que não é apenas uma coisa, mas sim múltipla em suas inúmeras e diversificadas expressões. Na qualidade de católicas "pós-Vaticano II", nascemos sob a égide de uma Igreja já modificada pelos novos anos do Concílio Vaticano II. Em termos de eclesiologia, isso significa que fomos amamentadas com a ideia de que a Igreja não é um edifício, mas pessoas; que a Igreja não é mais bem descrita como uma hierarquia, mas como o "Povo de Deus". Isso quer dizer que *somos* Igreja em toda a nossa ambiguidade, com a graça e a pecaminosidade que ao mesmo tempo nos identificam como seres humanos, e com a esperança de ver justiça, como aquilo que nos identifica como seguidoras de Cristo.

No espaço ambíguo da eclesiologia feminista católica de hoje, há momentos em que olhamos com nostalgia para o passo em busca de opções delineadas com mais nitidez. Para muitas de nós, a educação católica que recebemos estava na comunidade saturada da vida paroquial, e quando olhamos para o passado percebemos que ali os dias eram mais simples e a comunidade católica vivia seu auge. Segundo o comentarista católico Eugene Kennedy, o sociólogo James Davidson descreve a era do catolicismo nos Estados Unidos em que a Igreja era nosso "refúgio".[32] No espaço da Igreja, a totalidade da vida era abrangida pelos ritos, papéis e rituais da comunidade católica. Vivíamos no mesmo bairro, rezávamos juntas, íamos juntas à escola e brincávamos juntas. Aquela era a Igreja renovada pelos ventos do Vaticano II. A clareza da fé e da doutrina do catolicismo da cultura I unia-se ao catolicismo da cultura II e sua ênfase na dignidade batismal, na responsabilidade dos leigos, o povo de Deus, e na necessidade de servir de alento ao mundo sofredor. Quem não gostaria de fazer parte dele? Os piqueniques da paróquia, os bailes litúrgicos, o vibrante ministério pela música, as estações vivas da cruz, a educação competitiva, as equipes esportivas: quem não iria querer ficar e celebrar as mudanças? Somente agora é que podemos enxergar o outro lado dessa comunidade exposto à luz. Enquanto rezávamos e brincávamos juntas, os rapazes e as moças de nossa geração estavam sendo caçados como presas pelos nossos padres. Quem iria querer fazer parte dessa Igreja? Quem não iria querer sair e denunciar o mal manifesto nessa comunidade?

As teólogas cristãs feministas herdaram essa Igreja ambígua e reagimos a ela com ambiguidade. Temos grandes esperanças no futuro da justiça de Jesus e nos comprometemos a fazer parte da criação cheia de graça do reino de Deus, mas continuamos adotando uma postura ambígua com respeito a uma Igreja que pode ou não, em última instância, fazer parte da graça e da justiça por fim, tendo estes ensaios como representantes, insistimos que "ser Igreja" não é (somente) "ir à igreja" e exigir nosso lugar na Igreja como sítio de comunidade e resistência. Nesse sentido, os artigos sublinham juntos as exigências éticas de ser Igreja, pois toda forma de texto sobre a fé a ser praticada deve ser conscienciosa e consistentemente dedicada à justiça.

---

[32] James D. Davison, "Generations of American Catholics", *The Catholic Theological Society of American Proceedings of the Sixty-third Annual Convention* 63 (2008): 1-17.

Questões para discussão e reflexão

1. Resuma as razões ideológicas a favor e contra a ordenação de mulheres na Igreja Católica. Por que os defensores e os apoiadores da ordenação de mulheres chegam a conclusões diferentes? Qual das duas posições lhe parece mais consistente teologicamente? Por quê?

2. Leia um dos Evangelhos. Com base nessa leitura, o que você acha que significa agir à imagem de Jesus Cristo ou como seu representante? Quem, em sua experiência, age dessa maneira?

3. Explique em suas próprias palavras a noção teológica de igreja pública. Com base em sua pesquisa, independentemente de notícias contemporâneas sobre os Estados Unidos ou de níveis globais, dê exemplos de engajamentos religiosos ou baseados na fé, na vida social e política. Em seus exemplos, analise: (a) as questões que estão sendo abordadas, e (b) a presença das mulheres e os papéis que desempenham.

4. De que maneira a noção teológica de igreja pública se vincula com outros modelos ou símbolos da igreja encontrados em outros capítulos nesta seção, tais como a igreja em sua dimensão profética ou como o Corpo de Cristo? Identifique algumas das implicações religiosas e políticas desses modelos ou símbolos para o fortalecimento do poder das mulheres na igreja e na sociedade, assim como em relação ao bem-estar humano e mundial em termos mais amplos.

5. Como é que a justiça transforma as estruturas eclesiais e teológicas?

6. A teologia católica possui os recursos para mudar as formas imperiais e dominantes de teologia?

Leituras recomendadas

AVELLA, Steven M; McKeowan, Elizabeth, eds. *Public Voices: Catholics in the American Context* (Maryknoll, N.Y.: Orbis, 1999). História documental dos Estados Unidos desde os tempos coloniais até o momento presente, focalizando como os bispos, os representantes políticos e os católicos comuns lidam com questões como a escravidão, a guerra, a política social e internacional, a sexualidade etc. de um ponto de vista religioso.

BIANCHI Eugene C., RUETHER, Rosemary Radford Ruether, eds. *A Democratic Catholic Church: The Reconstruction of Roan Catholicism* (New York: Crossroad, 1992). Em vez de refletir sobre como os católicos se envolvem na política democrática, esta coletânea de ensaios examina várias perspectivas teológicas com base nas quais repensar as estruturas internas da Igreja a respeito de uma forma mais democrática e participativa de política e ministério da Igreja Católica, entre outros aspectos.

BUTLER ,Sara. *The Catholic Priesthood and Women: A Guide to the Teaching of the Church* (Chicago: Hillenbrand Books, 2006). Uma exposição dos ensinamentos da Igreja sobre a reserva do sacerdócio aos homens, um resumo das críticas do ensinamento da Igreja, e as respostas teológicas a essas críticas em defesa da posição da Igreja.

COLLINGE, William J, ed. *Faith in Public Life: Annual Publication of the College Theology Society* (Maryknoll, N.Y., Orbis, 2008). Ensaios que recuperam os insights do misticismo católico, das teologias liberacionistas, e dos ensinamentos sociais para lidar com questões tão abrangentes como a pobreza, a guerra, a imigração, a religião e a ciência, assim como as relações entre Igreja e Estado.

CONFERÊNCIA NACIONAL DOS BISPOS CATÓLICOS DOS ESTADOS UNIDOS, *Forming Consciences for Faithful Citizenship: A Call to Political Responsibility from the Catholic Bishops of the United States* (Washington, D.C.: USCCB, 2007), disponível em http://www.faithfulcitizenship.org/church/statements. Defende uma ampla agenda social de justiça para a vida cívica nos Estados Unidos e políticas públicas baseadas em princípios morais fundamentais do ensinamento social católico, ou seja, a proteção e a promoção da dignidade humana e do bem comum.

HAHNBERG, Edward P., *Ministries: A Relational Approach* (New York: Crossroad, 2003). Um guia claro e abrangente da história e da teologia do ministério na Igreja Católica, com ênfase nas bases trinitárias da nova diversidade dos ministérios na Igreja pós-Vaticano II.

MACY, Gary. *The Hidden History of Women's Ordination: Female Clergy in the Medieval West* (New York: Oxford University Press, 2008). Este estudo histórico documenta a variedade de ministérios, nos quais as mulheres foram ordenadas entre os séculos I e XII, após o que o significado de *ordenação* mudou e passou a se referir somente ao sacramento que confere um poder sagrado, reservado aos homens.

ROSS, Susan A. *Extravagant Affections: A Feminist Sacramental Theology* (New York: Continuum, 2001). Uma teologia sacramental feminista construtiva que dá uma atenção particular a tópicos como corpo, gênero, símbolo, ética e culto, salientando a complexidade e a ambiguidade da prática sacramental e da teologia.

SCOTT, Peter; CAVANAUGH William T., eds. *The Blackwell Companion to Political Theology* (Malden, Mass.: Blackwell, 2004). Examina figuras de destaque no cristianismo, alegações teológicas e movimentos sociais, históricos e contemporâneos, católicos e protestantes, que priorizam o inter-relacionamento entre o cristianismo e a esfera política/pública.

STEINFELS, Margaret O'Brien, ed. *American Catholics in the Public Square*, 2 vols. (Lanham: Sheed and ward, 2004). Examina a teologia social católica que está na base de exemplos institucionais laicos, rurais e institucionais da presença e do ativismo sociopolítico da Igreja Católica nos Estados Unidos.

WATSON Natalie K. *Introducing Feminist Ecclesiology* (Cleveland: Pilgrim, 2002). Uma revisão de alguns dos principais tópicos da eclesiologia feminista, como a reconstrução do autoentendimento da Igreja, de sua teologia e de sua práxis litúrgica, de seu ministério e seus sacramentos, pelo prisma da teologia feminista.

Glossário

Antijudaísmo: atitude que rejeita a religião e a teologia do judaísmo. Alguns estudiosos afirmam que não deve ser distinguida de antissemitismo, ao passo que outros defendem que o foco teológico desse termo exige duas palavras separadas.

Antissemitismo: popularizada no final do século XIX pelo jornalista alemão Wilhelm Marr, esse termo foi usado como substituto mais "científico" da expressão em alemão *Judenhass* (ódio ao judeu). Refere-se à rejeição ou ao ódio pelo povo judeu com base em teorias pseudocientíficas sobre biologia e raça.

Antropologia teológica: esse ramo da teologia volta-se para a questão: "O que significa ser humano num mundo imbuído de Deus?"

Carisma: graça do Espírito Santo concedida para o serviço pelo bem comum.

Catecumenato: programa de formação de pessoas que se preparam para receber a iniciação na Igreja Católica; esse programa fomenta a conversão e ajuda a amadurecer a fé.

Comunhão: o caminho de Deus até nós e nosso caminho até Deus é por meio da comunidade criada. Embora possamos vivenciar Deus em nosso íntimo, a teologia católica insiste que essa vivência não pode ser simplesmente "particular".

Concílio Vaticano Segundo (Vaticano II): convocado pelo papa João XXIII, durou de 1962 a 1965. Essa reunião de bispos, teólogos leigos e observadores foi voltada para repensar a teologia e a prática católicas à luz do mundo moderno. Esse Concílio gerou dezesseis documentos importantes e iniciou reformas nos termos da teologia e da prática litúrgicas, no autoentendimento da Igreja como o povo de Deus, nas relações entre a Igreja e o mundo, e abriu um diálogo ecumênico, assim como inter-religioso, para citar apenas alguns dos temas de maior destaque.

Congregação da Doutrina da Fé (CDF): departamento da Cúria Romana responsável por salvaguardar os ensinamentos da Igreja sobre fé e moral.

Corpo de Cristo: expressão teológica de múltiplos significados, atribuído mais frequentemente ao corpo humano histórico de Jesus, à presença de Jesus Cristo na eucaristia, ou ao corpo ascensional de Jesus Cristo, transfigurado pelo Espírito Santo e unido, de maneira universal, a toda a vida humana assim como à realidade cósmica. Na eclesiologia, ou reflexão teológica sobre a missão e as características da Igreja, o modelo da Igreja como Corpo de Cristo se refere ao povo de Deus, interconectado de modo interdependente por meio do batismo e do Espírito Santo (Rom 12,4-5; 1 Cor 12,12-27; Efe 1,22-23). As teólogas feministas e mulheristas reinterpretam de maneira crítica o modelo da Igreja como o corpo de Cristo por meio das primeiras fórmulas batismais cristãs (por exemplo Gal 3,26-28) a fim de defender a unidade, a igualdade e a mutualidade, em contraste com a abordagem hierárquica e patriarcal da Igreja, para a qual Cristo, o líder masculino da Igreja, salva, governa e instrui de variadas maneiras o corpo feminilizado da Igreja.

Cristologia: reflexão teológica sobre a pessoa de Jesus Cristo.

Cúria: rede de discastérios (departamentos) que auxiliam o papa a governar a Igreja universal. A Cúria foi organizada formalmente pela primeira vez em 1588 pelo papa Sixto V. A reorganização mais recente foi empreendida em 1988, pelo papa João Paulo II.

Diácono/diaconisa: no Novo Testamento grego, servo, ministro ou auxiliar (*diakonos*). Nos primeiros séculos da Igreja, o diaconato, tanto para homens como para mulheres, floresceu como um departamento envolvendo responsabilidades evangélicas, litúrgicas e caritativas. Após o século V, o papel dos diáconos diminuiu no Ocidente. Com o tempo, tornou-se um ministério temporário exigido dos candidatos ao sacerdócio. O Concílio Vaticano II recuperou o diaconato permanente e vitalício. Esse serviço agora está disponível tanto para homens casados como para os celibatários.

Deposição da fé: revelação de Cristo transmitida aos apóstolos e transcrita nas Escrituras e na tradição.

Diálogo inter-religioso: prática da comunicação com pessoas de outros credos, tanto formalmente, como quando envolve líderes religiosos que se reúnem para debater, como informalmente por meio de um relacionamento contínuo com pessoas afiliadas a outras tradições religiosas diferentes.

Docetismo: heresia que nega a plena humanidade de Jesus.

Encarnação: ensinamentos da Igreja referentes à noção de que Deus se tornou humano.

Escotoma: refere-se a uma perda visual que Bernard Lonergan usa para interpretar o pecado individual e o pecado grupal.

Essencialismo: processo por meio do qual alguém é reduzido a suas características biológicas ou a seu papel biológico na vida. Na literatura feminista, o essencialismo é muitas vezes contrastado ao construcionismo social, levando ao que muitos caracterizaram como a controvérsia natureza x cultura.

Feminismo, ondas do (nos EUA): nos Estados Unidos, a história dos movimentos políticos feministas se desenrola em três ondas. A primeira delas, associada com os movimentos abolicionista e sufragista, ocorridos de meados ao final do século XIX e no início do século XX, focalizava principalmente conquistar igualdade de participação política para as mulheres por meio do direito ao voto. A segunda onda, ocorrida nos anos 1960 e 1970, coincidiu com o Movimento Afro-Americano pelos Direitos Civis e se concentrou nos direitos civis para mulheres, especialmente por meio da igualdade econômica e racial. A terceira onda do feminismo, em vigor desde o final dos anos 1970 avançando pela década seguinte, enfatiza as diferenças de opressão sofridas por mulheres em todos os quadrantes do globo, bem como a solidariedade transnacional entre as lutas das mulheres de todo o mundo por justiça. Em termos da teologia cristã americana, a ênfase da terceira onda nas diferenças deu origem ao mulherismo afro-americano (ver verbete adiante) e a teologias *mujeristas* entre a população latina dos EUA, assim como a teologias feministas sino-americanas, ecológicas, pós-coloniais e muitas outras. Ver também "Tipos de feminismo nos Estados Unidos", no boxe página 86.

Feminista: designação atribuída a qualquer pessoa comprometida com o florescimento de todas as formas de vida humana e mais do que humana.

Fundamentalismo: os movimentos fundamentalistas modernos são diversificados do ponto de vista religioso e étnico. No contexto da mudança, entretanto, prometem segurança religiosa, certeza da fé e uma identidade inequívoca. Defendem uma compreensão literalista das escrituras sagradas e sua linguagem, e afirmam que a tradição é a "vontade de Deus", e que a subordinação das mulheres é natural e ordenada por Deus. Não obstante, empregam toda a gama das conveniências modernas, incluindo mídias eletrônicas, a fim de transmitir sua mensagem de superioridade étnica, religiosa e de gênero.

Hagar: a história de Hagar aparece nos capítulos 16 e 21 do Livro do Gênesis. Hagar é a serva de Sarah, esposa do patriarca Abraão. Quando Sarah se mostra incapaz de ter um filho com o marido, Hagar é forçada a gestar uma criança em nome de Sarah. Essa prática culturalmente aceitável levou Hagar e parir um filho, chamado Ismael. Embora nunca tivesse recebido os benefícios de um primogênito de Abraão, Ismael e a mãe, Hagar, têm um lugar na história da salvação.

Hibridade: ver boxe página 11.

Idolatria: adoração de ídolos. Esse termo se aplica a qualquer tendência a igualar algo finito ao infinito (Deus).

Imago Dei: indica a doutrina teológica da criação em que os seres humanos são criados para refletir a imagem ou a essência de Deus, e por isso eles recebem um chamado especial para viver em reto relacionamento com Deus e os outros.

Imanência: refere-se à presença inerente de Deus na criação. Quer dizer, Deus se relaciona com o mundo estando perto ou próximo da criação divina.

Infalibilidade: incapacidade de errar; em senso estrito, atribuível somente a Deus. Esse termo também é usado pela Igreja Católica para se referir a uma graça concedida pelo Espírito Santo que permite à Igreja crer e ensinar sem erro as verdades necessárias à salvação. Isso não quer dizer que a Igreja nunca possa cometer erros. A infalibilidade pode ser invocada somente em determinadas condições muito restritas. Segundo o Concílio Vaticano II, a infalibilidade é prometida à Igreja e está presente quando o corpo de bispos está de acordo quanto a um ensinamento específico sobre fé e moral dever ser acatado em definitivo (*Lumen gentium*, § 25). O papa também pode exercitar a infalibilidade quando se pronuncia *ex cathedra*, em seu ofício como pastor e mentor de todos os cristãos, para definir uma doutrina relativa à fé e à moral.

Lactação: processo por meio do qual o seio da mulher produz leite para alimentar seu bebê recém-nascido ou a criança pequena.

Lei canônica: as normas ("cânones") ou leis que governam a ordem social da Igreja. O mais recente Código da Lei Canônica para a Igreja Latina foi promulgado em 1983.

Magisterium: ofício pedagógico da Igreja, incumbido de proporcionar uma interpretação autêntica das Escrituras e da tradição, a fim de assegurar a fidelidade aos ensinamentos dos apóstolos em assuntos de fé e moral.

Marcionismo: heresia que rejeita o Antigo Testamento e nega que o Deus dos judeus é o mesmo Deus do Novo Testamento.

Mediação: Deus está disponível a nós e age através de pessoas, lugares, eventos e coisas. Deus, como Deus, não está limitado a certos momentos, lugares ou acontecimentos, mesmo que esses possam servir para concentrar nossa atenção em Deus de maneiras específicas.

Metáfora: comparação literária entre duas entidades, por meio da qual a segunda entidade pode lançar luz sobre a primeira ou revelar significados mais profundos sobre ela. Com respeito à teologia, é a linguagem indireta ou analógica para o divino que depende de termos, imagens e/ou experiências terrenas e humanas conhecidas, mas que nunca capta totalmente o mistério essencial incognoscível e transcendente de Deus. As metáforas:

(1) preservam tanto a similaridade como a diferença entre a realidade humana/terrena e a realidade de Deus (por exemplo, Deus é e não é como um pai, como uma sarça ardente, como uma rocha, como uma galinha, para lembrar apenas algumas das imagens mais conhecidas das Escrituras); (2) defendem múltiplas imagens e maneiras inclusivas de se referir a Deus, usando mais do que a linguagem masculina dominante para Deus; (3) evitam o antropocentrismo, ou o uso de apenas experiências humanas para caracterizar Deus; e, finalmente, (4) protegem a linguagem religiosa de Deus da idolatria.

Ordenação: do século I ao XII, o termo "ordenação" (*ordinare, ordinari, ordinatio*) na Igreja Latina significava a designação ou a consagração de alguém para ocupar um lugar ou uma função específica (*ordo*) no serviço da comunidade. Do século XIII até os dias de hoje, esse termo tem sido usado com sentido mais restrito. Agora, ele se refere às Ordens Sagradas, compreendidas com um sacramento que marca o ordenado com um caráter espiritual e lhe confere poder sagrado (*sacra potestas*).

Outro: qualquer um ou qualquer coisa que é diferente. Todos somos outros para alguém.

Patriarcado: conceito analítico da teoria crítica feminista que problematiza as construções socioculturais e políticas do privilégio e do poder. Em vez de um sistema baseado no sexo ou no gênero para a dominação masculina universal, o patriarcado se refere a múltiplas interconexões entre os gêneros, as raças, as classes, as culturas, as sexualidades, as identidades geopolíticas, as religiões, e assim por diante, que justificam relações hierárquicas de poder, assim como em última análise idealizam a elite branca, masculina, ocidental, cristã, heterossexual como paradigma de pessoa. Em oposição a sua tradução literal como "a regra do pai", o patriarcado conota um complexo sistema multifacetado de dominação, que algumas teólogas feministas renomearam como "quiriarquia" (a regra do senhor ou do dono), e algumas teólogas mulheristas chamam de "demonarquia" (a regra dos poderes desumanizantes).

Pecado: fratura moral que ocorre entre indivíduos e grupos em decorrência de diversos fatores sociais e psicológicos.

Positivismo: decorrência do método "científico", privilegia a objetividade, o desinteresse e a neutralidade valorativa a fim de controlar o "verdadeiro" significado dos textos. Consequentemente, o positivismo segue lado a lado com o literalismo que pressupõe um sentido textual estático, estabelecido positivamente e comprovado. O positivismo e o literalismo são típicos do pensamento fundamentalista e abjuram a ideia de que todo conhecimento é construído e sustentado mediante um sistema de relações de poder.

Práxis: inter-relação de ação e teoria no cerne da teoria marxista e das teologias liberacionistas que desafiam a relação linear de direção única, entre teoria e ação. Conforme a entendem as teólogas da libertação latino-americanas e euro-americanas, a práxis enfatiza o relacionamento mútuo e dialético entre ação e teoria que, ao ser aplicado à teologia, refere-se aos modos como as práticas religiosas vividas no cotidiano, especialmente, mas não apenas para a justiça social, moldam e são moldadas de volta pelas afirmações teológicas.

Pluralismo religioso: realidade da existência de muitas tradições religiosas diferentes no mundo que formatam tipos variados de compreensão, credos e identidades.

Sacramento/sacramental: a oferta ritualizada da graça à humanidade, na vida diária, pela presença de Deus.

Sacramentalidade: toda realidade é potencialmente e de fato a portadora da presença de Deus. É assim porque entendemos que a realidade foi criada por Deus.

Solidariedade: compartilhar uma preocupação por alguém que está sofrendo, quer a pessoa esteja ou não passando pelo mesmo sofrimento. Agir em colaboração com outros, movido por um profundo sentimento de compromisso com o bem-estar alheio.

Sucessão apostólica: transmissão de ensinamentos apostólicos e de sua respectiva autoridade, dos apóstolos para seus sucessores.

Teologia mulherista: esta teologia da libertação torna as variadas experiências das mulheres afro-americanas o centro de seu projeto teológico. O termo *womanist* (mulherista) foi cunhado pela autora vencedora do Prêmio Pulitzer Alice Walker, em seu livro *In Search of Our Mothers' Gardens: Womanist Prose*. O mulherismo celebra os dons da mulher negra de ser curiosa, saber cuidar de si e ter consciência crítica, e sua capacidade de "achar um jeito onde não há saída".

Transcendência: refere-se à ideia de que Deus é autossuficiente e não é parte do mundo. Quer dizer, Deus se relaciona com a criação aproximando-se dela vindo de fora.

União hipostática: união entre a natureza divina e a natureza humana na única pessoa divina (em grego, *hypostasis*) do Verbo Encarnado de Deus, Jesus Cristo.

Índice Remissivo

Aelred de Rievaulx, 106, 116n23
Alliaume, Karen Trimble, 146, 157, 164n29, 175
Althaus-Reid, Marcella, 94
    Antijudaísmo, 5, 121, 123, 124, 131, 132, 134, 137, 141,142, 172, 179, 265
    Antissemitismo, 124, 126, 128, 131, 136, 178, 265
Apolinário, 152, 153
Apostolicidade, 232, 240, 251, 256, 257
Aquino, Santo Tomás de, 19, 197, 198n19-20, 200
Arellano, Elvira, 208, 254

Balthasar, Hans Urs von, 34n19, 94, 196, 197n17-18
Beattie, Tina, 100, 101n4, 215n17
Boys, Mary C., 128
Butler, Judith, 102n6, 103n8, 112, 157n15, 159, 160n19, 161n21
Butler, Sara, 198
Bynum, Caroline Walker, 106

Cannon, Katie Geneva, 72
Catecismo da Igreja Católica, 51, 200
Catolicidade, 232, 240, 245, 256, 257,

Chalcedon, 201n27
Christa Lactans, 110
Cipriano de Cartago, 200
Collins, Patricia Hill, 69n6, 84, 91
Comunhão, 25n9, 44, 45, 46, 151, 188, 201, 225, 233, 234, 237, 240, 244, 247, 265
Conde-Frazier, Elizabeth, 164
Concílio Vaticano Segundo (Vaticano II),124, 127, 129, 189, 190, 194, 200, 206, 211, 218, 222, 225, 238, 259, 265, 267
Copeland, M. Shawn, 25n9, 70n8, 72, 80n28, 81

Daly, Mary, 11, 154, 258
Davidson, James, 260
Deicida, 126, 132, 140, 142
Delille, Henriette, 80
Descamps, Albert, 195
Diaz, Miguel, 39n1, 47

Ekklesia, 244, 245, 250, 251, 252, 256
Encarnação, 27, 29, 30, 33, 90, 101, 140, 146, 147, 148, 149, 152, 153, 168, 171, 193, 213, 216, 217n20, 220, 226, 233, 235, 237, 243, 255, 256, 257, 267

Escotoma, 30, 33, 267
Espín, Orlando, 56
Essencialismo, 34, 35, 87, 91, 155, 156, 158, 159, 171, 218, 246, 267
Essencialista, 34, 87, 88, 214, 247, 249
Expiação, 41, 52, 59

Ferrara, Dennis Michael, 196, 197n18
Fernandez, Eleazar, 52
Fredriksen, Paula, 123, 135n13, 138

Gálatas, epístola de Paulo aos, 52n18, 122, 123, 186, 193, 195

Gaudium et Spes, 206, 211, 218, 219n23-24, 220n25, 221n26, 222n29-31, 255
Gebara, Ivone, 51, 57
Gênesis, 23, 45, 214, 257, 268
Gilkes, Cheryl Townsend, 72
Goizueta, Roberto, 46
Goldenberg, Naomie, 154
Gonzalez, Michelle A., 45, 46, 47n12, 55
Graça (em graça), 19, 20, 27, 38, 39, 44, 47, 48, 49, 52, 55, 56, 57, 58, 63, 64, 65, 68, 71, 73-75, 86, 88, 89, 90, 91, 92, 171, 257, 258, 259, 260, 265, 271
Grant, Jacquelyn, 72
Gregório de Nizianzo, 152, 153
Griffiths, Morwenna, 103

Hagar, 59, 67n1, 83, 84, 268
Haight, Roger, 75n17, 241, 256
Hampson, Daphne., 154
Hayes, Diana L., 67n1, 72, 94
Heschel, Susannah, 130, 133, 142
Hilkert, Mary Catherine, 222
Himes, Michael, 168
Hoge, Dean, 238, 239n12
Hollenbach, David, 220, 222n29
Hurston, Zora Neale, 77, 78n22

Imago Christi, 216
Imago Dei/Imagem de Deus, 45, 69, 91, 92, 213, 219n24, 222n30, 225n34, 268
Imus, Don, 69
In Persona Christi, 151, 184, 185, 197, 198n20, 200, 202, 217, 224, 227, 255
Inter Insigniores, 150, 191, 192, 193, 194, 195, 196, 197, 198, 199, 202, 203
Irineu, 12, 86n41, 168
Ismael, 84, 268
Isaías, livro de, 68, 197
Isherwood, Lisa, 153, 167, 168n34, 172

Javorova, Ludmila, 188, 189n5
João Paulo II, papa, 44n5, 156, 194, 199, 213, 266
João XXIII, papa, 124, 265
Jones, Serene, 15, 25n9, 30

Keller, Catherine, 95, 103
Kristeva, Julia, 35, 37n25
Kwok, Pui Lan, 27n13, 99, 179,

Levine, Amy-Jill, 123, 130, 134, 135, 136, 137, 138n19, 141, 143n26,
Literalismo, 233n3, 234, 250, 253, 271
Lonergan, Bernard, 30, 267
Lucas, evangelho de, 26, 39, 91, 102, 104, 105, 111, 122, 137, 195, 228

Machismo, 50, 51n15, 60, 91
McBrien, Richard, 232n1, 233n5, 234
Magisterium, 89, 147, 149, 150, 151, 155, 157, 158, 159, 161, 162, 199, 217, 233, 254, 256, 269

Mahony, Roger Cardinal, 209, 210
Marianismo, 50, 60, 91,
Maternidade, 33, 34, 35, 37, 87, 113, 227, 228
Maternidade, 33, 34, 35, 56, 88, 89, 115, 117, 118, 213, 217, 227, 248
    maternidade heteronormativa, 247
Maternagem, 33, 34, 37, 175
Mateus, evangelho de, 51, 103, 104, 112, 137, 146, 186, 192, 193, 228
Mediação, 234, 236, 237, 240, 242, 243, 244, 247, 269
Movimento Novo Santuário (MNS), 209, 210, 228

Mujerista, 8, 11, 55n23, 268
Mulieris Dignitatem, 156, 194
Mulherista, 5, 8, 11, 19, 41, 59, 67, 68, 70, 71, 72, 73, 76, 77, 78, 81, 83, 84,
    86, 87, 88, 89, 93, 94, 95, 178, 217n20, 266, 270, 271, 272

Natureza e Graça, 19, 21, 73, 74, 81, 87, 88, 89
Nostra Aetate, 125, 126, 127

Obama, Barack, 21, 22n5
Obama, Michelle, 70
Odoyuye, Mercy Amba, 75, 147
Ordinatio Sacerdotalis, 194, 195n13, 197, 17-18, 199

Paulo, são, 12, 122, 125, 126, 155, 186, 193, 195, 198
Pecado, 20, 23, 29, 30, 32, 33, 52n18, 54n22, 62, 78, 88, 135, 146, 150,
    152, 203, 218, 234, 252, 267, 270
Pedro, primeira epístola de, 185, 144n28
Phelps, Jamie T., 70n9, 72, 86n40,
Plaskow, Judith, 37n25, 130, 132n9, 141, 143n27

Positivismo, 233n4, 240, 250, 271
Política do corpo, 91, 157, 158, 221, 224
Práxis, 15, 31, 46, 153, 205, 211, 217, 219n24, 221, 223, 224, 225, 226, 227, 228, 255, 263, 271

Quaestio Disputata, 195, 198n20, 199
Quiriarquia, 249, 270

Rahner, Karl, 19, 47, 75, 76, 189n8, 212n13, 243
Relacionalidade, 13, 39, 44, 45, 46, 47, 48, 49, 50, 52, 53, 54, 57, 58, 61, 64, 65, 100, 101, 103, 104, 115, 130, 154, 156, 158, 163, 169, 170, 171, 172, 173, 178, 219, 239, 240, 247
Rich, Adrienne, 37, 95
Ruether, Rosemary Radford, 14, 102n7, 123n2, 132, 148, 152, 169, 171n36, 262

Sabedoria da Cristologia, 211, 224, 225, 228
Sacramentalidade, 24, 225, 226, 234, 235, 240, 244, 247, 257, 271
Salvatierra, Alexia, 209
Santidade, 64, 138, 189, 202, 232, 240, 252, 256
Sarah, 83, 84, 268
Segundo Concílio Vaticano. *Ver Concílio Vaticano Segundo*
Sexismo, 72, 90, 134, 142, 143, 252, 253
    heterossexismo, 40n3, 245n18
Schilleebeeckx, Edward, 8, 76, 78n23
Schneiders, Sandra, 148, 198
Schüssler Fiorenza, Elisabeth, 26n11, 100n3, 105, 136n15, 137n18, 147n2, 178, 195, 196, 221-222n28, 227n36, 245, 246, 247, 248, 249, 250, 252n30, 256, 258

Shoah, 124, 127n6, 128
Sofia, 105, 154
Stuhlmueller, Carroll, 197

Terrell, Joanne, 59, 60
Thomas, Linda E., 72
Torá, 129, 135
Townes, Emilie, 67, 72, 95

Unidade, 45, 221, 232n1, 237, 249, 252, 256, 257, 266
União Hipostática, 201, 202, 272

Virgem Maria, 49, 50, 56, 57, 61, 63
von Kellenbach, Katharina, 130

Walker, Alice, 70, 71, 272
Watson, Natalie K., 254n31, 253, 263
Weems, Renita, 83, 84n35
Wells-Barnett, Ida B., 80
Wenger, Jacqueline, 238, 239n12
Williams, Delores, 59, 72, 83, 118n27
Wood, Susan K., 239
Wright, Jeremiah, 21
Wright, john, 196

Yusif, Fátima, 82, 92

Zagano, Phyllis, 187n2, 189